Hauke-Hendrik Vagts

Privatheit und Datenschutz in der intelligenten Überwachung: Ein datenschutzgewährendes System, entworfen nach dem „Privacy by Design" Prinzip

Karlsruher Schriften zur Anthropomatik
Band 14
Herausgeber: Prof. Dr.-Ing. Jürgen Beyerer

Eine Übersicht über alle bisher in dieser Schriftenreihe
erschienenen Bände finden Sie am Ende des Buchs.

Privatheit und Datenschutz in der intelligenten Überwachung:

Ein datenschutzgewährendes System, entworfen nach dem „Privacy by Design“ Prinzip

von
Hauke-Hendrik Vagts

KIT Scientific Publishing

Dissertation, Karlsruher Institut für Technologie (KIT)
Fakultät für Informatik, 2013

Impressum

Karlsruher Institut für Technologie (KIT)
KIT Scientific Publishing
Straße am Forum 2
D-76131 Karlsruhe
www.ksp.kit.edu

KIT – Universität des Landes Baden-Württemberg und
nationales Forschungszentrum in der Helmholtz-Gemeinschaft

KIT Scientific Publishing 2013
Print on Demand

ISSN 1863-6489
ISBN 978-3-7315-0041-4

Karlsruher Institut für Technologie

Fraunhofer IOSB

Privatheit und Datenschutz in der intelligenten Überwachung: Ein datenschutzgewährendes System, entworfen nach dem „Privacy by Design" Prinzip

zur Erlangung des akademischen Grades eines

Doktors der Ingenieurwissenschaften

von der Fakultät für Informatik
des Karlsruher Instituts für Technologie (KIT)

genehmigte

Dissertation

von

Hauke-Hendrik Vagts

aus Lüneburg

Tag der mündlichen Prüfung:	30.01.2013
Erster Gutachter:	Prof. Dr.-Ing. Jürgen Beyerer
Zweiter Gutachter:	Prof. Dr. iur. Indra Spiecker genannt Döhmann LL.M. (Georgetown Univ.)

Interaktive Echtzeitsysteme IES

Danksagung

Die vorliegende Arbeit entstand während meiner Tätigkeit am Lehrstuhl für Interaktive Echtzeitsysteme (IES) des Karlsruher Instituts für Technologie (KIT) in enger Kooperation mit dem Fraunhofer Institut für Optronik, Systemtechnik und Bildverarbeitung (IOSB) unter der Leitung von Herrn Prof. Dr.-Ing. Jürgen Beyerer. Ihm danke ich für die Betreuung der Arbeit, insbesondere für seine wertvollen Anregungen und Diskussionen. Frau Prof. Dr. Spiecker gen. Döhmann danke ich für die Übernahme des Korreferats und die Betreuung bei den juristischen Fragestellungen, ohne die meine interdisziplinäre Arbeit nicht möglich gewesen wäre.

Den Kollegen am IES gebührt Dank für anregende Diskussionen, im speziellen unterstützt von geistreichen Getränken während des Sommerseminars und an Abenden am Lehrstuhl.

Den Kollegen am Fraunhofer IOSB, danke ich für kollegiale Zusammenarbeit in den verschiedensten Projekten. Allen voran den Kollegen des NEST-Teams. Großer Dank gebührt auch Thomas Kresken, der durch seine Unterstützung meiner Forschung diese Arbeit ermöglicht hat.

Ebenso gilt mein besonderer Dank meinen Studenten und späteren Kollegen, die mich unterstützt haben. Insbesondere Christoph Bier, Erik Krempel, Mario Kaufmann und Taner Cosar. Ich wünsche Euch viel Erfolg auf Eurem wissenschaftlichen Weg.

Weiterer Dank gebührt Andreas Jakoby für viele interessante Diskussion und Kommentare zu meiner Arbeit. Gleiches gilt für Yvonne Fischer, deren Unterstützung in allen Lebenslagen ich sehr vermissen werde. Auch Jennifer Sander möchte ich für Ihre Geduld bei der Vermittlung von mathematischen Grundlagen danken. Großer Dank gebührt auch Elke Haack, die in mir eine neue Leidenschaft für Kommata und „ß“ entfachte.

Nicht zuletzt danke ich meinen Eltern für die lebenslange Förderung und Begleitung, ohne die ich diese Arbeit nie geschrieben hätte.

Karlsruhe, im Februar 2013 *Hauke-H. Vagts*

Inhaltsverzeichnis

1

Einleitung

Was will man mit einem
solchen Datenwust
eigentlich noch anfangen?

*(Prof. Dr. Jutta Limbach,
ehem. Präsidentin des
Bundesverfassungsgerichts)*

1.1. Ausgangslage

Die Anzahl der Überwachungssysteme steigt nach wie vor an. Dafür lassen sich verschiedene Begründungen heranziehen, unter anderem der „Krieg gegen den Terrorismus", sinkende Installationskosten und vor allem die sich stetig verbessernden technischen Möglichkeiten. Durch die anhaltenden Trends zur Digitalisierung [Hum08] und Vernetzung [Eur04] ist zu erwarten, dass Installationen auf mehr Daten zugreifen können und noch leistungsfähiger werden. Dies wird von vielen Personen als Bedrohung empfunden.

Besonderer Beliebtheit erfreuen sich Videoüberwachungssysteme in Großbritannien. Die Anzahl der tatsächlich installierten Kameras ist unbekannt. Schätzungen variieren zwischen einer Million und 4,2 Millionen Kameras [Gra03, Bue02, Mcc03]. Davon befinden sich alleine 500.000 in London. Auf 16 Einwohner kommt ca. eine Kamera. Diese Zahlen sind nur geschätzt, vermitteln aber ein Bild davon, welche Bedrohung bereits aktuelle Installationen für die Privatsphäre darstellen. Auch wenn es sich um eine oft zitierte moderne Legende handelt [Töp07], dass man in London täglich von 300 Kameras beobachtet wird [Arm99], so drückt sie die in der Gesellschaft wahrgenommene Bedrohung durch Überwachung aus. Dies führt z. B. zur Anwendung „iSee"[1] des „Insitute for Applied Autonomy", mittels der sich ein Nutzer für verschiedene Städte den Weg mit den wenigsten Kameras berechnen lassen kann.

In Deutschland befinden sich im Vergleich verhältnismäßig wenige Kameras, ca. 30.000 im öffentlichen Bereich [Bue02, Bus99]und 400.000 im industriellen Umfeld [Bue02]. Die Deutsche Bahn betreibt zusammen mit der Bundespolizei eine Sicherheitszentrale in Berlin, die Zugriff auf mehr als 2800 Kameras hat [Töp05]. An einigen Bahnhöfen wird eine ähnliche Dichte, wie in Großbritannien erreicht. In Frankfurt am Main befinden sich 150 Kameras, in Leipzig 120.

Überwachungssysteme haben sich in den letzten Jahren von primitiven „Ein-Kamera-ein-Monitor" Lösungen, über große analoge Systeme mit einer Vielzahl von Monitoren und Kameras, zu intelligenten digitalen Anlagen entwickelt, die automatisiert Überwachungsaufgaben durchführen (mehr Informationen in Abschnitt 2.1). Kameras sind nach wie vor der dominierende Signalgeber, Systeme werden aber durch die Integration neuer Datenquellen zunehmend heterogener. So können, unter anderem akustische Sensoren [BL09] oder positionsgebende Sensoren (z. B. Global Positioning System (GPS)) integriert werden.

1 http://www.appliedautonomy.com/isee.html, letzter Zugriff 04.12.2012

Neben den strukturellen Veränderungen ist die technische Leistungsfähigkeit der der Systeme stark gestiegen. Insbesondere Bild- und Videomaterial bieten viele Ansatzpunkte zur computergestützten Überwachung. Personen können in Kameranetzwerken durch Gesichts- [Bäu10] oder Aktivitätsanalyse [Ijs10] gefunden werden. Ebenso können sie über mehrere Kameras [Mon11] oder über verschiedene Modalitäten [Ber09] hinweg verfolgt werden. Es ist beispielsweise auch möglich, Personen zu detektieren [Enz09], zu zählen, die Abwesenheit von Objekten zu detektieren [Den07], oder Alter [Rho09] und Geschlecht [Mäk08] zu schätzen.[2]

Zusammenfassend lässt sich festhalten, dass bereits eine Vielzahl an Kameras und Systemen existiert. Konventionell, d. h. rein durch einen menschlichen Operator, lässt sich diese Informationsflut nicht mehr auswerten. Moderne „intelligente" Systeme können hier helfen und Daten automatisiert verarbeiten. Dabei erzeugen und verarbeiten sie eine große Menge an sensiblen Informationen.

Zum Schutz der Betroffenen existieren rechtliche Rahmenbedingungen, unter denen Überwachungssysteme eingesetzt werden müssen (ausführlich dargestellt in Kapitel 3). Primär relevant ist die Datenschutzrichtlinie 45/96/EG, die von allen Mitgliedsstaaten der Europäischen Union (EU) umzusetzen ist. Wie sich bereits an den Beispielzahlen der Kameras in Großbritannien und Deutschland zeigt, wird dies von den Mitgliedstaaten bis jetzt mit unterschiedlicher Intensität getan. In Deutschland wird Datenschutz und damit die Richtlinie, in erster Linie durch das Bundesdatenschutzgesetz realisiert.

Die Datenschutzrichtlinie soll in den nächsten Jahren von der Datenschutz-Grundverordnung abgelöst werden, die Teil der EU-Datenschutzreform[3] ist und im Januar 2012 vorgestellt wurde. Eine Verordnung ist bindend und besitzt unmittelbare, innerstaatliche Geltung für alle Mitgliedsstaaten. Das neue Datenschutzrecht sieht dabei in Art. 23 explizit *Privacy by Design* (PbD,

2 Vgl. Bier/Spiecker gen. Döhnmann in: [Bie12] S.610 ff. – Intelligente Videoüberwachungstechnik: Schreckensszenario oder Gewinn für den Datenschutz?

3 http://ec.europa.eu/justice/newsroom/data-protection/news/120125_en.htm

Datenschutz durch Technik) und *Privacy by Default* (datenschutzfreundliche Voreinstellungen).[4,5]

Intelligente Überwachungssysteme stellen einen schweren Eingriff in die Privatsphäre dar.[6] Die Datenschutzrichtlinie und ihre Umsetzung im deutschen Recht sollen die Privatsphäre schützen. Durch die kommende EU Datenschutzreform ist es zu erwarten, dass Privacy by Design und Privacy by Default essentielle Pflichtbestandteile künftiger Architekturen werden.

1.2. Herausforderungen für Privatheit und Sicherheit

Die neuen technischen Möglichkeiten, die für die Ausgestaltung von intelligenten Überwachungssystemen zur Verfügung stehen, führen zu verschiedenen Herausforderungen für Privatheit (Privacy) und Sicherheit (Security) [Vag09b].

Privatheit und Datenschutz haben sich als Forschungsfelder etabliert und es existieren Lösungsansätze für Probleme aus anderen Bereichen, z. B. für den Schutz von Datenbankabfragen durch eine Generalisierung der Antworten [Swe02a]. Technische Methoden zum Schutz der Privatheit werden allgemein als *Privacy Enhancing Technologies* (PETs) bezeichnet. Durch PETs stehen somit Ansätze zur Verfügung, die eingesetzt werden können, um die Privatheit in intelligenten Überwachungssystemen zu verbessern. Die primäre Vorgehensweise für Bildmaterial ist bisher das Unkenntlichmachen von als sensibel identifizierten Regionen, z. B. in [Bou05]. Das Unkenntlichmachen ist zwar ein wesentlicher Bestandteil eines Schutzkonzepts, reicht alleine aber offensichtlich nicht aus, um Datenschutz in modernen Systemen durchzusetzen.

4 Vorschlag für eine Datenschutzgrudverordnung vom 25.01.2012 [Eur]

5 Vgl. Hornung in: [Hor11b], S.51 ff., Hornung in: [Hor12], S.99 ff. und Artikel-29-Datenschutzgruppe in: [Eur12]

6 Durch den richtigen Einsatz, kann neue Technik aber auch den Beobachten schützen. Siehe hierzu Bier/Spiecker gen. Döhnmann in: [Bie12] S.610 ff.

Neben der gesellschaftlichen Verantwortung Systeme nach PbD zu entwickeln, ist insbesondere durch die kommende EU Datenschutzreform zu erwarten, dass zukünftige Überwachungssysteme nach PbD entwickelt werden müssen. *Es existiert bisher kein methodischer Ansatz für den Aufbau eines intelligenten Überwachungssystems nach dem Privacy by Design Prinzip.* Aktuelle Systeme setzen de facto keine PETs ein. Datenschutz wird vorrangig organisatorisch durchgesetzt.

1.3. Zielsetzung und Beitrag der Arbeit

Diese Arbeit untersucht die Ausgestaltung eines Intelligenten Überwachungssystems nach dem Privacy by Design Prinzip unter dem Einsatz existierender PETs.

> Zielsetzung der Arbeit ist der systematische Aufbau eines Überwachungssystems, das geringer in die in Privatsphäre der Betroffenen eingreift als konventionelle Systeme und dabei die technischen Vorteile intelligenter Verarbeitung bietet.

Rechtliche Grundlage für die technische Ausgestaltung des Systems sind die Datenschutzanforderungen in Deutschland, die in dieser Arbeit herausgearbeitet werden. An ihnen wird das vorgeschlagene System auch evaluiert. Ergänzt werden die rechtlichen Anforderungen von Datenschutzprinzipien, die ebenfalls beim Design berücksichtigt werden.

Das System setzt konsequent einen auftragsorientierten Ansatz zur Datenerhebung und Verarbeitung um [Vag10a, Vag09c]. Ihm folgend und damit durch den Zweckbestimmungsgrundsatz des Datenschutzrechts integrierend, werden Daten nur für einen bestimmten Zweck erhoben und verarbeitet. Eine zentrale Komponente des Überwachungssystems ist die Objektorientierte Modellwelt [Bau09]. Sie speichert alle für die weitere Verarbeitung relevanten Informationen in abstrahierter Repräsentation, losgelöst von den Rohdaten. Auftragsbezogene Verarbeitung und abstrahierte Speicherung ermöglichen den Einsatz von verschiedenen PETs, die im Rahmen der Arbeit auf ihre Einsatztauglichkeit in der Überwachung untersucht werden [Vag11a].

Hauptbeitrag der Arbeit ist die Kombination von PETs zu einem ganzheitlichen Privacy by Design Ansatz, basierend auf den Anforderungen in Deutschland. Das resultierende System ist weniger eingriffsintensiv als existierende Lösungen und assistiert zeitgleich dem Operator durch computergestützte Datenverarbeitung.

Bei der Erweiterung der PETs wurden weitere Beiträge zum Wissen der Informatik erzielt.

Die Arbeit untersucht Möglichkeiten zur Anonymisierung von Positionsdaten in Überwachungssystemen [Vag10c] und stellt einen neuen Ansatz vor. Durch die Erweiterung der Anonymisierung in der zeitlichen Dimension und den dadurch gewonnenen Freiheitsgrad wird eine neue Qualität erreicht [Vag11b].

Auch auf dem Gebiet der Datenschutzrichtlinien (Privacy Policies) wurde ein Beitrag geleistet. Existierende Ansätze zum Formulieren von Privacy Policies wurden evaluiert und die eXtensible Access Control Markup Language (XACML) ausgewählt. XACML wurde erweitert, um Policies aller Stakeholder mit abweichenden Prioritäten zu beschreiben und durchzusetzen [Vag11d].

Ein weiterer Hauptbeitrag dieser Arbeit, der die Leistungsfähigkeit von Überwachungssystemen erheblich verbessert, ist die Ausrichtung des Überwachungssystems an den Bedürfnissen der Beobachteten. Beteiligte können erstmalig aktiv mit einem Überwachungssystem interagieren und es für eigene Zwecke nutzen [Vag11a]. Sie entscheiden selbst, welche Dienste sie nutzen und welche Daten dabei verarbeitet werden dürfen [Vag12d]. Es wird dem Beobachteten zudem leicht gemacht, Auskunft über seine Daten und über laufende Überwachungsaufträge zu erhalten. Die Neuartigkeit dieses Ansatzes manifestiert sich in der Eintragung eines Gebrauchsmusters [Vag12b] beim Patentamt.

Die hier genannten Beiträge sind nötig, um ein intelligentes Überwachungssystem nach PbD zu gestalten und die rechtlichen Anforderungen bestmöglich umzusetzen. Für den erfolgreichen Einsatz von Überwachungstechnologie sind weitere Herausforderungen zu lösen [Vag09b], die im Rahmen dieser Arbeit vorwiegend aus technischer Sicht untersucht werden.

Eine wichtige Fragestellung ist dabei das Vertrauen in Sensoren. Bereits jetzt werden in Großbritannien Kameras von verschiedenen Parteien genutzt (Polizei, Länder und private Betreiber). Die Polizei hat dabei den Überblick über die installierten Sensoren verloren [Lin06]. Die Authentizität und Qualität der Daten ist aber entscheidend für eine erfolgreiche und zielgerichtete Überwachung. In dieser Arbeit werden Ansätze zur Berechnung des Vertrauens auf ihre Tauglichkeit für intelligente Überwachungssysteme untersucht und ein Vertrauensmodell für Sensoren vorgestellt [Vag12a, Vag11c].

Im Rahmen der Forschung, die zu dieser Arbeit geführt hat, wurde untersucht, wie der Zweckbezug bei Auslagerung von Aufgaben an externe Anbieter (z. B. in der Cloud) sichergestellt werden kann. Hierfür wurde ein Zugriffskontrollverfahren entwickelt [Vag12c, Vag10b]. Da in dieser Arbeit davon ausgegangen wird, dass es sich um ein geschlossenes Überwachungssystem handelt, ist das Verfahren nicht Bestandteil dieser Arbeit.

1.4. Gliederung der Arbeit

Kapitel 2 legt den Unterschied zwischen konventionellen und intelligenten Überwachungssystemen fest und stellt die für diese Arbeit relevanten Arbeiten vor. Anschließend werden die rechtlichen Anforderungen an ein Überwachungssystem in Kapitel 3 herausgearbeitet. Basierend auf den Anforderungen wird in Kapitel 4 aufgezeigt, wie ein Überwachungssystem nach Privacy by Design aufzubauen ist. Anschließend untersucht Kapitel 5 die Nutzbarkeit existierender PETs für die Überwachung. In Kapitel 6 werden, die in Kapitel 5 ausgewählten PETs kombiniert und erweitert, um das in Kapitel 4 vorgestellte System umzusetzen. Kapitel 7 evaluiert das vorgestellte System. Dafür wird, neben der Abgrenzung des technischen Beitrags zum Stand der Wissenschaft, aufgezeigt, dass das vorgestellte System weniger tief in das Recht auf informationelle Selbstbestimmung eingreift als existierende Lösungen. Abschließend fasst Kapitel 8 den Beitrag der Arbeit zusammen.

Anhang A der Arbeit diskutiert den Einsatz von Repressionssystemen zur Vertrauensbildung in Überwachungssystemen.

2

Grundlagen und verwandte Arbeiten

Die Wissenschaft fängt eigentlich erst da an interessant zu werden, wo sie aufhört.

(Justus von Liebig)

2.1. Kategorien der Videoüberwachung

Die Mehrzahl der in der Praxis eingesetzten Systeme arbeitet konventionell. In der Forschung wurden eine Vielzahl intelligenter Systeme entwickelt. Einen Überblick geben [Vel06, Ma10]. Es existiert keine etablierte Klassifizierung von Überwachungssystemen. Konventionelle Systeme können hierbei zwei Ausprägungen aufweisen, die auch nach § 6 BDSG so unterschieden werden, Systeme zur unmittelbaren Beobachtung und Systeme zur Aufzeichnung. Ausgehend von den zwei konventionellen Kategorien lassen sich fünf Klassen bilden. Mischformen sind möglich.

2.1.1. Konventionelle Videoüberwachungssysteme

In der Praxis sind konventionelle Systeme nach wie vor weit verbreitet. Dies ist vor allem den hohen Anschaffungskosten geschuldet, die für eine lange Laufzeit der Installationen sorgen.

Kamera-Monitor Systeme ohne Aufzeichnung

Dies ist die einfachste Klasse an Überwachungssystemen. Dabei kann es sich um Ein-Kamera-Ein-Monitor Systeme handeln oder auch um Multi-Kamera- bzw. Multi-Kamera-Multi-Monitor Installationen, die zur Beobachtung verwendet werden. Es kann sowohl analoge als auch digitale Kameratechnik eingesetzt werden.

Beobachten ist dabei die Sichtbarmachung von Geschehnissen und Personen mit Hilfe geeigneter technischer Einrichtungen.[7] Sie setzt keine Erfassung von personenbezogenen Daten oder deren Speicherung voraus.[8,9] Die gegenläufige Meinung vertritt Scholz.[10] Schon die bloße Beobachtung mittels Bildübertragung hat Eingriffscharakter, da mit ihr regelmäßig die Erhebung personenbezogener Daten verbunden ist. Der Eingriff durch Videotechnik geht in seiner Qualität und Intensität über eine menschliche Beobachtung hinaus.[11]

Kamera-Monitor Systeme mit Aufzeichnung

Einen nächsten Schritt stellen Kamera-Monitor Systeme mit Aufzeichnung dar. Bis auf eine zusätzliche Komponente zur Aufzeichnung unterscheiden sich diese nicht von den oben genannten Systemen. Das Bildmaterial wird dabei entweder analog auf Bändern oder digital auf Festplatten gespeichert.

7 Scholz in: [Sim11], § 6b, Rn. 63
8 BT-Drs. 14/4329, S. 38
9 Bizer in: [Sim06], § 6b, Rn. 38
10 Scholz in: [Sim11], § 6b, Rn. 66
11 Scholz in: [Sim11], § 6b, Rn. 25 f.

Dabei kann die Aufzeichnung zu Beweiszwecken erfolgen oder zum späteren Zugriff bei besonderen Vorkommnissen.

Hierbei hat sich die Videotechnik in den letzten Jahren erheblich weiterentwickelt. So können hochauflösende oder Infrarotkameras verwendet werden. Ebenso nutzen Kameranetzwerke die vorhandenen TCP/IP Netzwerkstrukturen.[12]

Maßnahmen der Videoüberwachung weisen ohnehin eine hohe Eingriffsintensität auf, da es sich um verdachtlose Eingriffe mit großer Streubreite handelt.[13] Der Eingriff wirkt durch die Aufzeichnung umso schwerer, da das Bildmaterial durch die Speicherung in vielfältiger Weise genutzt, bearbeitet und mit anderen Informationen verknüpft werden kann.[14]

2.1.2. Intelligente Überwachungssyteme

Die Digitalisierung der Sensorinformationen ermöglicht computergestützte Auswertung (z. B. das Auffinden von Personen anhand von biometrischen Merkmalen), sodass Überwachungsaufgaben signifikant besser durchgeführt werden können.

Aufzeichnung mit intelligenter Auswertung

Systeme mit intelligenter Auswertung setzen Verfahren ein, um im gespeicherten Bildmaterial Informationen zu finden oder neue Informationen daraus zu generieren. So kann die Polizei für eine Ermittlung herausfinden, ob ein Verdächtiger sich an einem bestimmten Ort aufgehalten hat, ohne dass ein Beamter viele Stunden an Videomaterial händisch durchsuchen muss. Ein Beispiel für neu gewonnene Informationen sind „Heatmaps“, auf denen, ähnlich einer Wetterkarte, die Personendichte über einen Zeitraum dargestellt ist. Es gibt Verfahren bzw. Einsatzzwecke, die gespeicherte Daten benötigen (z. B. die beiden oben genannten). In vielen Fällen ist es jedoch

12 Scholz in: [Sim11], § 6b, Rn. 12
13 BVerfG, NVwZ 2007, 688 (691)
14 Scholz in: [Sim11], § 6b, Rn. 31

wünschenswert, Daten in Echtzeit auswerten zu können, die Verfahren leisten dies jedoch noch nicht oder sind zu fehleranfällig.

Anhand der aufgezeigten Beispiele wird deutlich, welches Potential in intelligenten Überwachungssystemen steckt. Der Abgleich mit Täterbildern (Gesichtserkennung, ggf. anhand biometrischer Daten) ist genauso möglich wie das Erstellen von Bewegungsprofilen.[15] Es ist offensichtlich, dass eine Eingriffsverschärfung durch die neuen technologischen Möglichkeiten entsteht. Das ist im Rahmen des Verhältnismäßigkeitsprinzips zu berücksichtigen.[16]

Intelligente Auswertung in Echtzeit

Die nächste Stufe stellen Systeme dar, die eine intelligente Datenverarbeitung in Echtzeit zulassen. In vielen Fällen werden (temporär) gespeicherte Daten benötigt, um in Echtzeit Ergebnisse zu liefern. Intelligente Systeme sind in der Lage, Personen oder Objekte anhand bestimmter Merkmale zu identifizieren und über mehrere Kameras zu verfolgen. Ebenso können bestimmte Ereignisse erkannt werden, z. B. dass eine maximale Anzahl von Personen sich an einem öffentlichen Platz befindet. Wenngleich aktuelle Systeme noch nicht ausgereift sind, ist davon auszugehen, dass in Zukunft auffälliges Verhalten z. B. eine Gewaltsituation, detektiert werden kann.[17,18] Obwohl es das Ziel aktueller Systeme ist, präventiv reagieren zu können, wird dies doch erst durch die automatisierte Verarbeitung von Daten möglich. Dabei handelt sich klar nicht mehr um ein „verlängertes Auge“[19] des Betreiber und die Intensität des Eingriffs ist höher zu bewerten als im Fall der konventionellen Auswertung. Insbesondere durch eine falsche Beurteilung des Systems kann es zu einer höheren Streubreite kommen, die Unbeteiligte in den Fokus der Überwachung rückt.

15 Gola/Schomerus in: [Gol12], § 6b, Rn. 4, ebenso Scholz in [Sim11], § 6b, Rn. 15
16 Hornung/Desoi in: [Hor11a], S. 153 (155)
17 Hornung/Desoi in: [Hor11a], S. 153 (155)
18 Vgl. auch Bier/Spiecker gen. Döhmann in: [Bie12], S. 610 (611).
19 Scholz in: [Sim11], § 6b Rn. 65

In intelligenten Systemen ist ebenfalls davon auszugehen, dass eine Verarbeitung der Daten bereits in den Sensoren stattfindet [Bie10]. Im Fall von bildgebenden Sensoren spricht man von *Smart Cameras*. Diese können einen Alarm auslösen, wenn sie einen Sturz detektieren oder selbstständig Personen identifizieren [Fle08b].

Intelligente Systeme mit heterogenen Sensoren

Kameras stellen nach wie vor die dominierende Sensorgattung dar, weitere Sensoren können aber sinnvoll in ein Überwachungssystem integriert werden. So kann ein akustischer Sensor Geschrei detektieren oder ein Temperatursensor ein Feuer.[20] Ebenso können RFID (Radio-frequency identification) Tags[21] oder GPS dazu genutzt werden, Personen bzw. Objekte zu lokalisieren (siehe Abschnitt 2.3.2). Die Integration neuer Sensoren (z. B. Mikrofone) in „optisch-elektronische" Anlagen wirft neue rechtliche Fragen auf,[22] die in dieser Arbeit nicht diskutiert werden.

2.2. Der durch ein Überwachungssystem Beobachtete

Im Rahmen dieser Arbeit wird die Überwachung aus verschiedenen Blickwinkeln betrachtet. In den unterschiedlichen Kontexten nimmt der *Beobachtete* verschiedene Rollen rein. Aus rechtlicher Perspektive wird er als *Betroffener* der Überwachung bezeichnet. Der Begriff drückt die Passivität der Beobachteten in den bisherigen Überwachungssystemen aus.

Das im Rahmen dieser Arbeit entworfene System gibt den Beobachteten die Möglichkeit aktiv am Überwachungsprozess zu partizipieren. Er agiert

20 Hornung/Desoi in: [Hor11a], S. 153 (154)
21 Scholz in: [Sim11]: § 6b, Rn. 15
22 Siehe hierzu Bier/Spiecker gen. Döhmann in: [Bie12], S. 610 (613)

somit als *Nutzer* des Systems. In bisherigen Arbeiten wird der Operator des System als Nutzer bezeichnet, dies ist hier nicht der Fall.

Betroffener, Nutzer und Beobachteter sind in dieser Arbeit die gleiche Person. Die Bezeichnung wird abhängig vom Kontext gewählt.

2.3. Relevante Arbeiten zur Privatheit in der Videoüberwachung

Bisherige Arbeiten lassen sich in drei Klassen einteilen. Als erstes existiert eine Vielzahl an Arbeiten zum Schutz der Privatsphäre im Bildmaterial. Die zweite Klasse hat ihren Fokus ebenfalls auf Videodaten, bezieht aber die Beobachteten mit ein. Die dritte Klasse besteht aus Systemansätzen.

2.3.1. Privatheit in Bildaten

Generelles Vorgehen existierender Ansätze ist es, im Video eine „Region Of Interest“ (ROI) zu identifizieren und diese unkenntlich zu machen. Die einfachste Möglichkeit hierfür ist, den Bereich komplett zu entfernen. Dadurch wird zwar die Privatsphäre geschützt (in der ROI), doch ein Großteil der relevanten Information geht zusammen mit der ROI verloren. Cheung et al. ersetzen in [Che06] die ausgeschnittenen Regionen durch den Hintergrund. Verpixelung und Blurring der ROIs sind weniger geeignet als eine Verwürfelung (scrambling), da Standardgesichtserkennungsverfahren sonst oftmals noch funktionieren [Duf11].

Dufaux und Ebrahimi [Duf06b] verwürfeln ROIs. Nur wer im Besitz des entsprechenden privaten Schlüssels ist, kann die Region sichtbar machen. Ein ähnliches Vorgehen wählen Baaziz et al. [Baa07] und verwürfeln ROIs, in denen Bewegung detektiert wurde. Auch Boult [Bou05] schlägt ein System vor, in dem die Gesichter von Personen verschlüsselt werden. Chattopadhyay und Boult haben mit PrivacyCam [Cha07] eine Kamera entwickelt, die basierend auf Hintergrundextraktion ROIs ermittelt und verschlüsselt.

Es liegen weitere Ansätze vor, die nach dem gleichen Grundgedanken des Unkenntlichmachens vorgehen [Rah10, TP09, Yab05].

Im kommerziellen Umfeld vertreibt KiwiSecurity ein Softwaremodul,[23] das zwei Bildströme erzeugt und speichert, einen kryptographisch gesicherten Klartextstrom und einen, in dem Bewegung und definierte Bereiche verpixelt werden. Es ist der einzige „Privacy Filter“, der für den Einsatz in der Videoüberwachung explizit empfohlen wird.[24]

Die genannten Ansätze steigern die Privatheit in Videodaten und ermöglichen es, sensible Bereiche in Sequenzen zu anonymisieren. Schwachstelle aller Verfahren ist die Detektion der ROIs. Versagt diese in nur einem Bild einer Sequenz, kann dies die Privatheit komplett zerstören. Durch Hintergrundwissen kann es zudem möglich sein, anonymisierte Personen zu identifizieren (z. B. an Hand von Bewegungsabläufen).

2.3.2. Berücksichtigung der Betroffenen zur Verbesserung der Privatheit

Die Detektion von ROIs ist eine Schwachstelle in existierenden Verfahren. Zur Verbesserung setzt eine Gruppe von Ansätzen auf die aktive Mithilfe der Beobachteten. Zudem gibt es eine weitere Klasse von Methoden, die sich nicht auf das Unkenntlichmachen von ROIs beschränkt und dem Betroffenen eine aktivere Rolle in der Überwachung einräumt.

Erkennung sensibler Bereiche unter Einbeziehung der Betroffenen

In [Sch07] verwenden Schiff et al. Westen und Bauhelme als optische Marker um sensible Bereiche, bzw. Personen zu detektieren, deren Gesichter anschließend ausgeblendet werden. Allgemeine visuelle Marker sind nur in bestimmten Szenarien einsetzbar.

23 http://kiwi-security.com/de/69-privacy-protector-2/
24 Scholz in: [Sim11], § 6b. Rn. 151

Um eine besser Differenzierung der Beobachtungen zu erreichen, setzen verschiedene Ansätze auf den Einsatz von RFID Tags. Wickramasuriya et al. kombinieren in [Wic04] RFID mit Bewegungsmeldern. Sobald in einem überwachten Bereich eine Bewegung detektiert wird, sucht ein Reader nach Tags. Wenn kein Tag gefunden wird oder er keine Berechtigung aufweist, wird eine Kamera aktiviert. Personen mit Tag werden ausgeblendet. Chinomi et al. [Chi08] verwenden ebenfalls RFID um Beobachtete zu identifizieren. Für die Beobachteten sind Richtlinien im System hinterlegt, die den Grad[25] der Anonymisierung bestimmen. Bewegungsdetektion und Signalstärke werden kombiniert, um das zu anonymisierende Objekt zu lokalisieren. Einen ähnlichen Ansatz verfolgen Cheung et al. [Che08], die den Benutzern zusätzlich private Schlüssel zuordnen, sodass Bildmaterial nur mit ihrer Zustimmung entschlüsselt werden kann.

Ohne RFID arbeitet Brassil in [Bra05]. Betroffene werden an Stelle dessen mit einem privacy enabling device (PED) ausgestattet, das Positionsdaten mit Zeitstempeln versehen zu einer vertrauenswürdigen Stelle sendet. Wenn ein Operator Videodaten an einen Dritten weitergeben möchte, wird diese kontaktiert. Wenn ein aktives PED im Sichtbereich der Kamera war, werden die Videodaten vor der Weitergabe anonymisiert. Da kein Rückkanal existiert, muss der Beobachtete dem Betreiber vertrauen.

In [Tan01] wird Gesichtserkennung eingesetzt, um dem System bekannte Personen in einem Büroszenario unkenntlich zu machen. Im System ist es ebenso möglich andere Techniken z. B. einen Irisscan, zur Identifikation und Authentifikation einzusetzen [Ye09, Luo10].

Nutzergetriebene Ansätze

Verfahren, die zusätzliches Wissen einbeziehen, um Personen zu identifizieren, sind robuster als Ansätze, die nur auf Bilddaten arbeiten. Nachteilig ist, dass Personen zusätzliche Tags mit sich führen müssen. Zum einen kön-

25 Nur aus der informationstechnischen Perspektive existieren Grade, nicht aus der rechtlichen.

nen durch die RFID Tags Bewegungsprofile erstellt werden, zum andern ist nicht davon auszugehen, dass die breite Masse der Betroffen Tags mit sich führt, um sich zu schützen. Biometrie und optische Marker sind nur in bestimmten Szenarios einsetzbar (Baustellen, Büros, etc.).

Der vorangegangene Abschnitt zeigt Ansätze, die darauf abzielen, den Nutzer zu identifizieren und auszublenden. Daneben liegen weitere Ansätze vor, die den Nutzer auf andere Weise einbeziehen.

Um die Transparenz existierender Systeme zu erhöhen, tragen Freiwillige (Beobachtete) in verschiedenen Projekten Kameradaten zusammen. So sind z. B. die Positionen der Kameras im Pariser Stadtkern im Internet einsehbar.[26] Auch die frei verfügbaren OpenStreetMaps Karten besitzen einen Layer für Überwachungskameras.[27] Noch einen Schritt weiter geht die iSee Anwendung [Ins], durch die ein Nutzer einen Weg durch Manhattan berechnet lässt, auf dem er von möglichst wenigen Kameras gesehen wird.

Winkler und Rinner greifen die Idee auf. Ziel ihres Ansatzes TrustCam [Win12a, Win10a, Win10b] ist es, Informationen über Gebiete unter Videoüberwachung zu sammeln. Die Beobachteten geben Feedback, um Vertrauen zu schaffen. Über ein sicheres Kommunikationsprotokoll können Nutzer per Handy mit einer über TPM (Trusted Platform Module[28]) gesicherten Kamera kommunizieren. Zum einen können Nutzer die Position und weitere Information zur Kamera in eine allgemein zugängliche Datenbank hochladen. Zum anderen können sich Nutzer Alarme senden lassen, wenn sie in die Nähe von Kameras mit bestimmten Eigenschaften kommen. Zudem kann der Nutzer durch das TPM validierte Informationen über die Privacy Eigenschaften der Kamera einsehen. Eine realisierte Eigenschaft ist die verpixelte Speicherung von ROIs.

Fleck und Straßer [Fle08b] setzten Smart Cameras (SmartSurv) ein, um die Privatheit zu steigern. Dabei werden die Videodaten bereits in der Kamera

26 http://app.owni.fr/camera-paris/, letzter Zugriff am 08.02.2013

27 http://osmcamera.tk/, letzter Zugriff am 04.12.2012

28 http://www.trustedcomputinggroup.org/resources/tpm_main_specification , letzter Zugriff am 18.12.2012

verarbeitet und das Rohbildmaterial verlässt diese nicht. Die Kamera kann eine schnelle Größenveränderung (Sturz) einer Person detektieren und als Ereignis melden, das dem Operator in Weltkoordinaten angezeigt wird. Nur wenn die Kamera ein Ereignis detektiert, wird es angezeigt. Es findet keine durchgehende Übertragung der Bilddaten statt.

Das Eintragen von Kameras auf Karten und die Abrufbarkeit von Informationen steigert die Transparenz. Je mehr Beobachtete Daten hinterlegen und bestätigten, umso glaubwürdiger werden sie. Genauso wie in anderen offenen Systemen, besteht immer das Risiko falscher Daten.

Vertrauenswürdige Informationen über eine Kamera abzurufen, stellt eine signifikante Verbesserung zu konventionellen Systemen dar, da der Beobachtete detailliert Auskunft erhält, die über eine Kenntlichmachung hinausgeht. Beobachtete bleiben aber weiter passiv, können ihre eigenen Daten nicht einsehen und haben keine Möglichkeit das System zu beeinflussen. Die Loslösung vom Bildmaterial und die Übermittlung von Ereignissen kann die Privatheit deutlich steigern, da die Datenmenge stark reduziert wird. Ohne einen datenschutzgewährenden Verarbeitungsprozess und die Integration der Kameras in ein entsprechendes System besteht die Gefahr, dass die gewonnene Privatheit direkt wieder verloren wird.

2.3.3. Systemansätze für Privatheit in Videodaten

Die bisher genannten Ansätze beziehen sich auf Videosequenzen oder einzelne Kameras und nicht auf (intelligente) Systeme. Vor den relevanten Systemansätzen seien noch zwei grundlegende Designideen erwähnt, die von den Autoren bisher aber nicht technisch umgesetzt wurden.

Designparadigmen für Systeme

Cavallaro schlägt in [Cav04, Cav07] vor, Videodaten in zwei Klassen zu trennen: Verhaltensdaten und persönliche Daten. Unter Verhaltensdaten versteht er anonymisierte Videosequenzen, z. B. ausgeblendete Personen, Gesichter oder Fahrzeuge. Vollständige Videosequenzen stellen persönliche

Daten dar. Sie sind nur autorisierten Personen zugänglich und durch kryptographische Verfahren geschützt.

Moncriff et al. fordern in [Mon09] eine dynamische Anpassung von Privatheit in Video. Sie ist dabei nicht nur abhängig von der Berechtigung des Beobachters, sondern auch vom Kontext. Ebenso sollte ein System dynamisch reagieren. Wenn keine Gefahr vorliegt sind Personen abstrahiert dargestellt, erst bei Detektion eines Ereignisses wird die Abstraktion aufgehoben.

Architekturen zur Gewährleistung der Privatheit

In [Spi06] stellen Spindler et al. ein System (PiViSA) vor, das es erlaubt, Objekte abhängig vom Betrachter anzuzeigen oder zu verpixeln. Verschiedene Beobachtete erhalten unterschiedliche Streams. Das System verteilt die Aufgaben (Identifikation, Tracking, Kombination von Streams, Ver- und Entschlüsselung) auf verschiedene Konten. Als Beispielszenario dient ein Büroraum, in dem alle überwachten Personen dem System bekannt sind. Die Beobachteten sind sich ebenfalls bekannt, so dass sie entscheiden können, wem sie Zugriff auf Bildaten erteilen. Identifikation und Tracking wurden im Prototypen manuell durchgeführt und es wird auf Methoden der Computer Vision verwiesen.

Senior et al. [Sen05] haben die Datenabstraktion in einem System prototypisch realisiert. Kameras sind über eine gesicherte Verbindung mit der „Privacy-preserving Video Console“ verbunden, die den Kern des Systems darstellt. Das Bildmaterial wird hier analysiert und transformiert. Erkannte Objekte (Autos, Personen, etc.) werden entfernt. Für die Nutzer werden neue Ströme erzeugt, in denen die Objekte nicht, in abstrakter Form oder vollständig zu sehen sind. Der Operator kann Zugriff auf den Originalstrom anfordern. Alle Aktionen werden protokolliert.

Fidaleo et al. stellen in [Fid04] ein System vor, das einen ähnlichen Ansatz verfolgt. Zur Umsetzung von Datenschutz setzen sie einen „Privacy Buffer“ ein. Er ist zentral im System angeordnet und alle Daten, durchlaufen ihn vor der ihrer Visualisierung. Sobald Daten zum Buffer gelangen, werden identifizierende oder private Inhalte entfernt. Anschließend werden die

Daten an darstellende Komponenten weitergeben. Es existieren Filter für Tracking- und Temperaturdaten. Die Daten werden in einem 3D Modell dargestellt.

Langheinrich hat für das Ubiquitous Computing, in dem Rechner allgegenwärtig sind, die Architektur pawS [Lan02] entworfen. Jeder Nutzer (Beobachtete) ist mit einem PDA ausgestattet und ubiquitäre Umgebungen mit Privacy Beacons, die bekanntgeben, welche Dienste dort laufen. Das PDA sendet die empfangenen Informationen zum Privacy Proxy des Nutzers, der die Policies der Dienste mit den Richtlinien des Nutzers vergleicht. Weichen diese voneinander ab, werden die Dienste deaktiviert.

Alle Videoarchitekturansätze analysieren Daten und stellen sensible Informationen abstrahiert oder gar nicht dar. Während [Spi06] das System nutzt um die Verarbeitung zu verteilen, werden in [Sen05] und [Fid04] zentrale Komponenten zur Anonymisierung verwendet. Äquivalent zu den Ansätzen aus Abschnitt 2.3.1 hängt das erreichte Schutzniveau von der erfolgreichen Detektion der sensiblen Bereiche ab. In [Spi06] können Beobachtete in einem geschlossenen Szenario festlegen, wer sie sehen darf. In [Sen05] und [Fid04] ist das nicht vorgesehen. In keinem Videosystem erhalten Beobachtete eine Rückmeldung. Ziel aller Architekturen ist es, Daten in anonymisierter Form zur Verfügung stellen zu können. Der komplette Überwachungsprozess wurde beim Entwurf nicht betrachtet. Das System pawS verfolgt einen andern Ansatz, der nicht aus der Überwachung stammt. Nutzer können ihr Umfeld aktiv beeinflussen und ggf. alle Anwendungen deaktivieren. Nachteilig ist, dass ein Privacy Beacon vorhanden sein muss, ebenso wie eine Verbindung zum Proxy, um die Richtlinien zu überprüfen.

3

Datenschutzrechtliche Grundlagen und Privacy by Design

> A CCTV System can be set up by anyone, there is no need for a license, and the central government does not control the use to which it is put.
>
> *(Katherine Williams [Wil00])*

Das im Zentrum dieser Arbeit stehende System ist das erste intelligente Überwachungssystem, das nach dem *Privacy by Design* Prinzip entwickelt wird. Datenschutz und die Gewährleistung der Privatheit sind ein Hauptdesignziel.

Der Term Privacy by Design wird unterschiedlich interpretiert und verwendet. Um ihn und die dahintersteckende Thematik besser im Kontext der Videoüberwachung einordnen zu können, werden im ersten Teil des Kapitels verschiedene Grundprinzipien des Datenschutzes dargestellt. Diese sollten bei der Entwicklung eines Überwachungssystems berücksichtigt werden. Der zweite Teil des Kapitels und zeitgleich der Schwerpunkt liegt auf der nationalen Rechtslage. Die für die Überwachung relevanten Regelungen werden dargestellt und es wird aufgezeigt, an welchen Stellen ein nach PbD entwickeltes System ansetzen muss, bzw. welche Zielsetzung beim Aufbau eines intelligenten Überwachungssystems nach PbD verfolgt werden muss.

3.1. Datenschutz Prinzipien

Die internationale Rechtslage ist heterogen und die Rechtmäßigkeit einer Überwachungsinstallation ist fallspezifisch. Die hier genannten Prinzipien sind allgemeiner und finden auch außerhalb der Überwachung Anwendung. Im Gegenzug sind sie rechtlich nicht binden.

3.1.1. Fair Information Practices Principles

Bereits 1980 veröffentlichte die Organisation für wirtschaftliche Zusammenarbeit und Entwicklung (OECD) die „Guidelines on the Protection of Privacy and Transborder Flows of Personal Data“[29], in denen acht Prinzipien aufgeführt werden, die jedes System zu Grunde legen sollte, das persönliche Daten verarbeitet. In [Vag10a] wird aufgezeigt, wie ein Überwachungssystem aufgebaut werden muss, das die acht „Fair Information Practice Principles“ (FIP) umsetzt. Die FIP stellen die ersten internationalen Richtlinien dar.

1. *Collection Limitation Principle*: There should be limits to the collection of personal data and any such data should be obtained by lawful and fair means and, where appropriate, with the knowledge or consent of the data subject.

29 OECD in: [Org02], S.14 ff.

2. *Data Quality Principle*: Personal data should be relevant to the purposes for which they are to be used, and, to the extent necessary for those purposes, should be accurate, complete and kept up-to-date.

3. *Purpose Specification Principle*: The purposes for which personal data are collected should be specified not later than at the time of data collection and the subsequent use limited to the fulfilment of those purposes or such others as are not incompatible with those purposes and as are specified on each occasion of change of purpose.

4. *Use Limitation Principle*: Personal data should not be disclosed, made available or otherwise used for purposes other than those specified in accordance with Paragraph 9[30] except: a) with the consent of the data subject; or b) by the authority of law.

5. *Security Safeguards Principle*: Personal data should be protected by reasonable security safeguards against such risks as loss or unauthorised access, destruction, use, modification or disclosure of data.

6. *Openness Principle*: There should be a general policy of openness about developments, practices and policies with respect to personal data. Means should be readily available of establishing the existence and nature of personal data, and the main purposes of their use, as well as the identity and usual residence of the data controller.

7. *Individual Participation Principle*: An individual should have the right: a) to obtain from a data controller, or otherwise, confirmation of whether or not the data controller has data relating to him; b) to have communicated to him, data relating to him within a reasonable time; at a charge, if any, that is not excessive; in a reasonable manner; and in a form that is readily intelligible to him; c) to be given reasons if a request made under subparagraphs(a) and (b) is denied, and to be

30 Purpose Specification Principle

able to challenge such denial; and d) to challenge data relating to him and, if the challenge is successful to have the data erased, rectified, completed or amended.

8. *Accountability Principle*: A data controller should be accountable for complying with measures which give effect to the principles stated above.

3.1.2. Privacy by Design und Global Privacy Standard

Der Term Privacy by Design hat sich etabliert um zu beschreiben, dass Datenschutzaspekte bereits während der Designphase berücksichtigt wurden. Das erste Mal wurde PbD von Ann Cavoukian verwendet.[31] Sie sieht PbD als ein Konzept, das auf IT-Systeme, Geschäftspraktiken, physikalisches Design und Netzwerkarchitekturen anwendbar ist. Das Ziel von PbD ist die Gewährleistung von Datenschutz und die persönliche Kontrolle über die eigenen Daten. Cavoukian gibt hierfür sieben Prinzipien an. Diese sind in Deutsch verfügbar[32] und hier verkürzt aufgeführt. Nach Cavoukian schließen sich Privacy und Überwachung nicht aus, so können z. B. Personen in Kamerabildern unkenntlich gemacht werden.[33] Bier et al. diskutieren Gültigkeit, Umsetzbarkeit und Messbarkeit der Prinzipien in [Bie12a]. Ebenso wie die FIP sind die PbD Prinzipien rechtlich nicht verbindlich.

1. *Proaktiv, nicht reaktiv; als Vorbeugung und nicht als Abhilfe.* Der Privacy by Design Ansatz ist von proaktiven statt reaktiven Maßnahmen geprägt. PbD bietet keine Abhilfe im Falle von datenschutzrechtlichen Verletzungen, wenn sie erst einmal eingetreten sind, es verhindert vielmehr deren Auftreten.

31 http://www.ipc.on.ca/english/about-us/about-the-commissioner/, letzter Zugriff am 04.03.2013

32 http://privacybydesign.ca/about/principles/, letzter Zugriff am 04.03.2013

33 Cavoukian in: [Cav09], S.49 ff.

2. *Datenschutz als Standardeinstellung.* Privacy by Design soll den größtmöglichen Schutz der Privatsphäre bringen. Einzelpersonen sind nicht gefordert, selbst etwas für den Schutz ihrer Privatsphäre zu unternehmen – der Schutz ist bereits systemimmanent, als Standardeinstellung.

3. *Der Datenschutz ist in das Design eingebettet.* Privacy by Design ist in das Design und die Architektur von IT-Systemen und Geschäftspraktiken eingebettet. Datenschutz ist ein wesentlicher Bestandteil des Systems, ohne Abstriche bei der Funktionalität.

4. *Volle Funktionalität – eine Positivsumme, keine Nullsumme.* Privacy by Design will allen berechtigten Interessen und Zielen entgegenkommen, und zwar durch eine Positivsumme, die ein zufriedenstellendes Ergebnis für beide Seiten erzielt, und nicht durch einen veralteten Nullsummenansatz.

5. *Durchgängige Sicherheit. Schutz während des gesamten Lebenszyklus.* Nachdem Privacy by Design vor der Ersterfassung der Information in das System „eingebettet" wurde, erstreckt sich dessen Wirkung auf den gesamten Lebenszyklus der Daten.

6. *Sichtbarkeit und Transparenz – Für Offenheit sorgen.* Privacy by Design will allen Beteiligten Sicherheit geben. Einzelne Komponenten und Verfahren bleiben sichtbar und transparent und zwar gleichermaßen für Nutzer und Anbieter.

7. *Die Wahrung der Privatsphäre der Nutzer – Für eine nutzerzentrierte Gestaltung sorgen.* Privacy by Design fordert vor allem von den Architekten und Betreibern (von IT-Systemen), dass für sie die Interessen der Einzelpersonen an erster Stelle stehen.

Neben den hier erwähnten Prinzipien setzt sich Cavoukian für die Schaffung eines globalen „Datenschutzintruments", den *Global Privacy Standard*[34] ein.

34 http://www.ipc.on.ca/images/Resources/gps.pdf

Den zehn Prinzipien liegen die gleichen Ideen zu Grunde wie den FIP. Das erste Prinzip *Consent* verlangt die freiwillige und spezifische Einwilligung der betroffenen Person (FIP 1 und 4). *Accountability* fordert den pflichtbewussten Umgang mit Daten (FIP 8) und die Gewährleistung gleicher Datenschutzrichtlinien, wenn Daten unternehmensübergreifend ausgetauscht werden. Letzteres wird in den FIP nicht explizit erwähnt. Das *Purposes* Prinzip verlang die Festlegung und Kommunikation des Verwendungszwecks (FIP 3). Für diesen Zweck sollen, gefordert von *Collection Limitation*, in fairer und rechtmäßigerweise nur benötigte Daten gesammelt werden (FIP 1). Das Prinzip *Use, Retention, and Disclosure Limitation* schreibt einen verantwortungsvollen Umgang mit den gesammelten Daten vor, insbesondere eine schnellstmögliche Löschung (FIP 4). *Accuracy* soll gewährleisten, dass Daten aktuell und korrekt sind (FIP 2). Dazu passend fordert *Security* die sichere Verwahrung der Daten über deren gesamten Lebenszyklus (FIP 5). *Openness* verlangt die Transparenz der Verarbeitungsrichtlinien und die Verwaltung der Daten. (FIP 6). *Access* soll sicherstellen, dass ein Individuum Zugriff auf seine persönlichen Daten erhält und diese bei Bedarf korrigieren kann (FIP 7). Das letzte Prinzip *Compliance* fordert die Einhaltung der Datenschutz Regeln. Eine Organisation muss dafür die notwendige Überwachung und Beweisführung übernehmen (FIP 8). Das letzte Prinzip ist konkreter gehalten als sein Äquivalent in den FIP.

3.1.3. Die Neuen Schutzziele

Die genannten internationalen Richtlinien werden auch in Deutschland diskutiert. Insbesondere ist hier Arbeit von Bock und Rost[35] zu nennen, die Bezug nehmen auf die PbD und Global Privacy Standards. Zur Verbesserung der Umsetzbarkeit werden sechs Schutzziele aufgeführt, die helfen sollen, die Prinzipien zu operationalisieren. Dabei setzten sie die typischen Datensicherheitsziele *Verfügbarkeit, Integrität* und *Vertraulichkeit* voraus. Zudem werden drei weitere datenschutzbezogenen Ziele definiert.

35 Rost in: [Ros11], S. 30 ff.

- *Transparenz*: Es muss gewährleistet sein, dass die Erhebung und Verarbeitung von Daten mit zumutbarem Aufwand überprüft und bewertet werden kann. Dies umfasst transparentes Projektmanagement, Dokumentation der Infrastruktur und eine entsprechende Dokumentation für den Betroffenen.
- *Nichtverkettbarkeit*: Hier ist sicherzustellen, dass Daten nur mit unverhältnismäßig hohem Aufwand für einen anderen als den ausgewiesenen Zweck erhoben, verarbeitet und genutzt werden können.
- *Intervenierbarkeit*: Das Schutzziel stellt sicher, dass Betroffene ihre Rechte ausüben können. Es umfasst den Zugriff auf Daten in einem laufenden Verfahren, die veränderbar und löschbar sein müssen. Ein Betreiber muss nachweisen können, dass er sein System beherrscht und dem nachkommen kann.

Mit den Zielen sollen Anforderungen spezifiziert werden, die eine nutzerbezogene Kontrolle ermöglichen, Datenschutzprozesse im Unternehmen sichern und gesellschaftliche Anreize bieten.

In einer vorherigen Arbeit[36] wird die *Kontingenz* eingeführt, die der Einengung durch Technik entgegenwirken soll. Sie ist für ein Datum erfüllt, wenn der Inhalt des Datums abstreitbar ist.

3.1.4. Demokratische und verantwortliche Nutzung von Videoüberwachung in der EU

Die bisher aufgezeigten Prinzipien und Anforderungen sind allgemein gehalten und auf alle Systeme anwendbar, die sensible Daten verarbeiten. Konkreter wird das Europäische Forum für Urbane Sicherheit (EFUS)[37], das eine Charta für die demokratische Nutzung von Videoüberwachung[38] erarbeitet hat. Die Charta wurde von den beteiligten Städten erarbeitet und

36 Rost in: [Ros09], S. 353 ff.

37 http://www.efus.eu

38 [Eur10] ist in mehreren Sprachen online und als Buch verfügbar.

stellt ebenfalls keine verbindliche Rechtsgrundlage, sondern „Soft Law“ dar. Sie soll als Leitfaden für den Einsatz die Nutzung von Videoüberwachung in Europa dienen und besteht aus den folgenden Grundsätzen.

1. *Der Grundsatz der Legalität.* Bei der Planung und Entwicklung von Videoüberwachungssystemen müssen die geltenden Gesetze und Bestimmungen eingehalten werden. Sowohl europäisches und internationales Recht als auch nationale Bestimmungen.

2. *Grundsatz der Notwendigkeit.* Die Aufstellung eines Videoüberwachungssystems kann nicht eine Anforderung per se darstellen. Dabei ist es schwierig zu entscheiden, ab wann ein System notwendig ist. Der Zweck des Systems (z. B. Bekämpfung von Kriminalität oder Ermittlungen im Nachhinein) muss festgelegt werden. Ebenso muss entschieden werden, ob ein Überwachungssystem überhaupt eine geeignete Lösung darstellt und mit welchen Maßnahmen es zu einem Sicherheitskonzept zu ergänzen ist.

3. *Grundsatz der Verhältnismäßigkeit.* Die Ausarbeitung, Aufstellung und Entwicklung von Videoüberwachungssystemen muss angemessen sein. Dies geschieht mit Bezug auf die Notwendigkeit und der zugrunde liegenden Problematik. Private Räume sollten nicht überwacht werden. Die technische und personelle Ausstattung muss dem strikten Bedarf entsprechen. Es müssen strenge Regeln für die Aufzeichnung, Verarbeitung, Weitergabe und Löschung festgelegt und durchgesetzt werden. In die Protokolle des Systems muss frühzeitig Privacy by Design aufgenommen werden, um personenbezogene Daten zu schützen.

4. *Grundsatz der Transparenz.* Jede für ein Videoüberwachungssystem zuständige Behörde muss den Betrieb transparent gestalten. Zweck,

verantwortliche Stellen und Rechte der Bürger müssen klar sein. Von der Verwendung von fiktiver Kameras[39] wird abgeraten.

5. *Grundsatz der Verantwortung.* Das Recht auf Überwachung des öffentlichen Raums ist bestimmten Behörden vorbehalten. Sie sind für die Systeme verantwortlich. Die Verantwortung gilt sowohl für die Entscheidung ein System aufzustellen, als auch für die korrekte Funktionalität.

6. *Grundsatz der unabhängigen Überwachung.* Der Betrieb von Videoüberwachungssystemen ist durch ein unabhängiges Kontrollverfahren zu gewährleisten. Das betrifft die Entwicklung, Installation und den Betrieb des Systems.

7. *Grundsatz der Einbeziehung der Bürger.* Die Bürger müssen in die Errichtung und den Betrieb einbezogen werden. Das umfasst die Beteiligung an der Bedarfserkennung, Beurteilung des Systems oder auch dessen Besichtigung.

3.1.5. Fazit

Zusammenfassend lässt sich festhalten, dass alle Datenschutzprinzipien den Einsatz von PETs für ein adäquates Mittel halten, um die Privatheit sicher zu stellen. Ebenso muss Datenschutz/Privacy von Beginn an in Systeme integriert werden. Den Prinzipien liegen die gleichen Ideen, wie z. B. Transparenz zu Grunde. Wie an PbD und FIPs in Abschnitt 3.1.2 gezeigt, sind sie in einander überführbar. Die Umsetzung und der Grad der Erfüllung der Richtlinien ist dabei schwierig.[40] Bei der Ausgestaltung des Systems sollten die Prinzipien berücksichtigt werden. In Abschnitt 3.3.2 wird überprüft, inwiefern sie bereits von der nationalen Gesetzgebung in Deutschland abgedeckt werden.

39 Unter fiktiven Kameras werden Attrappen ohne Funktionalität verstanden, die dem Beobachteten nur das Gefühl einer Überwachung vermitteln sollen.

40 siehe hierzu auch Rost in: [Ros11] S. 30 (34)

3.2. Rechtliche Grundlagen des Datenschutzes

Lange bevor Datenschutz in Europa und Deutschland Bestandteil juristischer Diskussion wurde, hatten Warren und Brandeis 1890 in den USA *Privacy* als „Recht alleine gelassen zu werden“ eingeführt.[41] Der Begriff Privacy wird seitdem mit verschiedenen Bedeutungen verwendet. Im englischen Sprachraum steht Privacy für den Schutz der Privatsphäre. Das deutsche Gegenstück dazu ist der Datenschutz. Auf europäischer Ebene versteht man unter Datenschutz „den Schutz der Privatsphäre natürlicher Personen bei der Verarbeitung personenbezogener Daten“.[42] Im englischen Sprachraum wird dafür *data privacy* oder auch *information privacy* verwendet, im europäischen *data protection.* In Deutschland wird Datenschutz allgemein als Schutz des Persönlichkeitsrechts bei der Verarbeitung personenbezogener Daten (§ 1 Bundesdatenschutzgesetz) verstanden.

Nachdem in Abschnitt 3.1 allgemeine, aber nicht rechtlich bindende Prinzip dargestellt wurden, schildert der folgende Teil die rechtlichen Rahmenbedingungen für intelligente Überwachungssysteme. Es werden Anforderungen herausgearbeitet, die ein (intelligentes) Überwachungssystem erfüllen muss.

Im Zuge der Datenschutzreform[43] der EU soll in Zukunft eine Datenschutzgrundverordnung in Kraft treten und die Richtlinie von 1995 ersetzten. Auch wenn noch nicht abzusehen ist, wann die Verordnung in Kraft tritt, ist davon auszugehen, das Datenschutz in Zukunft supranational auf Ebene der EU geregelt wird.

41 Warren/Brandeis in: [War90] S. 193 (193)

42 Richtlinie 95/46/EG

43 http://ec.europa.eu/justice/data-protection/review/index_de.htm, letzter Zugriff am 13.06.2012

3.2.1. Europarecht

Zwei primärrechtliche Rechtsakte bilden das Fundament für Datenschutz auf europäischer Ebene. Die „Konvention zum Schutze der Menschenrechte und Grundfreiheiten" (EMRK) vom November 1950[44] gewährleistet in Artikel 8 das Recht auf Achtung des Privat- und Familienlebens. Art. 6 Abs. 2 und 3 des EU-Vertrags (EUV) verankern sie im Unionsrecht. Dabei wird die EMRK vom Europäischen Gerichtshofs (EGMR) als ein „lebendiges Instrument" betrachtet[45] und nach aktuellen sozialen und wirtschaftlichen Bedingungen ausgelegt.

Ebenfalls relevant ist die Charta der Grundrechte der Europäischen Union (GRC) in der Fassung vom 12. Dezember 2007, die durch Art. 6 Abs. 1 EUV gleichrangig mit den Verträgen ist. In Art. 7 GRC wird das Recht auf Achtung des Privat- und Familienleben definiert. Das Recht ist entsprechend der Rechtsprechung des EGMR auszulegen (Präambel der GRC). Das Privatleben beinhaltet alle Aspekte der Privatsphäre. Dazu legt Art. 8 den Schutz personenbezogener Daten fest. Abs. 1 besagt: „Jede Person hat das Recht auf Schutz der sie betreffenden personenbezogenen Daten". Ergänzend legt Abs. 2 fest, dass diese Daten nur für festgelegte Zwecke und nach Einwilligung verarbeitet werden dürfen. Ebenso ist hier das Recht auf Auskunft und Berichtigung verankert.[46].

Basis für die Datenschutzgesetzgebung auf europäischer Ebene sind Art. 16 Abs. 2 des Vertrags über die Arbeitsweise der Europäischen Union (AEUV) und Artikel 39 EUV für die gemeinsame Außen- und Sicherheitspolitik (GASP). Art. 16 Abs. 1 AEUV wiederholt den in Art 8 Abs. 1 GRC niedergeschriebenen Schutz personenbezogener Daten. Der Schutz personenbezogener Daten wird aktuell durch die Richtlinie 95/46/EG (DSRL) umgesetzt, die vor der GRC erstellt wurde.[47] Erwägungsgrund 14 nennt explizit „Ton- und Bilddaten" und setzt damit Videoüberwachungssysteme in den An-

44 In der Fassung des Protokolls Nr. 11
45 EMGR-E 1, 256 (273)
46 Knecht in: [Sch09], Art. 8 GRC Rn. 4
47 Erläuterungen zur Charta der Grundrechte, 2007/C 303/02

wendungsbereich der Richtlinie, insofern die Daten nicht zur Wahrung der öffentlichen Sicherheit erhoben werden. Die Mitgliedsländer der EU müssen die Richtlinie in nationales Recht umsetzten. In Abschnitt 3.3.2 wird die DSRL mit den FIP verglichen.

3.2.2. Nationale Datenschutzgrundlagen

Ein Ziel dieser Arbeit ist es, den allgemeinen Vorteil eines entsprechend nach PbD gestalteten Systems gegenüber existierenden Systemen herauszuarbeiten und seinen technischen Aufbau zu erläutern. Entsprechend beschränkt sich die Diskussion im Wesentlichen auf das BDSG.

Historisch betrachtet sind für die Entwicklung des Datenschutzrechts in Deutschland zwei Ereignisse zu nennen. Zuerst wurde 1970 das weltweite erste Datenschutzgesetz in Hessen geschaffen. Dem folgte 1983 das Volkszählungsurteil des Bundesverfassungsgerichts.[48] Daraus resultiert das Recht auf informationelle Selbstbestimmung als Ausprägung des allgemeinen Persönlichkeitsrechts Art 2 Abs. 1 in Verbindung mit Art. 2 Abs. 1 des Grundgesetzes (GG). Datenschutzrecht verteilt sich über verschiedene Gebiete und gleiches gilt für die Videoüberwachung, deren Rechtsgrundlage sich ebenfalls über unterschiedliche Gesetzte verteilt.[49] Auffanggesetz ist das Bundesdatenschutzgesetz.[50]

Das personenbezogene Datum

Datenschutzrecht schützt das Persönlichkeitsrecht des Einzelnen.[51] In seiner Ausprägung als Recht auf informationelle Selbstbestimmung wird dabei die „Befugnis des Einzelnen, grundsätzlich selbst die Preisgabe und Verwendung seiner persönlichen Daten zu bestimmen“[52] geschützt. Im Gegensatz

48 BVerGE 65,1 = NJW 1984

49 Z. B. § 26 BPolG, § 226 BKAG, §§ 12a, 19a VersG, § 3 BND-G, § 13 LDSG-BW. Eine Übersicht bietet Lang in: [Lan06], S. 265 ff. oder Scholz in: [Sim11]: § 6b Rn. 153 ff.

50 In [Gol12], § 1 Rn. 23

51 § 1 I BDSG Art. 1; Art. 1 Abs. 1 DSRL

52 BVerfGE 65, 1 (43) = NJW 1984, 419 (422)

zur allgemeinen Handlungsfreiheit ist es nicht subsidiär, sondern gewährt eigene Freiheitsrechte neben den übrigen Grundrechten.[53] Geschützt werden *personenbezogene Daten*, da der Umgang mit ihnen das Recht auf informationelle Selbstbestimmung jedes Einzelnen beeinträchtigen kann. „Wer nicht mit hinreichender Sicherheit überschauen kann, welche ihn betreffenden Informationen in bestimmten Bereichen seiner sozialen Umwelt bekannt sind, und wer das Wissen möglicher Kommunikationspartner nicht einigermaßen abzuschätzen vermag, kann in seiner Freiheit wesentlich gehemmt werden, aus eigener Selbstbestimmung zu planen oder zu entscheiden."[54]

Nach § 3 I BDSG sind personenbezogene Daten „Einzelangaben über persönliche oder sachliche Verhältnisse einer bestimmten oder bestimmbaren natürlichen Person". Durch persönliche und sachliche Verhältnisse ist der Begriff bewusst weit gefasst und umfasst *alle* Information.[55] Die Form der Repräsentation spielt dabei keine Rolle.[56] Angaben sind damit, dass in Überwachungssystemen nach wie vor dominierende Ton- und vor allem Bildmaterial.[57,58] Der Begriff natürliche Person nimmt juristische Personen oder Sachen aus dem BDSG aus. Bildmaterial, das Personen zeigt, fällt in den Anwendungsbereich. Dabei ist nicht relevant, ob es sich um reine Übersichtsbilder handelt.[59]

Darüber hinaus fällt auch Bildmaterial darunter, auf dem Sachen zu sehen sind, durch welche die Zuordnung zu Personen möglich ist.[60] Selbst die Abwesenheit von Personen und die Folgerung, dass sich niemand in einem bestimmten Gebiet befindet, kann zum Personenbezug von Bildmaterial

53 Dreier in: [Dre04], Art. 2 Abs. 1 Rn. 94
54 BVerfGE 65, 1 (43) = NJW 1984, 419 (422)
55 Dammann in: [Sim11] § 3 Rn. 7
56 Dammann in: [Sim11] § 3 Rn. 4
57 Dammann in: [Sim11], § 3 Rn. 4
58 Erwägungsgründe 14 der Richtlinie 95/46/EG.
59 Ebenso Fetzer/Zöller in: [Fet07], S. 775 (777) und Roggan in: [Rog01], S. 134 (136); Die Gegenauffassung vertritt Wohlfahrt in: [Woh07], S. 54 (55), Scholz ebenfalls in: [Sim11], § 6b Rn. 29, wenn eine Person in ihrer Identität nicht erkennbar ist
60 BVerfGE 120, 378 (400)

führen.[61,62] Personenbezug für Daten aus Personengruppen liegt dann vor, wenn aus Merkmalen der Gruppe Rückschlüsse auf die einzelnen Personen gezogen werden können. Dadurch werden die Gruppendaten zu den personenbezogenen jeder Person in der Gruppe.[63]

Einordnung von Videoüberwachung in den sachlichen Anwendungsbereich

Videoüberwachung, sowohl konventionelle als auch intelligente, umfasst die Erhebung, Verarbeitung und Nutzung personenbezogener Daten und fällt somit in den sachlichen Anwendungsbereich des BDSG. Die Begrifflichkeiten werden in § 3 BDSG definiert.

Nach § 3 III BDSG ist *Erheben* „das Beschaffen von Daten über den Betroffenen". Beschaffen hat einen subjektiven und aktiven Teil.[64] Es ist unerheblich, ob die Absicht besteht die Informationen personenbezogen zu verwenden.[65] Gleiches gilt für die Art der Erhebung.[66] Bild- und Ton ist ebenso möglich wie andere Intelligente Messverfahren oder GPS-gestützte Lokalisierung.[67] Ziel der Erhebung können Merkmale des Betroffenen sein oder die Identifikation eines unbekannten Betroffenen. Es ist bedeutungslos, ob die Information zur Kenntnis genommen wird oder anderweitig inhaltlich genutzt wird. Es genügt, wenn die Möglichkeit dazu eröffnet wird.[68]

61 In [Sae04], S. 218 (219, 223)

62 Dreier/Spiecker gen. Döhmann in: [Dre10], S. 80

63 Dammann in: [Sim11], § 3 Rn. 19, Vgl. auch Dreier/Spiecker gen. Döhmann in: [Dre10], S. 74 ff. und S.79 ff.

64 Dammann in:[Sim11], § 3 Rn. 102

65 Vgl. Bergmann/Möhle/Herb, BDSG § 3, Rn. 64

66 Weyer in: DSG NW § 3 Rn. 4

67 Damann in: [Sim11], § 3, Rn. 105

68 Dammann in: [Sim11], § 3 Rn. 106, vgl. BVerfGE 120, 378 (399) – Automatisierte Kennzeichenerfassung

Die Absicht zur Speicherung wird nicht vorausgesetzt. Speicherung und Erhebung sind voneinander unabhängig.[69,70]

Es kommt zu keiner Erhebung, wenn bei einer Videoüberwachung die Person nicht erkennbar ist. Ebenso findet bei einer Kamera-Monitor Übertragung ohne Aufzeichnung, die nicht auf bestimmbare Personen gerichtet ist, keine Erhebung statt.[71] Beides sind Spezialfälle der konventionellen Videoüberwachung (siehe Abschnitt 2.1). Im Regelfall ist davon auszugehen, dass die Installation und Inbetriebnahme eines Überwachungssystems mit dem Ziel Daten zu erheben einhergeht, was eine aktive Handlung darstellt. Die Erhebung der Daten wird in allen Arten von Systemen durch die Sensoren durchgeführt. In intelligenten Systemen werden smarte Sensoren[72] eingesetzt, in denen bereits eine Verarbeitung stattfindet.

Nach § 3 IV BDSG ist *Verarbeiten* „das Speichern, Verändern, Übermitteln, Sperren und Löschen personenbezogener Daten.“. Verarbeiten besteht damit aus fünf Verarbeitungsphasen, die unabhängig von den gewählten Verfahren für die Umsetzung sind.[73]

Speichern ist nach § 3 IV Satz 2 Nr. 1 „das Erfassen, Aufnehmen oder Aufbewahren personenbezogener Daten auf einem Datenträger zum Zweck ihrer weiteren Verarbeitung oder Nutzung“. Abhängig davon, ob der Vorgang von einer Person oder von einer apparativen Vorrichtung durchgeführt wird, ist der Begriff Erfassen oder Aufnehmen gültig.[74,75] Der Datenträger kann ein beliebiges Medium sein, auf dem Daten persistiert werden.[76] Die

69 Dammann in:[Sim11], § 3 Rn. 106

70 Die Gegenauffassung, zumindest für private Stellen, vertreten Gola/Klug in: [Gol04], S. 65 (65).

71 Dammann in: [Sim11], § 3 Rn. 110

72 Zu smarten Kameras siehe Hornung/Desoi in: [Hor11a] S. 153 (154)

73 In der DSRL schließt das Verarbeiten auch das Erheben und Nutzen personenbezogener Daten mit ein (siehe Def. in Art. 2 b) DSRL).

74 Dammann in: [Sim11], § 3 Rn. 115

75 In: [Gol12] § 3 Rn. 26 wird das schriftlich Fixieren der Daten als Erfassen aufgefasst.

76 Dammann in: [Sim11], § 3 Rn. 118

Speicherung setzt eine bedingte Verwendungsabsicht voraus und hat für eine gewisse Dauer statisch angelegten Charakter.[77]

In konventionellen Überwachungssystemen werden Daten auf Videobändern oder Festplatten gespeichert. Selbst intelligente Systeme greifen teilweise noch auf Bänder zurück, um Kosten zu reduzieren. Die Mehrheit der aktuellen Systeme speichert Daten digital und analysiert das Material offline. Systeme, die aus dem live Datenstrom Informationen generieren, speichern i. d. R. gleichfalls alle Daten. Wenn smarte Sensoren über entsprechende Ressourcen verfügen, können dort auch Daten gespeichert werden.

Verändern ist nach § 3 Abs. 4 Satz 2 Nr. 2 „das inhaltliche Umgestalten gespeicherter personenbezogener Daten". Es kommt zu einer Umgestaltung, wenn sich der Informationsgehalt ändert. Es muss nach der Änderung eine andere Information vorhanden sein als vorher. Löschen und Anonymisieren sind i. d. R. keine Veränderung, da der Informationsgehalt nur reduziert und nicht substituiert wird.[78]

In konventionellen Überwachungssystemen werden Daten unverändert gespeichert. In intelligenten Systemen können Daten verändert werden. Der Operator wird vom System mit zusätzliche Informationen unterstützt, die er als Mensch nicht direkt aus dem Datenmaterial entnehmen kann. Zudem kann bereits eine Verarbeitung in den Sensoren stattfinden. Bei Kameras geht die Bandbreite von analogen Sensoren bis zu intelligenten, die aus dem Bildmaterial zusätzliche Information gewinnen können. Dabei kann nicht pauschal gesagt werden, ob eine Qualitätsveränderung stattfindet oder ob sich nur die Art der Darstellung ändert und der Informationsgehalt gleich bleibt. Dies ist im Einzelfall zu prüfen.

Zur Wahrung der Privatsphäre der Beobachteten ist es wichtig, Daten zu *anonymisieren* oder zu *pseudonymisieren*. Nach BDSG § 3 VI ist Anonymisieren das Verändern personenbezogener Daten, derart, dass sie „nicht mehr oder nur mit einem unverhältnismäßig großen Aufwand an Zeit, Kosten und Arbeitskraft einer bestimmten oder bestimmbaren natürlichen Person

77 Tinnefeld et al. in: [Tin05], S. 299
78 Dammann in: [Sim11], § 3 Rn. 129

zugeordnet werden können". Schwächer ist Pseudonymisieren (BDSG § 3 VI a) als das Ersetzen von Identifikationsmerkmalen „zu dem Zweck, die Bestimmung des Betroffenen auszuschließen oder wesentlich zu erschweren" definiert.

Wenn ein Datum einer Person nicht mehr zugeordnet werden kann, ist es *absolut anonym*. Dies lässt sich nur durch absoluten Informationsverlust erreichen und es ist fraglich, ob dann noch von anonymen Daten gesprochen werden kann.[79] Wenn einer Person ein Datum nur mit unverhältnismäßig großen Aufwand an Zeit, Kosten, Arbeitskraft und sonstigen Ressourcen zugeordnet werden kann,[80] ist es *faktisch anonym*. Dies ist der Fall, wenn die Reidentifizierung aufwändiger ist als die Neubeschaffung.[81] Die Zuordnung ist für den Datenverarbeiter bzw. Angreifer unterschiedlich schwierig, so dass faktische Anonymisierung einen subjektiven Charakter aufweist.[82]

Der Geltungsbereich des BDSG erstreckt sich auf den Umgang mit personenbezogenen Daten (§ 1 I BDSG). Es liegt die Auffassung vor, dass faktisch anonymisierte Daten keinen Personenbezug aufweisen.[83] Das ist nicht seit jeher gegeben.[84]

Personenbezogen sind nur Daten, die sich auf eine bestimmte oder bestimmbare Person beziehen lassen.[85] Personenbezug ist relativ. Je nach Umfang des zur Verfügung stehenden Zusatzwissens, kann ein Datum aus Sicht eines Dritten personenbezogen sein oder nicht.[86] Dabei ist es für die Zugänglichkeit unerheblich, ob das Zusatzwissen bereits bekannt ist oder ob eine

79 Roßnagel/Scholz in: [Roß00] S. 721 (723)
80 NJW (1987), 2807
81 Tinnefeld/Ehmann/Gerling in: [Tin05], S. 288
82 Steinmüller in: [Kaa80], Datenzugang und Datenschutz, 1980, Bd. 3, S. 115
83 Roßnagel/Scholz, MMR 2000, S. 721 (725 f.); Roßnagel/Pfitzmann/Garstka in: [Roß01], S. 103; Gola/Schomerus in: [Gol12], § 3 Rn. 43; Hornung in: [Hor04], S. 429 (429); Saeltzer in: [Sae04], S. 218 (219)
84 Damann sieht den personenbezug in: [Sim11], § 3 Rn. 196 nicht gegeben. Davor vertrat er in [Sim06], § 3 Rn. 196 den gegenteiligen Standpunkt.
85 Gola/Schomerus in: [Gol12], § 3, Rn. 10
86 Tinnefeld/Ehmann/Gerling in: [Tin05], S. 280

Absicht zur Reanonymisierung vorliegt.[87] Zugänglichkeit ist dabei weit zu fassen. Auch wenn der Gesetzgeber nicht von einem illegalen Datenverarbeiter ausgeht, ist die Formel, ergänzungsbedürftig.[88] Insbesondere durch das Internet verändern sich die Möglichkeiten.[89] Jedes einer Einzelperson zugängliche Wissen (z. B. über soziale Netzwerke) muss berücksichtigt werden. Die technische Erschließbarkeit ändert sich sehr schnell[90] und Verfügbarkeit von mathematisch-statistischen Expertenwissen[91] muss berücksichtigt werden. Um zu ermitteln welches Zusatzwissen zugänglich ist, kann der betreibenden Stelle nur ein vertretbarer Aufwand zugemutet werden.[92]

Abschließend soll ein Vergleich zur informationstechnischen Perspektive gezogen werden. Hier wird der Begriff der Anonymisierung, nicht eindeutig verwendet. Nach Pfitzmann und Köhntop ist Anonymität „der Zustand in einer Menge von Subjekten, dem Anonymity Set, nicht identifizierbar zu sein".[93] Im Kontext intelligenter Überwachung ist Anonymität eng verbunden mit *Unverknüpfbarkeit.* Zwei Objekte sind in einem System unverknüpfbar, wenn sie bezüglich des a priori Wissens nicht mehr oder weniger in Beziehung stehen als sie es bezüglich des a posteriori Wissens tun.[94]

Konventionelle Videoüberwachungssysteme, bieten keine Möglichkeit zur Anonymisierung bzw. Pseudonymisierung. Alle Daten liegen für den Betreiber zugänglich im Klartext vor. Die technische Verknüpfung mit Zusatzwissen ist möglich, aber schwierig. Das Zusatzwissen eines Operators ist fallabhängig. Über einen längeren Beobachtungszeitraum kann der Betreiber Informationen über die Betroffenen lernen. Intelligente Systeme bieten

87 Gola/Schomerus in: [Gol12], § 3, Rn. 44
88 Dammann in: [Sim11], § 3, Rn. 28
89 Vgl. Spiecker gen. Döhmann in: [Spi10], S.311 ff. und Dreier/Spiecker gen. Döhmann in: [Dre10]
90 Dammann in: [Sim11], § 3, Rn. 30
91 Tinnefeld/Ehmann/Gerling in: [Tin05], S. 289
92 Saelzer in: [Sae04], S. 218 (222)
93 Pfitzmann/Köhntopp in [Pfi01], S.1 ff.
94 Pfitzmann/Köhntopp in [Pfi01], S.1 ff.

einen möglichen Zugang zu externen Datenquellen und Expertenwissen. Das verfügbare Zusatzwissen ist im Einzelfall zu prüfen.

3.3. Beschreibung der Anforderungen an ein intelligentes Überwachungssystems

Im Folgend wird aufgezeigt, welche Anforderungen ein Überwachungssystems befolgen muss, wenn es einem strikten Privacy by Design Ansatz folgt. Zuerst wird herausgearbeitet, welche Anforderungen sich aus dem rechtlichen Rahmen ergeben. Anschließend wird dargestellt, welche Datenschutzprinzipien zusätzlich bei einem System nach PbD berücksichtigt werden müssen, die sich nicht aus dem rechtlichen Rahmen ergeben.

Konventionelle Systeme weisen bereits eine erhebliche Eingriffsintensität in das Recht auf informationelle Selbstbestimmung auf.[95] Diese wird durch Videoüberwachungssysteme der nächsten Generation wesentlich vertieft.[96,97]

In Kapitel 4 wird ein auftragsorientiertes intelligentes Überwachungssystem vorgestellt, dessen zentrales Designziel es ist, die Datenschutzanforderungen umzusetzen.

3.3.1. Anforderungen an ein Überwachungssystem

Um es Betreibern zu ermöglichen, intelligente Überwachungssysteme nach den Richtlinien des Datenschutzrechts, insbesondere des BDSG, aufzustellen, müssen verständliche Anforderungen existieren.[98] Dies verlangt das Datenschutzrecht.

95 BVerfG, NVwZ 2007, 688 (691)
96 Hornung/Desoi in: [Hor11a] S.153 (155)
97 Vgl. Bier/Spiecker gen. Döhmann in: [Bie12], S. 610 (610)
98 Bizer fordert in: [Biz07], S. 350 (350) Grundprinzipien, die leicht verständlich sind. Solche Prinzipien stecken in den hier dargestellten Anforderungen.

Zweckbindung

Zweckbindung ist eine der zentralen Anforderungen, was durch ihre Verankerung auf allen Ebenen deutlich wird. So gestattet die GRC die Nutzung von Daten nur „für festgelegte Zwecke".[99] Die DSRL fordert noch konkreter, dass personenbezogene Daten „nicht in einer mit diesen Zweckbestimmungen nicht zu vereinbarenden Weise weiterverarbeitet werden".[100] Der Zweck muss bei der Datenerhebung festgelegt werden.[101] Durch die Zweckbestimmung wird Betroffenen überhaupt erst Möglichkeit gegeben, zu überprüfen, ob die verlangten Daten dem Zweck entsprechen. „Eine Erhebung, Verarbeitung oder Nutzung von Daten für nicht genannte Zwecke ist grundsätzlich unzulässig". Die Daten müssen für den Zweck erheblich sein und nicht über ihn hinaus gehen.[102,103] Auch ob Informationen sensible sind, hängt vom Verwendungszweck und den Verwendungsmöglichkeiten ab. Das Bundesverfassungsgericht stellt ebenso einen „unaufhebbaren verfassungsrechtlichen Zusammenhang von Datenspeicherung und Verwendungszweck" fest, der Zusammenhang muss dabei „von vornherein" bestehen.[104] Für Videoüberwachung müssen explizit „der Anlass, der Zweck und die Grenzen des Eingriffs" präzise und normenklar festgelegt werden.[105]

Eine Zweckänderung für folgende Verarbeitungsschritte ist nur in sehr begrenztem Umfang möglich.[106] Die Zweckbindung gilt sowohl für die Erhebung beim Betroffenen[107], als auch für eine Erhebung ohne sein Mitwirken.[108] Der Zweckbezug kann nur sichergestellt werden, wenn er auch nach der Erfassung erkennbar ist.[109] Folglich muss die Zuordnung zum

99 Art. 8 Abs. 2 Satz 1 Alt. 2 GRC
100 Art. 6 Abs. 1 b) DSRL
101 DSRL, Erwägungsgrund 28
102 Art. 6 Abs. 1 c) DSRL.
103 BVerfGE 65, 1 (46) = NJW 1984, 419 (422)
104 BVerfG 125, 60 (345) = NJW 2010, 833 (846)
105 NVwZ 2007, 688 (690)
106 §§ 14 II und 28 II BDSG; BVerfGE 100, 313 (360)
107 § 4 III Satz 1 Nr. 2 BDSG
108 §§ 14 I und 28 I Satz 2 BDSG
109 BVerfGE 100, 313 (360)

ursprünglichen Zweck über den gesamten Verarbeitungsprozess möglich sein.
In konventionellen Systemen gibt es keine technischen Möglichkeiten den Zweck kenntlich zu machen. Die gesamten Daten werden an einer zentralen Stelle gespeichert. Das Bildmaterial ist meist mit einem Zeitstempel versehen. Weitere Informationen werden nicht gespeichert, d. h. man sieht den Videodaten den Zweck nicht an. Die Informationen sind meist physisch geschützt. Der Zugriff kann protokolliert werden, insofern er über vorher spezifizierte Schnittstellen erfolgt. Eine technische Einschränkung der Verwendung auf einen bestimmten Zweck ist nicht möglich.

Intelligente Systeme generieren aus dem Bildmaterial Zusatzinformationen. Unabhängig davon, ob dies in Echtzeit oder offline geschieht, ist es technisch (bis jetzt) nicht möglich eine Zweckbindung zu erzwingen. Definierte Ereignisse und Aktionen des Operators können protokolliert werden.

Datensparsamkeit

§ 3a BDSG fordert Datensparsamkeit. Datenverarbeitungssysteme „sind an dem Ziel auszurichten, so wenig personenbezogene Daten wie möglich zu erheben, zu verarbeiten oder zu nutzen." Datensparsamkeit setzt den Grundsatz der Erforderlichkeit um und ist Teil des Systemdatenschutzes.[110] Sie ist in allen Phasen der Videoüberwachung zu beachten.[111] Wenn keine personenbezogenen Daten vorhanden sind, kann auch kein Missbrauch stattfinden. Entsprechend ist Datenvermeidung die extremste Ausprägung der Datensparsamkeit. Sie geht als präventives Gestaltungsprinzip über das herkömmliche Erforderlichkeitsprinzip hinaus und verlangt eine aktive Gestaltung der Abläufe und technischen Verfahren.[112]

Bereits 1997 wurde der Einsatz von datenschutzfreundlichen Technologien von der Konferenz der Datenschutzbeauftragten unterstützt.[113] Um

110 Dix in: [Roß03], S. 364 Rn. 2ff.
111 Weichert in: [Kil09], Kap. 132 Rn. 91
112 Scholz in: [Sim11], § 3a Rn. 3
113 Ernestus et al. in: [Arb97], S. 709 (709)

diese zu realisieren, eignen sich Privacy Enhancing Technologies.[114] Die Idee Datenschutz durch eine entsprechende Technikgestaltung zu begleiten, existiert bereits seit 1970; der Begriff der Privacy Enhancing Technologies wurde erstmals 1995 verwendet.[115] PETs stellen stellen einen wesentlichen Baustein zur Gewährleistung und Förderung des Datenschutzes dar.[116] In diesem Zusammenhang ist die Umsetzung der „Auswahl und Gestaltung“ von datenschutzwahrenden Systemen aus § 3a zu betrachten. Dabei wird die „Möglichkeit zur Anonymisierung und Pseudonymisierung“ in § 3a Satz 2 BDSG explizit erwähnt. Eine frühzeitige Anonymisierung wurde ebenfalls vom Bundesverfassungsgericht verlangt[117]. So ist es zu erwarten, dass PETs mit anderen datenschutzfreundlichen Technologien kombiniert werden.[118] Theoretische Ausarbeitungen für PETs liegen für viele Anwendungsfälle vor. In der praktischen Umsetzung befinden sich PETs aber noch am Anfang und auch das Zusammenspiel von PETs bedarf weiterer Untersuchungen.[119,120] Für die Videoüberwachung wird der Einsatz eines Privacy-Filters empfohlen, der personenbeziehbare Objekte unkenntlich macht oder Bereiche sperrt, sodass nur noch relevante Änderungen detektiert werden können.[121]

Das Verbot der „Speicherung von personenbezogenen Daten auf Vorrat zu unbestimmten oder noch nicht bestimmbaren Zwecken“[122] kann der Datensparsamkeit und der Zweckbindung zugeordnet werden. Ebenso ist die frühzeitige Löschung essentiell, um Datensparsamkeit zu gewährleisten. Sie wird durch § 6 V,§ 20 II Nr. 2 und § 35 II Satz 2 Nr. 3 BDSG gefordert. Zudem muss die Löschung von Daten protokolliert werden.[123] Im konkreten

114 Borking in: [Bor01], S. 607 (607)
115 Hansen in: [Roß03], S. 294 Rn. 7 und 8
116 Hansen in: [Roß03], S. 292 Rn. 2
117 BVerfGE 65, 1 (49)
118 Borking in: [Bor01] S. 607 (608)
119 Hansen in: [Roß03], S. 293 Rn. 5
120 Die Tauglichkeit von PETs für intelligente Überwachungssysteme [Vag11a] wird in Kapitel 5 untersucht.
121 Scholz in: [Sim11], § 6b, Rn. 151
122 BVerfG 125, 250 (317) = NJW 2010, 833 (838).
123 BVerfG 125, 250 (333) = NJW 2010, 833 (842)

Fall von (konventioneller) Videoüberwachung bewirkt eine Aufzeichnung von Bildmaterial einen Eingriff von erheblichem Gewicht in das allgemeine Persönlichkeitsrecht.[124] Sie stellt einen intensiven Eingriff in das Recht auf informationelle Selbstbestimmung dar. „Verdachtslose Eingriffe mit großer Streubreite, bei denen zahlreiche Personen in den Wirkungsbereich einer Maßnahme einbezogen werden, die in keiner Beziehung zu einem konkreten Fehlverhalten stehen und den Eingriff durch ihr Verhalten nicht veranlasst haben, grundsätzlich eine hohe Eingriffsintensität auf [...] Das Gewicht dieser Maßnahme wird dadurch erhöht, dass infolge der Aufzeichnung das gewonnene Bildmaterial in vielfältiger Weise ausgewertet, bearbeitet und mit anderen Informationen verknüpft werden kann." Videoüberwachung und dazu gespeicherte Daten erfassen „wie bei solchen Maßnahmen stets" überwiegend Personen, die keinen Anlass dafür geschaffen haben.[125]

Ein grundsätzliches Problem beim Einsatz von Anonymisierungsverfahren aus der Informatik besteht darin, dass die Qualität der Anonymisierung (aus informationstechnischer Sicht) in der Regel mit der Menge an Ausgangsdaten steigt. Auf den ersten Blick widerspricht dies dem Grundsatz der Datensparsamkeit und der Erheblichkeit aus Art. 6 Abs. 1 c) DSRL. Es muss aber berücksichtigt werden, dass Datensparsamkeit aus zwei Dimensionen zusammengesetzt ist: Quantität und Qualität.[126] Beide müssen im Verhältnis zu einander betrachtet werden, um das bestmögliche Datenschutzniveau für den Betroffenen zu erreichen. Wenn durch eine zu strikte quantitative Limitierung die Qualität der Sparsamkeit während der Verarbeitung nicht gewährleistet ist, verfehlt die Vorschrift ihr Ziel. Folglich ist eine marginale Mehrerhebung zulässig, wenn sie die Verarbeitung und Nutzung personenbezogener Daten reduziert.[127] Sowohl konventionelle als auch existierende intelligente Systeme folgen dem Prinzip der Datensparsamkeit nur bedingt. Konventionelle Systeme bieten keine Möglichkeit dazu und speichern Daten

124 BVerfG, NVwZ 2007, 688 (691)
125 BVerfG, NVwZ 2007, 688 (691)
126 Scholz in: [Sim11], § 3a Rn. 33
127 Dies wird auch in § 31 BDSG angedeutet.

meist für einen festgelegten Zeitraum. Dieser ist zweck- und fallabhängig.[128] Meist werden Daten für die Dauer von vierundzwanzig Stunden bis zu sieben Tagen gespeichert und dann automatisch überschrieben. Betreiber intelligenter Systeme speichern in der Praxis ebenfalls alle Daten, um sicher zu stellen, dass bei Bedarf keine Daten fehlen. Zudem entstehen durch intelligente Verarbeitung des Systems zusätzliche Informationen.

Datensicherheit

Nach dem Bundesverfassungsgericht beinhaltet das allgemeine Persönlichkeitsrecht „das Grundrecht auf Gewährleistung der Vertraulichkeit und Integrität informationstechnischer Systeme".[129] Das Recht auf informationelle Selbstbestimmung kann nur ausgeübt werden, wenn ein Betroffener davon ausgehen kann, dass die Vertraulichkeit seiner personenbezogenen Daten sichergestellt ist.[130]

§ 9 BDSG fordert: „Öffentliche und nicht-öffentliche Stellen, die selbst oder im Auftrag personenbezogene Daten erheben, verarbeiten oder nutzen, haben die technischen und organisatorischen Maßnahmen zu treffen, die erforderlich sind". Dabei muss der Aufwand in einem „angemessenen Verhältnis"[131] zum avisierten Schutzzweck stehen. Die Anforderung wird durch die Anlage zu § 9 Satz 1 konkretisiert. Dabei sind die Vorgaben nach dem Stand der Technik auszulegen.[132,133,134] Konkret handelt es sich um:

1. *Zutrittskontrolle* - Unterbinden des Zutritts zur Datenverarbeitungsanlage für Unbefugte
2. *Zugangskontrolle* - Verhindern, dass das System von Unbefugten genutzt werden kann

128 Siehe hierzu auch Scholz in [Sim11], § 6b, Rn. 144
129 BVerfGE 120, 274 (302)
130 Gusy in: [Gus09], S. 33 (39)
131 §9 BDSG
132 BVerfG 125, 260 (324, 327) = NJW 2010, 833 (840)
133 Heibey in: [Roß03], S. 575 Rn. 19, S. 598 Rn. 145
134 In [Tin05], S. 628

3. *Zugriffskontrolle* - Nutzung und Zugriff auf personenbezogene Daten wird anhand der Zugriffsberechtigungen durchgeführt

4. *Weitergabekontrolle* - Daten können auf einem Datenträger nicht unbefugt gelesen, kopiert, verändert oder von ihm entfernt werden.

5. *Eingabekontrolle* - Protokollierung der Verarbeitung personenbezogener Daten

6. *Auftragskontrolle* - Bei einer Verarbeitung im Auftrag muss sichergestellt werden, dass sie entsprechend den Weisungen des Auftraggebers geschieht.

7. *Verfügbarkeitskontrolle* - Personenbezogene Daten sind vor Verlust oder zufällige Zerstörung geschützt.

8. *Getrennte Verarbeitung von Daten für unterschiedliche Zwecke*

Keine automatisierte Einzelentscheidung

Der Paragraph § 6a schützt die Würde[135] eines Betroffenen. In § 6 I Satz 1 heißt es: „Entscheidungen, die für den Betroffenen eine rechtliche Folge nach sich ziehen oder ihn erheblich beeinträchtigen, dürfen nicht ausschließlich auf eine automatisierte Verarbeitung personenbezogener Daten gestützt werden, die der Bewertung einzelner Persönlichkeitsmerkmale dienen". Bei konventionellen Überwachungssystemen liegt nicht zwangsläufig eine automatische Datenverarbeitung vor. Im Gegensatz dazu ist ein intelligentes Überwachungssystem eine Datenverarbeitungsanlage und verarbeitet Daten entsprechend automatisch.[136] Die Entscheidung, ob eine Person überwacht wird, ist indirekt eine Bewertung ihres Verhaltens[137] und kann sie erheblich beeinträchtigen. Trifft eine Komponente des Überwachungssystems eine Entscheidung, so basiert das auf Merkmalen, die ein

135 Art. 1 Abs. 1 GG

136 § 3 II Satz 1 BDSG

137 Art. 15 Abs. 1 DSRL letztes Beispiel

Persönlichkeitsbild ergeben können. Eine natürliche Person[138] ist in diesem Fall nicht beteiligt. Dem steht gegenüber, dass die Entscheidung nicht „ausschließlich [...] zum Zweck der Bewertung einzelner Aspekte der Person ergeht".[139] In Summe kann die Entscheidung über eine beobachtet Person durch das Überwachungssystem als automatisierte Einzelentscheidung kategorisiert werden.

Ein System kann so aufgebaut werden, dass es selbstständig keine Entscheidung trifft, die eine Person nachteilig beeinflusst und dem Operator die Möglichkeit bietet, an Hand des Ursprungsmaterials die Entscheidung zu treffen. Es ist ein Trend dahingehend erkennbar, dass Überwachungsanlagen als sozio-technische Gesamtsysteme betrachtet werden. Dabei werden Techniken der Mensch-Maschine Interaktion verwendet, um menschliche und technische Stärken zu kombinieren.[140]

§ 6a II Nr. 2 BDSG erlaubt eine automatisierte Einzelentscheidung, wenn die berechtigten Interessen des Betroffenen gewahrt werden und ihm die Tatsache des Vorliegens einer automatisierten Entscheidung mitgeteilt wird. Das Überprüfen einer Alarmmeldung durch einen menschlichen Operator ist eine geeignete Maßnahme die Interessen geltend zu machen. Der Operator kann die Entscheidung des Systems nach seiner Prüfung revidieren. Abschließend besteht die Option, dass ein Betroffener seinen Standpunkt geltend machen kann.[141,142] Eine Mitteilung an den Betroffenen kann i. d. R. nur pauschal erfolgen, sodass eine Geltendmachung nur sehr schwer durchgeführt werden kann. Die Pflicht zur Überprüfung einer Entscheidung muss folglich unabhängig von der Geltendmachung des Standpunkts ausgelöst werden. Die Mitteilung des Betroffenen unterliegt keinen Formvorschriften.[143]

138 § 6a Satz 2 BDSG
139 Art. 15 I Abs. 1 DSRL
140 Hornung/Desoi in: [Hor11a], S. 153 (154)
141 Voraussetzung aus Art. 15 Abs. 1 DSRL
142 Scholz in: [Sim11], § 6a Rn. 32
143 Scholz in: [Sim11], § 6a Rn. 37

Die berechtigten Interessen des Betroffenen müssen auf eine andere Art gesichert werden, z. B. indem der Operator eine manuelle Prüfung durchführt.

Transparenz

Die Transparenz eines Überwachungssystems hat verschiedene Facetten. Grundsätzlich soll Überwachung öffentlich erfolgen, damit Betroffene ihr Recht auf informationelle Selbstbestimmung wahrnehmen können. Das manifestiert sich in § 6b II BDSG, der eine Kenntlichmachung der Überwachung von öffentlichem Raum fordert. Wenn die Überwachung ohne die Kenntnis der Betroffenen durchgeführt wird, resultieren aus § 19a I und § 33 I BDSG weitere Benachrichtigungspflichten.

Wichtiger Bestandteil der Transparenz und Erfordernis des effektiven Grundrechtschutzes[144] ist das Auskunftsrecht für den Betroffenen.[145]

Betroffene sollen nicht nur Auskunft über ihre Daten erhalten, sondern auch nachvollziehen können, wie sie verarbeitet werden. Nur so kann Vertrauen aufgebaut werden. So umfasst das Auskunftsrecht bei automatisierten Entscheidungen nach § 6a 3 auch den „logischen Aufbau der automatisierten Verarbeitung“. Wünschenswert ist es, dass der Quellcode offengelegt wird und offene Standards verwendet werden. Dadurch wird ein System für technische Laien aber nicht verständlicher. Entsprechend muss abstrakter offengelegt werden, welche Entscheidungen durch oder mit dem System getroffen werden und wie diese zu Stande kommen. Um die Überprüfbarkeit für Laien zu erleichtern wird in § 9a BDSG ein Datenschutzaudit empfohlen. Ein Audit kann nicht nur Vertrauen schaffen, sondern auch Sicherheit für die verantwortliche Stelle.

In konventionellen Systemen wird Transparenz nicht zufriedenstellend durchgesetzt und beschränkt sich auf die Ausübung der Kennzeichnungspflicht. Selbst diese ist oft mangelhaft. Betreiber, Zweck und Speicherfristen sind schwer zu ermitteln. Folglich nehmen Betroffene in der Regel ihr Aus-

144 BVerfGE 100, 313 (361)
145 §§ 19, 34 BDSG; Art. 12 DSR; Art. 8 Abs. 2 Satz 2 Alt. 1 GRC

kunftsrecht nicht wahr. Für Betreiber, z. B. von Anlagen im öffentlichen Nahverkehr, ist es darüber hinaus mit großem Aufwand verbunden, einer Anfrage nachzukommen. Ohne Systeme, die dies technisch unterstützten, ist keine Änderung zu erwarten.

Beim Einsatz von intelligenten Überwachungssystemen ist es fraglich, ob aktuelle Kennzeichnung durch Piktogramme dem Überwachten deutlich machen, dass er nicht nur beobachtet wird, sondern dass seine Daten automatisiert auf Auffälligkeiten hin untersucht werden.[146] So sollen Art und Ausmaß der Kennzeichnung entsprechend dem Stand der Technik ausgestaltet werden.[147]

3.3.2. Zusätzliche Anforderungen resultierend aus den Datenschutzprinzipien

Nachdem aus dem rechtlichen Rahmen Anforderungen formuliert wurden, an denen zukünftige Überwachungssysteme ausgerichtet und gemessen werden müssen, stellt sich noch die Frage, ob aus den generell anerkannten Datenschutzprinzipien (siehe Abschnitt 3.1) noch zusätzliche Anforderungen abgeleitet werden müssen.

In Abschnitt 3.1.2 wurde bereits gezeigt, dass die FIP der OECD und die Global Privacy Standards (GPS) aufeinander abbildbar sind. Im folgenden Abschnitt wird gezeigt, wie die FIP sich in der DSRL wiederfinden, die auch durch das deutsche Datenschutzrecht umzusetzen ist.

Die mit den GPS eng verbundenen PbD Prinzipien werden in dieser Arbeit beim Entwurf des Systems berücksichtigt. Konkret heißt dies, dass *Datenschutz in das Design eingebettet* wird und *proaktiv* frühestmöglich greift. *Durchgängige Sicherheit* ist ebenso wie *Transparenz* durch die Anforderungen abgedeckt. Dass *Datenschutz als Standardeinstellung* verwendet wird, muss in der Praxis vom Betreiber sichergestellt werden. Die Möglichkeiten

146 Hornung/Desoi: in [Hor11a], S. 153 (157)
147 Hornung/Desoi in: [Hor11a], S. 153 (157)

bzw. Voreinstellungen muss vom Integrator/Hersteller bereitgestellt werden. Nicht schlüssig ist das vierte Prinzip[148] in seiner Originalfassung. Es wird in der Form ausgelegt, dass sich Funktionalität und Datenschutz nicht ausschließen. Das in Kapitel 4 vorgestellte System, bietet eine höhere Funktionalität *und* bessere Umsetzung der Datenschutzvorgaben. Das siebte und letzte Prinzip fordert eine *nutzerorientierte Gestaltung* und wird beim Entwurf berücksichtigt.

Ebenfalls abgedeckt sind die neuen Schutzziele. Transparenz, Intervenierbarkeit und die Sicherheitsziele ergeben sich direkt. Die Nichtverkettbarkeit fällt unter die Anforderung nach Zweckbezug. Teilweise direkt abgedeckt sind die Grundsätze für die verantwortliche Nutzung von EFUS: Legalität, Transparenz, Verantwortung und Einbeziehung der Bürger. Für die Verhältnismäßigkeit werden technische Vorkehrungen beim Systementwurf getroffen. Die Notwendigkeit ist fallabhängig. Unabhängigkeit ist organisatorisch zu lösen.

Die Fair Information Principles und die Europäische Datenschutzrichtlinie

Überwachungssysteme werden in der Richtlinie adressiert, Bild- und Tondaten werden explizit in Erwägungsgrund 14 genannt.

Das *Data Collection Principle* ist Teil der Datensparsamkeit und betrifft jegliche Verarbeitung von personenbezogenen Daten (Art. 2 c) und konkretisiert das Prinzip der Notwendigkeit. Entsprechend ist nicht nur das Erheben, sondern auch das Speichern, Übermitteln und Verarbeiten von personenbezogenen Daten zu begrenzen. Eine Komponente der Datensparsamkeit ist es, Daten, die die Identifizierbarkeit der betroffenen Personen ermöglichen, nur so lange wie nötig zu speichern (Art. 6. e).

Das *Data Quality Principle* findet sich in Art. 6, insbesondere in 1 d). Es verpflichtet die für die Verarbeitung personenbezogener verantwortlichen

148 Bier et al. in: [Bie12b]

Personen, Behörden und Unternehmen zur Einhaltung einer adäquaten Datenqualität (Erwäggrund 25).

Art. 6 1 (b) beinhaltet das *Purpose Specification* und das *Use Limitation Principle.* Sie finden sich ebenso in Artikel 8 II GRC. Erwäggrund 28 verlangt die Festlegung des Zwecks bei der Datenerhebung. Die Nutzung der personenbezogenen Daten ist eng an den spezifizierten Zweck gebunden.

Angemessene technische und organisatorische Schutzmaßnahmen zur Gewährleistung der Datensicherheit fordert das *Security Safeguard Principle* genauso wie Art. 17. Dazu gehört ebenfalls Erwäggrund 46.

Das *Openness Principle* verlangt einen offen Umgang mit der Datenverarbeitung, wie er von Art. 21 (1) eingefordert wird. Ferner wird in (2) ein Register der gemeldeten Verarbeitungen verlangt.

Das *Individual Participation Principle* soll den Betroffenen in die Lage versetzten, Informationen über die Erhebung und Verarbeitung seiner personenbezogenen Daten zu erhalten (Erwäggrund 38). Der Betroffene hat das Recht auf Information und ein Recht auf Auskunft (Art. 11 und 12). Dies umfasst die Auskunft über den logischen Aufbau einer automatischen Verarbeitung, sowie das Recht auf Berichtigung, Löschung oder Sperrung.

Ein „für die Verarbeitung Verantwortlicher", wie er in Art. 2 d) definiert ist, setzt das *Accountablity Principle* um.

Das Openness Principle und das Individual Participation Principle bilden gemeinsam das Prinzip der Transparenz aus dem europäischen Datenschutzrecht ab.

Die Prinzipien werden ebenfalls durch die Anforderungen in Abschnitt (3.3.1) abgedeckt, die sich aus dem deutschen Datenschutzrecht ergeben. Das Data Collection Principle wird durch die Anforderung an die Datensparsamkeit, das Purpose Specification durch Zweckbindung, das Security Safeguard Principle durch Datensicherheit, das Openness und Individual Participation durch die Transparentz gefordert. Eine verantwortliche Stelle wird in den Begriffsbestimmungen in § 3 Abs. 7 definiert (Accountablity Principle). Eine Verbesserung der Datenqualität (Data Quality Principle) gegenüber konventionellen Anlagen ist ein generelles Ziel intelligenter Überwachungssysteme.

4

Ein intelligentes Überwachungssystem nach Privacy by Design

> They who can give up essential liberty to obtain a little temporary safety deserve neither liberty nor safety.
>
> *(Benjamin Franklin)*

Kapitel 2.1 definiert verschiedene Klassen von Überwachungssystemen. Bereits konventionelle Systeme stellen einen erheblichen Eingriff in das Recht auf informationelle Selbstbestimmung dar.[149] Durch die Speicherung der Daten und der damit potentiell verbundenen Verarbeitung und Verknüpfung mit anderen Informationen wird die Eingriffsintensität erhöht.

149 BVerfG, NVwZ 2007, 688 (691)

Intelligente Überwachungssysteme stellen eine noch stärkere Bedrohung der Privatsphäre dar.[150] Smarte Kameras, computergestützte Auswertung zur Identifikation von Personen und Detektion von Ereignissen können bis hin zur Verhaltenskategorisierung und diskriminierenden Profilbildung führen. Der Hoffnung auf eine verbesserte Gefahrenabwehr und Strafverfolgung stehen Risiken für die Persönlichkeitsrechte der Bürger gegenüber. Andererseits können technische Analyseverfahren aber auch grundrechtssichernd wirken, wenn die Kriterien und Parameter entsprechend objektiv gewählt werden.[151]

Im Folgenden wird ein intelligentes Überwachungssystem nach den Anforderungen aus Kapitel 3.3 und damit nach dem Privacy by Design Prinzip entworfen. Es integriert technisch die aus dem rechtlichen Rahmen abgeleiteten Anforderungen von Beginn an: Zweckbindung, Datensparsamkeit, Datensicherheit, keine automatisierte Einzelentscheidung[152] und Transparenz.

Es ist prinzipiell im öffentlichen und im nicht-öffentlichen Raum einsetzbar und kann von öffentlichen und nicht-öffentlichen Stellen betrieben werden. Dabei ist die Verhältnismäßigkeit einer Installation im Einzelfall zu prüfen. Durch den PbD Ansatz kann die grundrechtsgefährdende Technologie angemessen eingesetzt und die schutzwürdigen Interessen der Betroffenen gewahrt werden. Das Haupteinsatzgebiet von Überwachungssystemen ist der öffentlich zugängliche Raum, dessen Beobachtung durch § 6b BDSG geregelt wird. Das vorgestellte System soll unterbinden, dass Unbeteiligte einem Überwachungs- und Anpassungsdruck[153] ausgesetzt werden, der durch den Einsatz der neuen Technologie entsteht.

---

150 Hornung/Desoi in:[Hor11a], S. 153 (153ff.), vgl. auch Bier/Spiecker gen. Döhmann in: [Bie12], S.610 (610ff.)

151 Hornung/Desoi in: [Hor11a], S. 153 (155f.)

152 Es wird keine automatisierte Einzelentscheidung getroffen, die den Betroffenen erheblich beeinflusst.

153 Scholz in: [Sim11], § 6b, Rn. 71

Datenschutz wird in allen Prozessschritten der Überwachung[154] eingefügt, und die Datenschutzmechanismen sind in den Voreinstellungen aktiv. Über die Transparenz hinaus stellt das System den Überwachten in den Mittelpunkt[155] und bietet ihm die Möglichkeit aktiv als Nutzer zu agieren.

Ein intelligentes Überwachungssystem nach PbD integriert verschiedene PETs, um die Persönlichkeitsrechte der Betroffenen zu schützen. Kapitel 5 untersucht vorliegende PETs im Hinblick auf ihre Einsatztauglichkeit in intelligenter Überwachung. Anschließend stellt Kapitel 6 die technische Umsetzung und technischen Erweiterungen der Ansätze dar. Im Folgenden wird aufgezeigt, wie die Anforderungen zum Aufbau des gesamten Systems führen.

4.1. Zweckbindung und Abstraktion

In § 6b Abs. 1 BDSG wird die Beobachtung öffentlich zugänglicher Räume durch optisch-elektronische Einrichtungen geregelt, denen auch intelligente Überwachungssysteme zuzuordnen sind. §6b legt als mögliche Zwecke die Aufgabenerfüllung öffentlicher Stellen, die Wahrung des Hausrechts und die Wahrnehmung berechtigter Interessen für konkret festgelegte Zwecke fest. Insbesondere den *berechtigten Interessen* wird die Eingriffstiefe der intelligenten Überwachung nicht gerecht. Auch wenn eine Pflicht zur Definition eines konkreten Zwecks besteht, kann sich der Bezug auf ein berechtigtes Interesse als Freibrief auswirken.[156] Die Pflicht zur Festlegung hat primär verfahrensrechtliche Bedeutung. Die Begründungslast wirkt jedoch limitierend und setzt eine Schranke für die nachfolgende Bearbeitung.[157] Dabei gilt nicht nur rechtliches, sondern auch wirtschaftliches oder ideelles Interesse als berechtigt. Allerdings muss es objektiv begründbar sein und sich

154 Siehe hierfür auch Abschnitt 5.1.1.
155 Wie von den Privacy by Design Prinzipien gefordert (siehe Abschnitt 3.1.2)
156 V. Zetschwitz in: [Roß03], 9.3, Rn. 17
157 V. Zetschwitz in: [Roß03], 9.3, Rn. 79

aus der konkreten Sachlage ergeben.[158] Im Gegensatz dazu kann von einem berechtigten Interesse ausgegangen werden, wenn die Anlage zum Zweck der Gefahrenabwehr installiert wird. Auch eine abstrakte Gefahrenlage kann ausreichend sein, wenn eine Situation vorliegt, die typischerweise gefährlich ist.[159]

Wie bereits geschildert muss der *Zweck konkret festgelegt* werden und zwar *vor Beginn* der Inbetriebnahme der Überwachungsinstallation. Die Zweckbestimmung erfolgt *schriftlich* und die Beweislast für die konkrete und rechtzeitige Festlegung liegt bei der verantwortlichen Stelle.[160]

Zweckbindung, bzw. die Konkretisierung des Einsatzzwecks in einem angemessenen Rahmen, der die Erforderlichkeit und Verhältnismäßigkeit klar herausstellt, ist somit die rechtliche Grundlage eines Überwachungssystems nach PbD. Das gilt insbesondere, da die Eingriffsintensität in die Grundrechte durch eine mögliche computergestützte Verarbeitung der gespeicherten Daten wesentlich höher ist. Neue Möglichkeiten zur Auswertung und Verknüpfung der gespeicherten Daten führen zu einer Informationsdichte, die von konventionellen Systemen nicht erreicht wird. Ihre Verwendung muss klar auf bestimmte Zwecke eingegrenzt werden. Durch einen eng und präzise definierten Zweck lassen sich „verdachtlose Eingriffe mit großer Streubreite“, die nach dem Bundesfassungsgericht einen schwerwiegenden Eingriff in das Persönlichkeitsrecht darstellen,[161] zwar nicht verhindern aber zumindest weiter eingrenzen.

Aktuelle Videoinstallationen (konventionelle und intelligente) können als *sensororientiert* bezeichnet werden, d. h. sie erheben und speichern alle verfügbaren Informationen. Zum einen für eine nachträgliche maschinelle Auswertung der gesammelten Informationen, zum anderen stellen Betreiber sicher, dass Daten vorliegen, wenn diese zu einem späteren Zeitpunkt

158 Scholz in: [Sim11], § 6b, Rn. 78
159 Scholz in: [Sim11], § 6b, Rn. 79
160 Scholz in: [Sim11], §6b, Rn. 82ff.
161 BVerfG, NVwZ 2007, 688 (691)

benötigt werden. Insbesondere letzteres kann zur Missachtung der Zweckbindung führen.

Die sensororientierte Speicherung stößt bereits aus technischen Gründen an ihre Grenzen. Hochauflösende Bilder führen zu einer hohen Rechenzeit, sodass viele Algorithmen, z. B. zur Identifikation von Personen, nicht in Echtzeit funktionieren. Ebenso werden selbst moderne Gigabit-Netzwerke von der Datenmenge überlastet.[162]

Letzteres macht deutlich, welche Masse an (hochwertigen) Rohdaten einem intelligenten Überwachungssystem zur Verfügung steht. Für viele Zwecke wird nur ein Bruchteil der Informationen benötigt, während die Majorität verdachtslose Eingriffe mit großer Streubreite darstellt. Deren Eingriffsintensität ist noch schwerer zu gewichten, da Unbeteiligte in hoher Qualität aufgezeichnet und ggf. aus großer Entfernung noch identifiziert werden können.

Sensororientierte Datensammlung ist nicht geeignet um PbD in einem Videosystem umzusetzen und ein neuer Ansatz wird benötigt.

4.1.1. Ein auftragsorientierter Ansatz

Um PbD von der Datenerhebung an umzusetzen, muss ein *auftragsorientierter* Ansatz [Vag10a, Moß10] gewählt werden. Dabei werden Daten explizit für einen bestimmten Zweck erhoben und eine weitere Verarbeitung geschieht nur in dessen Rahmen. Die Zweckbindung wird von der Erhebung über eine mögliche Speicherung, Verarbeitung und Löschung beibehalten. Alle Daten, die zur Erfüllung eines Zwecks nicht benötigt werden, sollen nach Möglichkeit nicht erhoben werden, bzw. sobald sie als nicht relevant klassifiziert werden, sind sie zu löschen. Konventionelle Systeme erheben Daten auch für einen vorgesehenen Zweck, allerdings wird die Datenmenge bei der Erhebung nicht eingeschränkt.

162 23 Kameras, die 15 Bilder pro Sekunde in HDTV-1080p Qualität, mit jeweils 375 KByte, übertragen, überlasten bereits ein Gigabitnetzwerk durch eine Bandbreite von 1035000 Kbps.

Deutlich wird das Prinzip am Beispiel einer Personenverfolgung. Ein Unternehmen möchte sicherstellen, dass Besucher nicht in sensible Bereiche gelangen. Ein Gast, der das Gebäude für eine Tagung besucht, meldet sich an der Pforte an und begibt sich auf den Weg zum Konferenzraum. Ein sensororientiertes Überwachungssystem erfasst alle Personen im Eingangsbereich und überprüft, ob diese einen sensiblen Bereich betreten. Insbesondere sind Mitarbeiter betroffen, über die Bewegungsprofile erstellt werden könnten. Ein auftragsorientiertes System erfasst hingegen nur den Gast und greift nur in sein Recht auf informationelle Selbstbestimmung ein.[163] Dafür startet der Pförtner einen Überwachungsauftrag, in dem der Gast registriert wird. Eine Kamera an der Pforte erfasst seine Merkmale, und nur er wird vom System bis zum Konferenzraum verfolgt. Der Pförtner erhält eine Nachricht, sobald der Gast den Raum erreicht hat, bzw. sobald er einen Weg einschlägt, der in einen sensiblen Bereich mündet. Ein ähnliches Szenario kann sich im öffentlichen Raum, z. B. bei der Verfolgung eines Verdächtigen in einem Bahnhof abspielen. Das Prinzip ist in Abbildung 4.1 dargestellt. Ein Überwachungssystem kann einen oder mehrere Zwecke haben. Daten dürfen nicht über die Zweckgrenze hinaus ausgetauscht werden. In Abbildung 4.1 ist als Beispielzweck die Überwachung von Gästen dargestellt. Es sind zwei Aufträge aktiv, einer für Gast 1 und einer für Gast 2. Auch die Daten aus verschiedenen Aufträgen sind generell zu separieren. So braucht ein Wachmann, der den vom Weg abgekommen Gast 1 auffinden soll, keine Informationen über Gast 2. Je nach Kontext kann es innerhalb eines Zwecks legitim sein Daten zwischen Aufträgen zu teilen.

Der Zweckbezug wird von der Erhebung, über die Verarbeitung bis zur möglichen Speicherung beibehalten. In einem auftragsorientierten System muss vor Inbetriebnahme, im Rahmen der Konfiguration, genau festgelegt werden, welche Daten erhoben, verarbeitet und ggf. gespeichert werden.

Der Zweck- und Auftragsbezug folgt ebenso der Anforderung nach Datensparsamkeit.

163 BVerfGE, 378 (399)

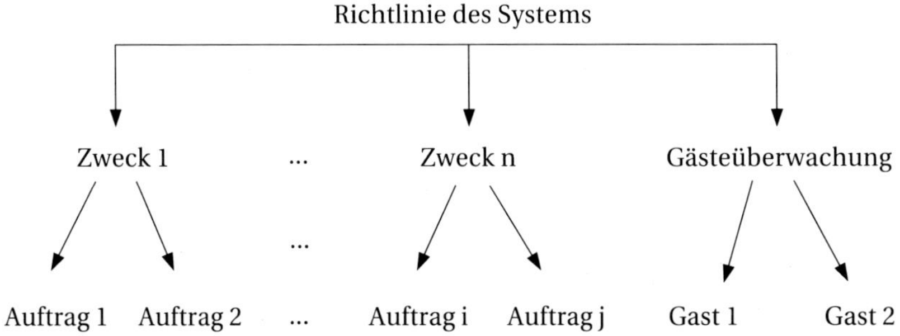

Abbildung 4.1.: Zweckbindung und auftragsorientierte Überwachung

4.2. Datensparsamkeit

Datenverarbeitungssysteme sollten so wenig wie möglich personenbezogene Daten erheben und verarbeiten.[164] Wenn es möglich ist, sind diese zu anonymisieren oder zu pseudonymsieren. Das gilt für alle Phasen der Videoüberwachung.[165] Ein System muss aktiv nach dem Prinzip der Datensparsamkeit gestaltet werden und entsprechende technische Verfahren sind auszuwählen.[166]

Durch die auftragsorientierte Erfassung wird die Datenmenge drastisch minimiert. Die Eingriffsintensität wird frühestmöglich verringert. Gegenüber sensororientierten Systemen ist die Streubreite geringer, da weniger Personen in den Wirkungsbereich der Maßnahme kommen, die den Eingriff nicht veranlasst haben.[167]

164 § 3a BDSG, siehe auch Abschnitt 3.3.1.
165 Weichert in: [Kil09], Kap. 132 Rn. 91
166 Scholz in: [Sim11], § 3a Rn. 3
167 Die Streubreite und resultierende Eingriffsintensität wird in BVerfG, NVwZ 2007, 688 (691) als ein Hauptkritikpunkt der konventionellen Überwachung mit Aufzeichnung gesehen.

4.2.1. Datenabstraktion und temporäre Speicherung

Es herrscht Einigkeit darüber, dass konventionelle Videoüberwachung mit Aufzeichnung einen Eingriff in das Recht auf informationelle Selbstbestimmung darstellt.[168] Ein sensororientiertes intelligentes Überwachungssystem greift noch tiefer ein, da aus der großen Datenmenge computergestützt weitere Informationen generiert werden können.

Datenspeicherung

Ein grundlegendes Problem bisheriger Systeme ist, dass alle erfassbaren Daten gespeichert werden. Hier ist es erforderlich die Datenmenge zu reduzieren.

Eine Speicherung der (Roh)Daten ist nur notwendig, wenn ein Ereignis vorgefallen ist, das dies rechtfertigt. Die präventive Detektion von Vorfällen ist meist noch Wunschdenken und wird es auf absehbare Zeit auch bleiben.[169] Rohdaten werden aus zwei Gründen benötigt: zum einen zur späteren Beweisführung, zum anderen, um es dem geschulten Operator zu ermöglichen, ein detektiertes Ereignis beurteilen zu können und ggf. weitere Schritte einzuleiten.

Aus den genannten Gründen ist eine Speicherung von Daten in vielen Fällen unumgänglich. Das Rohmaterial ist für ein dem Zweck angemessenes Zeitfenster zwischenzuspeichern. Dabei werden die Daten in einem Puffer an der Kamera automatisiert gelöscht, wenn kein Ereignis detektiert wurde. Man kann eine Zwischenspeicherung vom Begriff des Speicherns ausnehmen, wenn die Löschung im direkten zeitlichen Zusammenhang durch ein automatisiertes Verfahren garantiert ist.[170]

168 Hornung/Desoi in [Hor11a], S.153 (154)
169 Siehe hierzu auch Abschnitt 4.6.3.
170 Dammann in [Sim11], § 3, Rn. 124

Datenabstraktion

Intelligente Kameras[171] verarbeiten und verändern Daten. Aus dem Bildmaterial werden nur die für den Zweck relevanten Informationen extrahiert und zur Verarbeitung an das System weitergegeben. Die Extraktion relevanter Informationen kann auch, dem Sensor nachgelagert, in einer separaten Auswertungseinheit durchgeführt werden.

Die Abstraktion der Rohdaten und die damit verbundene Reduktion auf relevante Informationen, minimiert die Datenmenge. Wenn es dem Operator nicht möglich ist auf die Rohdaten zuzugreifen, können diese nicht für andere Zwecke missbraucht werden. Das kann durch den Einsatz kryptografischer Verfahren garantiert werden. Weiterhin ermöglicht die abstrakte Darstellung den Einsatz von existierenden Anonymisierungs- bzw. Pseudomisierungsverfahren [Vag11b].

4.2.2. Wahrung der Verhältnismäßigkeit durch kontrollierten Zugriff auf Überwachungsdaten

Nach § 6b BDSG ist eine Überwachung nur zulässig, wenn die schutzwürdigen Interessen des Betroffenen nicht überwiegen. Grundsätzlich muss der Einzelne eine Einschränkungen seines Rechts auf informationelle Selbstbestimmung im überwiegenden Allgemeininteresse hinnehmen. Videoüberwachungsanlagen, die eine automatisierte Datenverarbeitung durchführen können, sind nach dem Prinzip der Verhältnismäßigkeit auszugestalten.[172] Die Überwachung muss für den angestrebten Zweck geeignet und erforderlich sein. Dabei ist zu berücksichtigen, dass bei der automatischen Datenverarbeitung kein belangloses Datum mehr existiert.[173]

171 Je nach System auch andere intelligente Sensoren.
172 BVerfGE 65,1 (54)
173 BVerfGE 65,1 (44f.)

Datenminimierung für den Operator

Durch den konsequenten Zweckbezug und die Abstraktion der Rohdaten wird die Eingriffsintensität eines intelligenten Überwachungssystems bereits stark reduziert.

Entscheidend für die Intensität des Eingriffs sind die Möglichkeiten des Betreibers zur automatisierten Datenverarbeitung und zum möglichen Missbrauch. In konventionellen Anlagen, insbesondere bei Aufzeichnung, kann ein menschlicher Operator im Bildmaterial sensible, personenbezogene Daten sehen, die nicht für den Zweck relevant sind. Auch ohne eine Absicht zum Missbrauch des Systems fehlt ihm die Möglichkeit wegzusehen.

Für den verhältnismäßigen Einsatz von Überwachungstechnologie muss der Operator eine angemessene Sicht auf die Ereignisse haben. Nur für die Sache relevante Informationen dürfen einsehbar sein. Je nach Anwendungsfall kann dies bedeuten, dass dem Operators nichts visualisiert wird und ihn das System nur bei Detektion eines Ereignisses benachrichtigt. Erst dann werden ggf. personenbeziehbare Daten visualisiert. Anhand der neuen Informationen kann der Operator die weitere Vorgehensweise entscheiden. Je nach Ereignis und Zweck kann ein neuer Auftrag gestartet werden, der mehr Informationen anzeigt. So wird schrittweise die Intensität erhöht, was z. B. in einem Drei-Stufen-Modell[174] umgesetzt werden kann.

Dieses ergebnisgetriebene *Management by Exception* [Vag09b] und die daraus resultierende Reduktion der Daten hat zudem den Vorteil, dass der Operator sich auf seine Aufgabe konzentrieren kann und nicht abgelenkt wird. Bei Arbeiten an einer konventionellen Multimonitorwand werden nach zweiundzwanzig Minuten 95% der Aktivitäten auf dem Bildschirm übersehen.[175]

Durch den Einsatz intelligenter Videotechnik werden personenbezogen Daten erhoben. Die schrittweise Darstellung der Informationen bei Bedarf beschränkt sich jedoch auf das Verhältnismäßige und mildert den Eingriff

174 Roßnagel/Desoi/Hornung in: [Roß11], S. 694 ff.
175 Ainsworth in: [Ain02], S. 20f.

in das Recht auf informationelle Selbstbestimmung.[176] Wenn der Operator ein Ereignis als Falschdetektion klassifiziert, werden keine Daten gespeichert. Personenbeziehbare Daten werden zum spätmöglichsten Zeitpunkt angezeigt, was die Möglichkeit zur Profilbildung, Diskriminierung oder sonstigem Missbrauch durch den Betreiber minimiert. Das setzt voraus, dass die erfassten Daten sicher verwaltet werden und der Betreiber die Schutzmechanismen nicht umgehen kann. Eine Zertifizierung kann dies gewährleisten.

Datenverwaltung und Datenzugriff

Um den Zugriff auf die Daten zu reglementieren, müssen sie an zentraler Stelle im System vorliegen. Verschiedene Datenstrukturen können zur Speicherung verwendet werden. Naheliegend ist eine objektorientierte Form der Speicherung des überwachten Teils der Realität, die *Objektorientierte Modellwelt (OOMW)* genannt wird. Das Prinzip wurde erfolgreich in der Videoüberwachung [Bau09], in der maritimen Überwachung [Fis10] und in intelligenten Gebäuden [Vag11d] angewendet. Abbildung 4.2 zeigt den Informationsfluss im System auf. Dabei sind rechts Kameras (Sensoren) skizziert, die Rohdaten sammeln und an intelligente Verarbeitungsmodule weiterreichen, z. B. ein Modul zur Objektverfolgung, das Positionsdaten detektierter Objekte an die OOMW liefert. In der OOMW werden die Daten der Module fusioniert und verwaltet. Die Grundlage der Architektur bildet das Fusionsmodell der Joint Directors of Laboratories (JDL) [Ste99] . Auf die Informationen der OOMW greifen weitere Verarbeitungsmodule zu, wie z. B. ein Modul, das den Zutritt in einen als sensibel klassifizierten Bereich überwacht. Die Benutzerschnittstelle für den Operator setzt ebenfalls auf die Modellwelt auf und visualisiert abhängig vom Zweck die Geschehnisse. Abbildung 4.3 zeigt eine solche Ansicht. Da kein Ereignis vorliegt, wird dem Operator nur die Position des Sicherheitspersonals angezeigt und andere Personen bleiben verborgen. Am rechts positionierten Wachmann ist in Türkis ein Bewegungspfad zu erkennen.

176 Roßnagel/Desoi/Hornung in: [Roß11], S. 698 f.

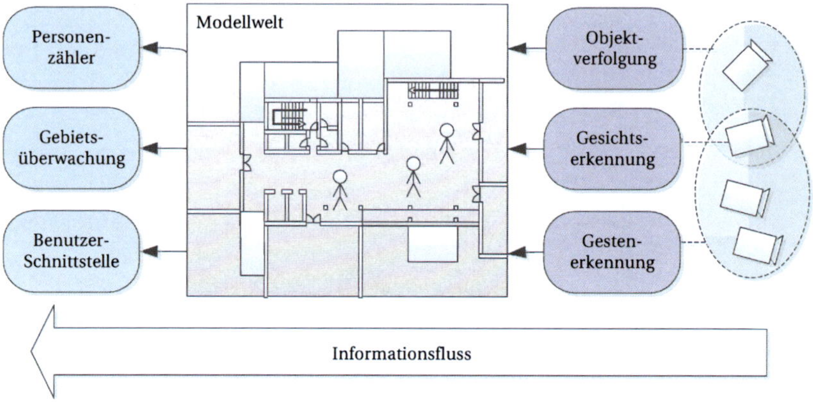

Abbildung 4.2.: Zentrale Datenverwaltung durch die Objektorientierte Modellwelt

Architektur des Überwachungssystems und der Dienstklassen

Zur Realisierung des auftragsorientierten Ansatzes, bzw. zur technisch-organisatorischen Umsetzung von Zweckbezug und Datenminimierung, ist eine Service-Orientierte-Architektur (SOA) [Erl07] in Verbindung mit einer ereignisgetrieben (event-driven) Architektur geeignet [Moß10]. Ein Überwachungsauftrag wird als Kombination verschiedener Dienste realisiert, die nach dem SOA Prinzip gekoppelt werden. Bei der Gestaltung eines Auftrags werden nur für den Zweck benötigte Dienste verwendet, die ausschließlich Zugriff auf relevante Daten erhalten. Technische Details zur Umsetzung sind in [Moß10] zu finden. Die folgende Darstellung beschränkt sich auf die für PbD relevanten Elemente.

Um den Eingriff in das Recht auf informationelle Selbstbestimmung so gering wie möglich zu halten und dem Betreiber nur die minimale Menge an Daten zugänglich zu machen, verwendet ein intelligentes Überwachungssystem nach PbD vier Dienstklassen [Vag12d]. Abbildung 4.4 zeigt einen Überblick über das System und die vier Klassen. Kern der Architektur sind

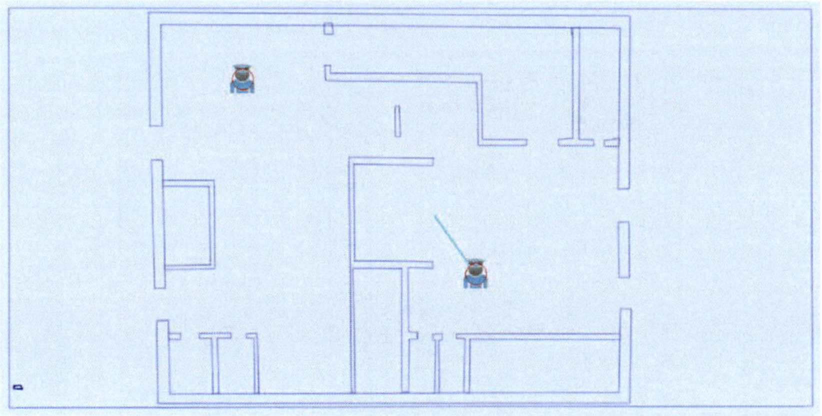

Abbildung 4.3.: Karte für den Operator ohne Ereignisse

zwei Datenbusse. Über den *Steuerungs- und Kontroll-Bus* werden Dienste vom Auftragsausführungsmodul (Task Execution Engine) orchestriert. Dabei wird auf *a priori Wissen* zugegriffen. Bei einem System am Flughafen sind dies z. B. Flugpläne, Kartenmaterial und aktuelle Randbedingungen (Ferien-, Tageszeiten, etc.). Beliebige Datenquellen sind denkbar und können einen erheblichen Eingriff in die Privatsphäre darstellen. Nur für den Zweck relevante Daten dürfen den Diensten zur Verfügung gestellt werden. Über den *Ereignis-Bus* werden die Ausgaben der Dienste gesendet.

Die Verwertung von Daten innerhalb des Systems wird durch die *Signalverarbeitungs-* und *Datenverarbeitungsdienste* durchgeführt. Darunter befinden sich Basisdienste, die für viele Aufgaben der Überwachung essentiell sind, dem Betreiber oder dem von der Überwachung Betroffenen aber nicht zur Verfügung stehen und vom System gesteuert werden.

Dies kann z. B. ein Dienst sein, der in einem Flughafenbereich detektiert, ob verdächtiges Gepäck abgestellt wurde. Ein terroristischer Akt in Form einer Bombe stellt eine essentielle Bedrohung der öffentlichen Sicherheit dar. Es ist offensichtlich, dass der anschlagausübende kein Interesse an einer Beobachtung hat, entsprechend darf ein Nutzer des Systems nicht die

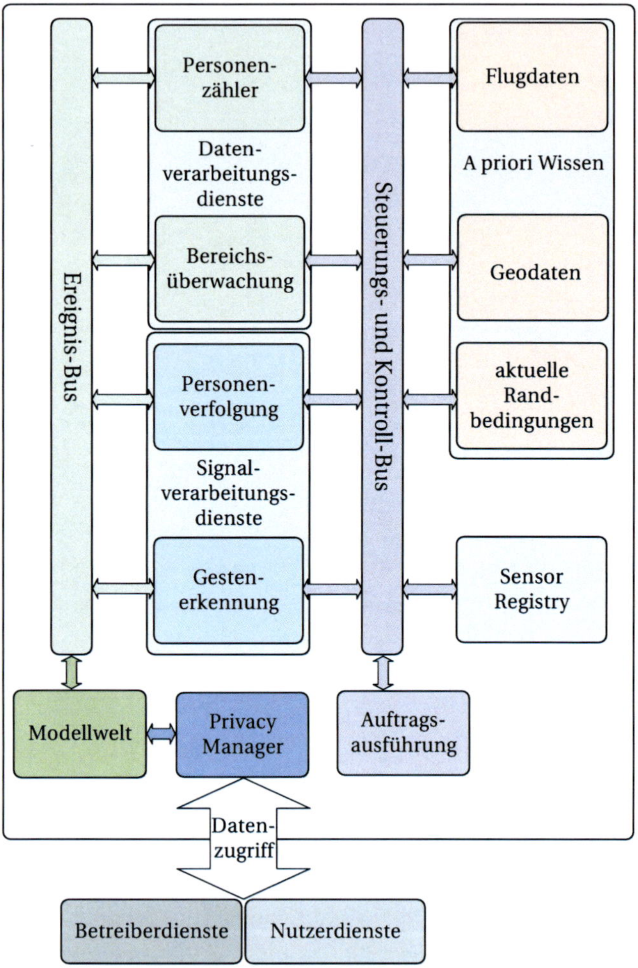

Abbildung 4.4.: Architektur eines intelligenten Videoüberwachungssystems nach Privacy by Design

Möglichkeit haben, diesen Dienst zu blockieren. Ebenso muss unterbunden werden, dass der Betreiber die Fluggäste unverhältnismäßig stark überwacht oder das System auf diskriminierende Weise einsetzt. Entsprechend wird der Operator erst benachrichtigt, wenn ein Gepäckstück detektiert wird.

Der Zugriff auf Daten in der Modellwelt ist für den Operator nur durch *Betreiberdienste* möglich, die den Zugriff abhängig vom Zweck beschränken. Nur wenn ein Ereignis es nötig macht, erhält der Betreiber direkten Zugriff auf eine Kamera (aus Übersichtsgründen in Abbildung 4.4 nicht visualisiert). Dieser wird vom System protokolliert.

Mit den *Nutzerdiensten*, die es dem Beobachteten ermöglichen mit dem System zu interagieren, ergeben sie die folgenden Klassen:

Signalverarbeitungsdienste sind an die Sensoren angebundene Dienste zur Datenerhebung. Die Funktionalität ist vom Sensortyp abhängig. Typisch sind Personenverfolgung oder Gestenerkennung. Die Ausgabe eines Signalverarbeitungsdienstes wird als *Beobachtung* bezeichnet (z. B. Position eines Objekts oder Detektion einer bestimmten Geste) und über den Ereignis-Bus an die Modellwelt geliefert.

Datenverarbeitungsdienste arbeiten nicht mehr auf Rohdaten, sondern nur noch auf abstrakten Daten, die aus dem Rohmaterial extrahiert wurden. Die Ausgabe dieser Dienste fließt entweder in die Modellwelt oder löst ein Ereignis für den Betreiber oder Nutzer aus.

Betreiberdienste ermöglichen dem Betreiber Zugriff auf Daten in der Modellwelt. Um die Überwachten zu schützen und die Streubreite ungerechtfertigter Überwachung einzuschränken, werden nur Informationen angezeigt, die für die Erfüllung des Auftrags, bzw. für die aktuelle Situation notwendig sind. Falls es nötig ist, könnten weitere Daten freigegeben werden.

Nutzerdienste ermöglichen es dem Beobachteten das Überwachungssystem aktiv zu nutzen. Dies umfasst zum einen Dienste zur Sicherstellung der Transparenz (siehe Abschnitt 4.5) und zum anderen Dienste von denen der Nutzer profitiert (siehe Abschnitt 4.6). Für letztere kann ein Nutzer selbst entscheiden, welche Daten er über sich frei gibt. Sie können vom Betreiber, aber auch von Drittanbietern zur Verfügung gestellt werden.

Kapitel 6 geht auf die Umsetzung, insbesondere von Betreiber- und Nutzerdiensten, genauer ein und zeigt eine prototypische Realisierung für ein Überwachungssystem nach PbD an einem Flughafen.

Privacy Manager

Bereits konventionelle Systeme mit Aufzeichnung liefern eine Vielzahl von Informationen, die im Extremfall bis zur Bildung eines Profils des Überwachten[177] führen können. Es sind technisch-organisatorische Maßnahmen zu treffen (§ 9 BDSG), um Überwachungssysteme am Ziel der Datensparsamkeit auszurichten. Der Zugriff auf potentiell personenbeziehbare Daten muss für Betreiber- und Nutzerdienste limitiert werden. Daten, die den Kern des Systems verlassen, sind nach § 3a BDSG „zu anonymisieren oder zu pseudonymisieren, soweit dies nach dem Verwendungszweck möglich ist". Der Datenzugriff erfolgt hierfür über den *Privacy Manager (PM)* (siehe Abbildung 4.4).

Abbildung 4.5 gibt einen schematischen Überblick über Aufgaben bzw. Module des Privacy Managers. Um Profilbildung zu verhindern, wird ein durchgängiges *Identitätsmanagement* benötigt, das die Verbindung zwischen den Identitäten im System (innerhalb der OOMW) und den Pseudonymen, auf denen die externen Dienste arbeiten, verwaltet [Vag10d]. Damit verbunden sind *Anonymisierungsmodule.*[178] Je nach eingesetzter Sensorik und Verwendungszweck, können unterschiedliche Daten anfallen, die unterschiedliche Strategien zur Anonym- bzw. Pseudonymisierung erfordern. Eine besondere Bedeutung kommt hierbei Positionsdaten zu [Vag11b],

177 NVwZ, 2007, 688 (690)

178 Hierbei ist Anonymisierung aus informationstechnischer Perspektive zu sehen.

welche die Grundlage vieler Überwachungsdienste darstellt. Datenschutzanforderungen werden in Richtlinien (Privacy Policies) ausgedrückt. Sie beschreiben, ob und in welcher Weise Dienste auf Daten zugreifen dürfen. Die Policies werden vom PM verwaltet. Die Beobachteten müssen aber in der Lage sein, sie einzusehen und zu verändern (siehe Abschnitt 4.5). Hierfür werden Module zur *Nutzerinteraktion* benötigt. Die Zugriffe auf die Modellwelt werden über *Zugriffskontrolle* gesichert.

Zusätzlich werden noch weitere *Verwaltungsmodule* benötigt, die Aufgaben wie Schlüsselverteilung und -management übernehmen.

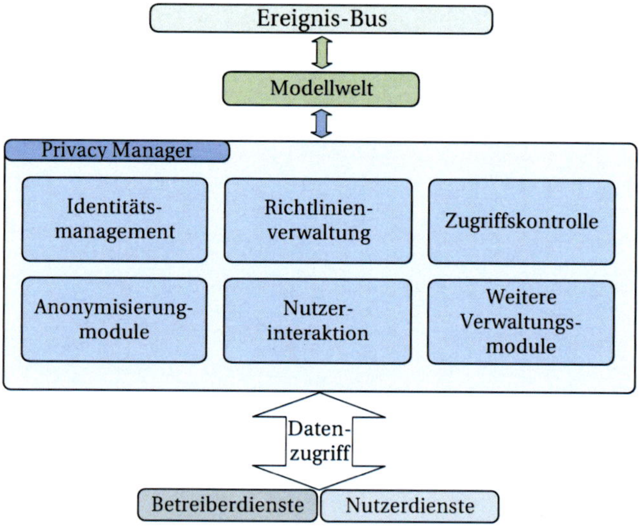

Abbildung 4.5.: Module des Privacy Managers

4.3. Datensicherheit

In Abschnitt 3.3.1 wurden die Anforderungen an die Datensicherheit detailliert aufgezeigt. Auch hier verlangt §9 BDSG technisch-organisatorische Maßnahmen, die in der Anlage zu §9 Satz 1 konkretisiert werden und in einem angemessenen Verhältnis zum Schutzzweck stehen müssen. Insbesondere sind sie nach dem aktuellen Stand der Technik auszulegen.[179] In konventionellen Überwachungssystemen können etablierte Verfahren verwendet werden, um die IT-Sicherheitsanforderungen zu erfüllen. Zum Schutz werden Systeme in der Regel in abgetrennten Netzbereichen betrieben und die Zugriffspunkte physisch und organisatorisch kontrolliert. Ein Operator hat durchgehend vollen lesenden Zugriff auf die Daten (Kameras), der protokolliert wird. Ein Missbrauch eines Systems kann nur per Stichprobe oder auf Verdacht im Nachhinein festgestellt werden.

In einem PbD folgenden System ist das nicht ausreichend. Wie in konventionellen Fall ist das System gegen externe Angreifer abzusichern. Weiterhin muss es vor dem Operator (Betreiber) geschützt werden. Dafür wird der Systemkern vor ihm abgeschottet und er kann nur über Betreiberdienste die Funktionalität des Systems nutzen. Der Privacy Manager überprüft die Richtlinien für die Betreiberdienste und setzt diese durch. So wird sichergestellt, das der Operator das System nicht für einen andern Zweck nutzen kann, als den spezifizierten.

4.4. Keine automatisierte Einzelentscheidung

In einem intelligenten Überwachungssystem findet automatisierte Datenverarbeitung statt und eine Fehleinschätzung des Systems kann denn Betroffenen erheblich beeinträchtigen. Um eine automatisierte Einzelentscheidung zu unterbinden, ist der Operator einzubeziehen. Es ist zulässig,

179 BVerfG 125, 260 (324, 327) = NJW 2010, 833 (840)

menschliche Entscheidungen durch einen automatisierten Prozess voranzutreiben.[180] Ein System darf ein Ereignis generieren, wenn im Anschluss im Kontrollraum oder vor Ort entschieden wird, ob weitere Schritte notwendig sind.[181]

Ein Vorschlag zur grundrechtsschonenden Gestaltung intelligenter Überwachung ist ein Drei-Stufen-Modell[182]. In der ersten Stufe existiert für den Operator nur eine abstrakte Darstellung (z. B. sehr starke Verpixelung), während im Hintergrund Bewegungen analysiert werden. In der zweiten Stufe wird temporär aufgezeichnet und dem Operator wird eine erkannte Situation dargestellt, wobei identifizierende Merkmale ausgeblendet werden. Der Operator trifft anschließend die Entscheidung darüber, ob das System in die dritte Stufe wechselt. Ansonsten werden Informationen verworfen und das System schaltet zurück.

Diese Art der Einbindung des Operators folgt dem PbD Gedanken und schützt die Betroffenen. In einem nach PbD ausgelegt System, werden menschliche und technische Stärken kombiniert. Das System, d. h. Signal- und Datenverarbeitungsdienste arbeiten autonom, bis ein Ereignis erkannt wird. Je nach Zweck können dem Operator bereits vor der Detektion eines Ereignisses Daten visualisiert werden, wenn dies verhältnismäßig ist und ihn unterstützt. Ebenso können Betreiberdienste vom System generierte Zusatzinformationen darstellen, um den Operator zu unterstützten (z. B. Zeit bis zum möglichen Eintreffen von Sicherheitspersonal).

4.5. Transparenz

Überwachung hat grundsätzlich öffentlich zu erfolgen, sodass Betroffene ihr Recht auf Informationelle Selbstbestimmung ausüben können. Die Kenntlichmachung wird in § 6b II BDSG gefordert und soll sich in Art und Ausmaß

180 Roßnagel/Desoi/Hornung in: [Roß11], S.694 (699)
181 Hornung/Desoi in [Hor11a], S.153 (158)
182 Roßnagel/Desoi/Hornung in: [Roß11], S.694 (694 ff.)

nach dem technischen Fortschritt richten.[183] Betroffene haben zudem ein Auskunftsrecht,[184] in dem sie nicht nur Auskunft über ihre Daten erhalten, sondern auch die Verarbeitung nachvollziehen können. Aufklärungs-, Auskunfts- und Löschungspflichten sind wesentliche verfahrensrechtliche Schutzvorkehrungen.[185]

Die bei konventionellen Systemen übliche Kenntlichmachung durch Piktogramme ist für intelligente Systeme nicht ausreichend. In der Praxis werden Betroffene oft nicht hinreichend über den Betreiber, Zweck, usw. informiert und können ihr Auskunftsrecht nicht ausüben. Die Problematik wird durch den Einsatz computergestützter Auswertung verstärkt. Ein technischer Laie kann die Leistungsfähigkeit intelligenter Überwachung nicht korrekt beurteilen. Darüber hinaus können Betroffene nicht erkennen, welche Verfahren für welchen Zweck angewendet werden.

4.5.1. Aufklärung

Ein intelligentes Überwachungssystem muss den Beobachteten die Möglichkeit geben, alle relevanten Informationen über das System abzufragen. Das umfasst generelle Informationen (Betreiber, Zweck, Speicherfirsten, etc.) und detailliertere Informationen (eingesetzte Verfahren oder Details über die Sensoren). Alle Informationen müssen dem Beobachteten verständlich dargestellt werden. Insbesondere müssen Kontaktinformationen zur verantwortlichen Stelle vorliegen.

4.5.2. Auskunft

Während die Aufklärung durch eine sorgfältige Beschilderung möglich ist, ist die Auskunft über gespeicherte personenbezogene Daten weitaus schwieriger. In konventionellen Systemen besteht hier keine einfache Möglichkeit.

183 Hornung/Desoi in [Hor11a], S. 153 (157)
184 §§ 19, 34 BDSG; Art. 12 DSR; Art. 8 Abs. 2 Satz 2 Alt. 1 GRC
185 BVerfGE 65, 1 (46)

Ein System, das sich am technische Fortschritt orientiert, kann moderne Kommunikationsmittel verwenden. Naheliegend ist es dabei, die mobilen Endgeräte (z. B. Smartphones) der Beobachteten zu nutzen.

Um Auskunft über aktuelle im System vorhandene personenbezogene Daten zu erhalten, ist eine Authentifizierung nötig. Es darf nicht möglich sein, Informationen über andere Beobachtete abzurufen oder diese zu verändern. Entsprechend ist eine völlig anonyme Einsicht nicht möglich. Je mehr Informationen über den Anfragenden dem System zur Verfügung stehen, desto mehr eindeutige Daten können ermittelt werden.

Betroffene sollen grundsätzlich selbst entscheiden, innerhalb welcher Grenzen sie persönliche Daten offenlegen.[186] Ein Überwachungssystem nach PbD, muss verschiedene Stufen für eine Anmeldung zulassen. Abhängig von der Anmeldung gibt der Betroffene Informationen frei. Je mehr er offen legt, desto mehr Dienste (z. B. die Auskunft über vorliegende Daten) kann er nutzen und je größer ist der Mehrwert für ihn. Die Entscheidung darüber bleibt aber beim Betroffenen.

Zur Umsetzung von Auskunft und Löschung ist im Privacy Manager eine Komponente zur Nutzerinteraktion vorgesehen, auf die Nutzerdienste zugreifen können. Die Anmeldungsstufen werden in Abschnitt 4.6.1 beschrieben.

4.6. Ausrichtung des Systems am Betroffenen

Die Forderung nach Transparenz verlangt für die Betroffenen ein Recht auf Aufklärung und Auskunft, das zeitgemäß durch mobile Endgeräte umgesetzt werden kann. Smartphones haben eine hohe Leistungsfähigkeit erreicht, sind weit verbreitet und können nicht Opfer von Vandalismus werden (wie z. B. Notrufsäulen). Sie bieten Betroffenen die Möglichkeit mit einem Überwachungssystem zu interagieren. Die Umsetzung von PbD geht darüber

186 BVerGE 65, 1 (42 f.)

hinaus und fordert eine nutzerorientierte Gestaltung.[187] Der von der Überwachung Betroffene muss im Mittelpunkt der Betrachtungen stehen und zum *Nutzer* des Systems werden. Er muss nicht nur Daten einsehen können, sondern eine Möglichkeit zur *aktiven* Nutzung haben.

4.6.1. Aktive Nutzung eines Überwachungssystemes

Für die aktive Nutzung eines intelligenten Überwachungssystems sind verschiedene Schnittstellen denkbar. Eine bereits existierende Form sind Informationssäulen, wie sie beispielsweise seit 2011 von den Berliner Verkehrsbetrieben eingesetzt werden.[188] Gegenstand aktueller Forschung sind „Augmented-Reality Brillen",[189] die in Zukunft als Schnittstelle genutzt werden können. Aktuell bieten mobile Endgeräte die besten Voraussetzungen zur Etablierung eines bidirektionalen Kommunikationskanals zwischen Nutzer und System.

Die Kameras stellen ebenfalls einen geeigneten Ansatzpunkt zur Interaktion dar. Sie befinden sich vor Ort, besitzen aber keinen Rückkanal, der nachzurüsten wäre (z. B. visuelles Feedback durch Leuchtdioden).

Authentifizierung und Anmeldung am System

Zur aktiven Nutzung ist in vielen Fällen ein Anmeldung nötig. Zum einen um einen Rückkanal zum Nutzer aufzubauen, zum anderen um einen Missbrauch des Systems zu unterbinden, der durch die Öffnung für Beobachtete möglich wird.

Um sich am System anzumelden muss der Nutzer Daten über sich preisgeben. Diese müssen dem System bekannt sein, aber nicht dem Betreiber. Der Nutzer kann dabei selbst entscheiden, welche Informationen er preis gibt[190]

187 Siehe Abschnitt 3.1.2 und Abschnitt 3.3.2.

188 http://www.bvg.de/index.php/de/951332/name/Notruf-+und+Informationssaeulen.html, letzer Zugriff am 14.10.2012

189 Z. B. „iStar" http://www.istar-project.org/ oder „Google Glasses": https://plus.google.com/+projectglass/posts, letzter Zugriff: 14.10.2012

190 BVerGE 65,1 (42 f.)

und welche Möglichkeiten er im Gegenzug vom System erhält. Angelehnt an die in [Sen05] vorgestellten Klassifizierung von Videoüberwachungssystemen sind drei grundlegende Anmeldungsstufen möglich:

1. *Anonyme Anmeldung:* In dieser Stufe muss der Nutzer keine persönlichen Daten offenlegen. Es besteht folglich nicht die Möglichkeit personalisierte Dienste zu nutzen. Der Nutzer kann generelle Informationen über System und Kameras abrufen und den Betreiber kontaktieren, um Sicherheitsvorfälle zu melden. Da keine personenbezogenen Daten übermittelt werden, muss der Zugang nicht abgesichert werden.

2. *Relative Anmeldung:* Alle Dienste der ersten Stufe stehen zur Verfügung. Zusätzlich weitere Dienste, für die eine relative Authentifizierung ausreichend ist. Hierfür meldet sich der Nutzer temporär beim System an, gibt seine volle Identität aber nicht preis. Es wird eine Bindung zwischen dem Nutzer und dem dazugehörenden Objekt in der Modellwelt hergestellt.[191] Das System nutzt die bei der Anmeldung aufgenommen Merkmale zur weiteren Identifizierung. Durch die Bindung zum System ist es dem Nutzer möglich, einzusehen welche Daten über ihn vorhanden sind. Personalisierte Nutzerdienste können ebenfalls genutzt werden.

3. *Absolute Anmeldung:* In dieser Stufe muss der Nutzer neben der relativen Anmeldung noch eine volle Authentifizierung durchführen. Dies kann z. B. durch ein Zertifikat oder durch den Abgleich eindeutiger biometrischer Merkmale geschehen. Der Nutzer hat die Möglichkeit zusätzliche Merkmale über sich frei zu geben, die eine bessere Identifikation ermöglichen. Personenbezogene Daten, die nicht für die Identifikation durch Sensoren gebraucht werden (z. B. Name, Personalausweisnummer), verbleiben auf dem Endgerät des Nutzers, bis sie von einem Nutzerdienst angefordert werden.

191 Das wird durch ein optisches Challenge-Response Verfahren realisiert (siehe Abschnitt 6.6.2).

4.6.2. Nutzerdienste

Durch die Anmeldung am System und Nutzung eines mobilen Endgeräts, kann der Nutzer im Gegensatz zu konventionellen Systemen[192] seine Einverständniserklärung über die Nutzung seiner Daten abgeben. Im Sinne der Nutzerorientierung muss das Überwachungssystems den Betroffen unterstützen. Neben Diensten zum Schutz seiner Persönlichkeitsrechte, kann der Nutzer Mehrwertdienste zum eigenen Komfort verwenden.

Verwaltung von Datenschutzrichtlinien und Auskunft

In Abschnitt 4.2.2 wurde bereits gefordert, dass Nutzer Datenschutzrichtlinien einsehen und festlegen können. Ein intelligentes System muss dafür entsprechende Schnittstellen anbieten. Ein angemeldeter Nutzer kann einsehen, welche Daten zu seiner Person im System gespeichert sind und von welchen Diensten sie verwendet werden. Ebenso kann er für Nutzerdienste Datenschutzrichtlinien angeben. Für Signal- und Datenverarbeitungsdienste ist dies nur begrenzt möglich.

Mehrwertdienste

Ein intelligentes Überwachungssystem kann dem Nutzer eine Vielzahl von Mehrwertdiensten bieten. In Abschnitt 6.2 werden einige Beispieldienste dargestellt, die prototypisch für ein Flughafenszenario umgesetzt wurden:

- In-Gebäude-Navigation
- Eine Suchfunktion für Freunde
- Die aktive Nutzung von Kameras
- Beabsichtigte Überwachung, in der man vom Operator besondere Aufmerksamkeit erhält

192 BVerfG, NVwZ 2007, 688 (690)

Weitere naheliegende Anwendungen sind die Überwachung von Gepäckstücken oder Kindern. Auch auf dem Gebiet der sozialen Netzwerke und ortsbasierten Diensten (location-based services) sind eine Vielzahl von Anwendungen denkbar. Eine detaillierte Betrachtung ist zukünftigen Arbeiten vorbehalten.

4.6.3. Aktive Nutzung des Systems durch den Betroffenen

Intelligente Überwachungssysteme analysieren das Datenmaterial, um Ereignisse zu detektieren. Entsprechend ist es naheliegend, den Beobachteten[193] die Möglichkeit zu bieten, durch ein Bewegungsmuster, z. B. durch eine Geste, ein Ereignis auszulösen. Vorteil der Nutzung von Gesten ist, dass kein zusätzliches Gerät verwendet wird und dass sie schnell, ggf. auch unauffällig durchgeführt werden kann. Prinzipiell können Gesten für verschiedene Anwendungen verwendet werden.

Hauptaufgabe eines Überwachungssystems ist es, die Sicherheit zu verbessern. In konventionellen Systemen ist es für den Operator schwierig sicherheitsrelevante Fälle zu erkennen und präventives Eingreifen ist meist unmöglich. Das Haupteinsatzgebiet konventioneller Überwachung liegt in der Verfolgung repressiver Ziele. Intelligente Überwachung unterstützt den Operator und macht einen schnelleren Eingriff möglich. Das computergestützte Erkennen einer Gefahrensituation bleibt nach wie vor schwierig.

Durch Gesten von Nutzern kann die Sicherheit signifikant verbessert werden. Personen, die sich bedroht fühlen, können dies signalisieren (z. B. durch das Heben der Arme), die Geste wird vom System detektiert und die Situation dem Operator visualisiert. Auch wenn Nutzer nicht von der Gefahr betroffen sind, können sie durch eine Geste auf die Situation aufmerksam machen.

193 Die Beobachteten werden zu Nutzern des Überwachungssystems.

Durch das Management by Exception (Abschnitt 4.2.2) wird Überwachungstechnologie verhältnismäßig einsetzt und die Eingriffsintensität der Maßnahme verringert. Grundsätzlich erhöht eine gestenbasierte Auslösung von Ereignissen die Eingriffsintensität. Der auslösende Nutzer möchte wahrgenommen werden und entscheidet sich bewusst für die Überwachung. Ihm benachbarte Personen werden dadurch einer stärkeren Überwachung ausgesetzt. Liegt eine Gefahrensituation vor, ist dies gerechtfertigt und der Situation angemessen.

Gleichzeitig kann der Mechanismus böswillig dazu verwendet werden, Dritte in das Blickfeld der Überwachung zu setzten. Wie in Abschnitt 4.4 beschrieben, führt dies allerdings nicht zu einer automatisierten Einzelentscheidung, da die Bilder immer durch den Operator geprüft werden. Nur bei einer positiven Entscheidung des Operators, wird die Situation aufgezeichnet und weitere Schritte werden eingeleitet. Weiterhin lässt sich die Intensität durch das Ausblenden von Merkmalen weiter absenken. Darüber hinaus kann der Einsatz von Gestenerkennung organisatorisch auf bestimmte Uhrzeiten oder auf als gefährlich eingestufte Bereiche eingegrenzt werden.

5

Der Einsatz von Privacy Enhancing Technologies in intelligenten Überwachungssystemen

> Privacy – like eating and breathing – is one of life's basic requirements.
>
> *(Katherine Neville)*

PETs sind ein wesentlicher Baustein zur Gewährleistung und Förderung des Datenschutzes[194] und sind bei der Umsetzung von Privacy by Design zu verwenden. Insbesondere eignen sie sich zur Realisierung von Datensparsamkeit, Transparenz und Zweckbindung. Für viele Anwendungsfelder

194 Hansen in: [Roß03], S. 292 Rn. 2

liegen theoretische Ansätze vor. Die Zusammen- und Umsetzung von PETs steht allerdings noch am Anfang und verlangt weitere Untersuchungen.[195]

Im Folgenden werden existierende Ansätze in Kategorien eingeteilt, die den Phasen des Verarbeitungsprozesses der Überwachung zugeteilt werden können. Anschließend wird ein Modell zur Bewertung von aktuellen und zukünftigen PETs herausgearbeitet, anhand dessen geeignete PETs für das System, bzw. für die Verarbeitungsphasen, ausgewählt werden.

PET ist nach Blarkom in [vB03] wie folgt definiert:

> Privacy Enhancing Technology ist ein System der ICT (Informations- und Kommunikationstechnologien). Es beinhaltet Maßnahmen zum Schutze der informationellen Privatsphäre, indem es persönliche Daten vernichtet oder minimiert und somit verhindert, dass diese unnötigerweise oder ungewollt verarbeitet werden. Die Funktionalität des Informationssystems wird hierbei erhalten.

Intelligente Überwachungssysteme können eine Vielzahl von Datenquellen verwenden. Die zur Verfügung stehenden Informationen werden durch das Internet fortlaufend dramatisch erweitert.[196]

Den Quellen (z. B. Messung elektronischer Abstrahlung von Geräten) sind theoretisch keine Schranken gesetzt. Ein gezielter aktiver Schutz durch PETs kann somit nicht generell garantiert werden. Die Untersuchungen beschränken sich auf elektronische Datenquellen, die von einem Betreiber mit vertretbarem Aufwand gezielt eingesetzt werden können:

1. Kameras: Bildgebende Sensoren im öffentlichen und nicht öffentlichen Raum.

2. Funk- und Ortungstechnologien: Technologien, die zur Bestimmung der Position oder gar zur Bildung von Bewegungsprofilen verwendet werden können, z. B. Global Positioning System (GPS) oder WLAN.

195 Hansen in: [Roß03], S. 293 Rn. 5
196 Dammann in [Sim11], § 3, Rn. 30

3. Soziale Netzwerke: Bewusst oder unbewusst preisgegebene persönliche Daten (Freunde, Hobbys, etc.).
4. E-Mails: Gezielte Überwachung einer bestimmten Adresse.
5. Mikrofone: Bei der auditiven Überwachung ist ebenfalls von einer gezielten Maßnahme auszugehen.
6. RFID: Mittels RFID (Radio-Frequency Identification) können Profile erstellt werden, z. B. über Kaufverhalten durch markierte Produkte.
7. Loyal Shopping Cards: Durch die Nutzung von Karten und Programmen (z. B. Payback[197]) ist Profilbildung möglich.

In existierenden Überwachungssystemen werden zur Erhebung primär Kameras verwendet. Durch eine computergestützte Auswertung des Bildmaterials können vielfältige Informationen gewonnen werden. Da die Erweiterung von Systemen mit zusätzlicher Sensorik sehr kostspielig ist, werden bildgebende Sensoren auch in Zukunft dominieren.

Angesichts der zunehmenden Verbreitung mobiler Endgeräte und der Nutzung sozialer Netzwerke ist ebenfalls zu erwarten, dass durch Ortungsdienste vermehrt Positionsdaten erhoben werden. Die restlichen genannten Quellen haben für legale Installationen aktuell eine geringe Bedeutung. Tabelle 5.1 fasst die Datenquellen in Kategorien zusammen. Unter Profilbildung ist im Folgenden die Bildung von Bewegungsprofilen zu verstehen. Diese haben für Überwachungssysteme die größte Relevanz.

Internet	**Video**	**Audio**	**Profilbildung**
Soziale Netzwerke	Kameras	Mikrofone	Funk & Ortung
E-mail	-	-	RFID
-	-	-	Loyal Shopping Cards

Tabelle 5.1.: Kategorisierung der Datenquellen

197 http://www.payback.de/, letzer Besuch 01.11.2012

5.1. Zielsetzung für den Einsatz von PETs

Grundlegendes Ziel der PETs ist der „Schutz der informationellen Privatsphäre“ [vB03]. Zur Realisierung von PbD sind PETs, soweit dies möglich ist, in allen Bereichen der automatisierten Verarbeitung einzusetzen.

5.1.1. Automatisierte Verarbeitung in der Überwachung

Nach § 3 II BDSG umfasst die automatisierte Verarbeitung: Erhebung, Verarbeitung und Nutzung personenbezogener Daten. Nach § 3 IV BDSG besteht Verarbeiten aus: Speichern, Verändern, Übermitteln, Sperren und Löschen personenbezogener Daten. Die Begrifflichkeiten stammen aus der Zeit vor der Einführung intelligenter Überwachungssysteme und es ist zu klären, wie sie auf die Prozessschritte in aktuellen Systemen übertragbar sind. Abbildung 5.1 stellt die Schritte schematisch dar.

Abbildung 5.1.: Informationsverarbeitungsprozess in der Überwachung

Zuerst findet die *Erhebung* der Daten statt. Je nach Ausprägung des Systems (siehe Abschnitt 2.1.2) erfolgt zeitgleich eine direkte Verarbeitung der Daten. Hierbei werden Daten verändert und gelöscht. Die *Speicherung* der Daten ist der zweite Schritt. Je nach System werden Videodaten oder bereits extrahierte Daten gespeichert, sodass ebenfalls eine Veränderung oder Löschung möglich ist. Die Speicherung kann temporär sein. Anschließend wird die intelligente *Verarbeitung* der Daten durchgeführt. Im letzten Schritt findet die *Nutzung* statt, primär die Visualisierung von (verarbeiteten) Daten.

5.1.2. Zielsetzung von PETs

Um die Einsetzbarkeit von PETs für Überwachungssysteme zu analysieren, sind die von ihnen zu erwartenden Eigenschaften festzulegen. Während die generelle Zielsetzung einer PET durch Blarkom beschrieben wird, befassen sich wenige Arbeiten mit der Konkretisierung der Ziele. Die folgenden Arbeiten sind zur Erstellung von Bewertungskriterien relevant.

Privatsphäre in Kommunikationsnetzen

Pfitzmann definiert vier Eigenschaften, um die Privatsphäre in Kommunikationsnetzen zu erhöhen [Pfi90], die in vielen Arbeiten zu PETs verwendet werden.

Anonymität: Benutzer sind nicht in der Lage die Identität eines andern Nutzers oder einer Operation zu ermitteln.

Peusdonymität: Identisch zur Anonymität. Zusätzlich bleibt der Benutzer haftbar für seine Aktionen.

Unbeobachtbarkeit: Andere Benutzer können nicht ermitteln, ob eine Operation durchgeführt wird.

Unverkettbarkeit: Andere Benutzer können nicht ermitteln, ob bestimmte Operationen vom gleichen Benutzer durchgeführt wurden.

Die Common Criteria

Die Common Criteria for Information Technology Security Evaluation[198] (CC) sind ein internationaler Standard zur Zertifizierung von IT-Sicherheitseigenschaften in Computersystemen. Die CC definieren Funktionalitätsklassen, die von Systemen erfüllt werden müssen. Die vier oben genannten Eigenschaften sind Teil der Klasse „Privatheit". Neben diesen klaren Zielen für die Privatheit existieren weitere relevante Funktionalitätsklassen. Sie stellen Anforderungen an: Protokollierung, Nichtabstreitbarkeit, Schutz von Benutzerdaten, Identifikation von Nutzern und an das Sicherheitsmanagement.

198 http://www.commoncriteriaportal.org/cc/, Version 3.1 rev. 4, letzter Zugriff am 01.11.2012

Richtlinien für Privacy Enhancing Technologies

Blarkom hat in [vB03] sieben Richtlinien definiert, an denen PET auszugestalten sind. Die Prinzipien orientieren sich an den Anforderungen der Datenschutzrichtlinie 95/46/EC.

Das erste Prinzip propagiert Datenminimierung. Der zweite Grundsatz unterbindet unbefugte Datenverarbeitung. Der dritte Leitsatz stellt sicher, dass Daten nur für statistische Auswertung versendet werden, wenn adäquate Sicherheitsmechanismen verwendet wurden. Nach dem vierten Grundsatz sind Nutzer generell anonym, ihre Identität kann bei Bedarf aufgedeckt werden. Das fünfte Prinzip fordert Verschlüsselung zur Unterstützung des Datenschutzes. Die sechste Regel geht auf Biometrische Merkmale ein, die unterstützend wirken können, gleichzeitig eine Bedrohung darstellen, wenn sie diskriminierend eingesetzt werden. Das letzte Prinzip fordert die Überprüfbarkeit der etablierten Maßnahmen.

5.1.3. Klassifizierung von PET

Es sind Klassen zu identifizieren, die den in Abschnitt 5.1.1 dargestellten Verarbeitungsschritten zugeordnet werden können.

Das erste Modell zur Klassifizierung wurde 1997 vorgestellt [Bur97] und unterscheidet vier Konzeptkategorien. Es wird zwischen Konzepten zum Schutz der Nutzer-, Objekt- und Transaktionsidentität unterschieden. Letztere beseitigen Spuren, die ein Subjekt bei der Durchführung von Aktionen hinterlässt. Die vierte Klasse umfasst kombinierte Ansätze aus den ersten drei Kategorien. Das Modell kann einige aktuelle Ansätze nicht einordnen und ist folglich nicht zur Klassifikation geeignet.
Einen gegenläufigen Ansatz verfolgt das Modell in [Oli03], das verschiedene Ebenen an Stelle von Klassen definiert. Dabei werden vier Ebenen verwendet: Sichere Kommunikation, Kontrolle persönlicher Daten, Verwaltung von Pseudonymen und organisatorische Maßnahmen. Ein PET setzt Mechanismen aus einer oder mehreren Ebenen ein. Das Verfahren ist flexibel, erlaubt aber keine allgemeine eindeutige Kategorisierung.

Das Modell der OECD [OEC03] teilt PETs auch in vier Kategorien auf. Es erreicht ebenfalls keine völlig eindeutige Klasseneinteilung. Die Zuordnung ist aber eindeutiger möglich als in [Oli03] und im Gegensatz zum Modell in [Bur97] können alle Technologien klassifiziert werden. Entsprechend werden die Klassen der OECD verwendet:

1. *Persönliche Privacy Enhancing Technlogies (PPETs)* umfassen alle Ansätze, die persönliche Informationen des Subjekts (Betroffene der Überwachung) schützen.

2. *Webbasierte Technologien (WT)* stellen die Privatsphäre sicher, wenn der Austausch von Daten über das Internet im Vordergrund steht.

3. *Informationsvermittler (IV)* sind PETs, die Daten bei der Übermittlung und vor der Nutzung anonym-/pseudonymisieren.

4. *Netzwerkbasierte Technologien (NT)* setzen die Übermittlung der Daten über ein Netzwerk voraus. Im Gegensatz zu den webbassierten Technologien werden auch komplette Systemansätze betrachtet, bei denen Daten über ein Netzwerk ausgetauscht werden.

Abbildung 5.2 zeigt die Zuordnung der PETs zu den Prozessschritten der intelligenten Überwachung und für welche Art von Daten sie geeignet sind. Informationsvermittler sind geeignet, um den Zugriff auf gespeicherte Daten zu kontrollieren. Netzwerkbasierte Technologien können bereits bei der Erhebung eingesetzt werden. Webbasierte Technologien eignen sich gleichermaßen zur Wahrung der Privatheit während der Verarbeitung und Nutzung. Persönliche PETs können in allen Prozessschritten eingesetzt werden.
Bei der genauen Betrachtung der Datenquellen fällt auf, dass viele PETS (siehe Abschnitt 5.2) für den Einsatz im Internet und zum Unterbinden einer Profilbildung existieren. Für Videodaten existieren einige PPETs und netzwerkbasierte Ansätze. Für die Gewährleistung von Privatheit in Audiodaten sind nahezu keine Ansätze vorhanden.

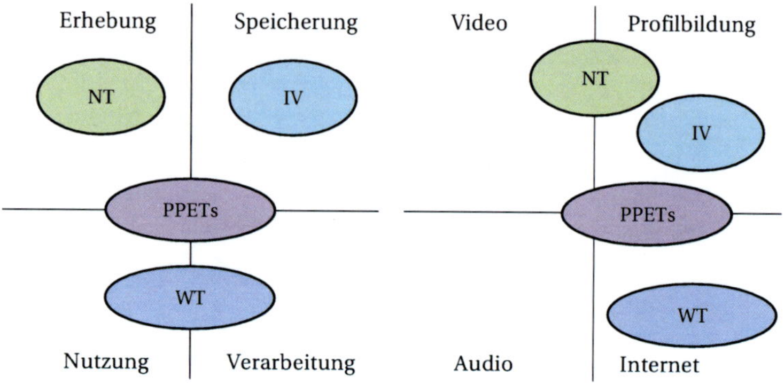

Abbildung 5.2.: Zuordnung von PETs zu Prozessschritten und Datenquellen

5.2. Existierende Privacy Enhancing Technologies

Im Folgenden wird ein Überblick über existierende PETs gegeben. Eine ausführliche Beschreibung der Ansätze übersteigt den hier verfügbaren Platz. Details können den Referenzen entnommen werden. Innerhalb der Kategorien findet anschließend eine Bewertung statt. Die Kriterien dafür werden in Kapitel 5.3 herausgearbeitet.

5.2.1. Persönliche Privacy Enhancing Technologies

1. *Interaktionsmöglichkeit* ist keine „klassische" PET und kann durch verschiedene Techniken umgesetzt werden, z. B. durch Gestenerkennung oder mit Hilfe von Smartphones. Durch sie hat der Betroffene überhaupt erst die Möglichkeit seine Daten zu kontrollieren.

2. Das *Vier-Augen-Prinzip* ist ebenfalls kein konkretes technisches Verfahren und kann unterschiedlich umgesetzt werden. Das Prinzip besagt, dass zwei Subjekte an einer Aktion beteiligt sein müssen.

3. *Karten mit Kamerainformationen* erlauben es den Betroffen Überwachte Gebiete, bzw. bestimmte Kameras zu meiden[199].

4. *Nutzungskontrolle* ist eine Fortführung von Zugriffskontrolle und erlaubt es Nutzern, Daten zu kontrollieren, nach dem sie diese aus der Hand gegeben haben [Pre08].

5. *Off-the-Record Messaging* erlaubt eine verschlüsselte Kommunikation, bei der die Abstreitbarkeit der gesendeten Nachrichten erhalten bleibt [Bor04].

6. Beim *Privacy-Preserving Ubiquitous Computing* werden Personen mittels RFID Tags identifiziert, anhand derer entschieden wird, ob zugehörige Daten verarbeitet werden [Dua04].

7. *Verpixelung* von „Regions of Interest" im Bildmaterial macht vorher spezifizierte Bereiche unkenntlich, die sensiblen Informationen beinhalten. Hierzu existiert eine Vielzahl von Ansätzen (siehe Abschnitt 2.3.1).

8. *Verpixelung mit Authentifizierung* erlaubt eine zielgerichtete Unkenntlichmachung von Personen. Es existieren verschiedene Ansätze um sich am System zu authentifizieren (siehe Abschnitt 2.3.2)

9. Die Kamera *TrustCam* zeigt authentische Datenschutzeigenschaften über eine sichere Verbindung an. Nutzer können sich benachrichtigen lassen, wenn sie in die Nähe einer Kamera kommen (siehe Abschnitt 2.3.2).

10. Es existiert eine Vielzahl an *Datenschutzmechanismen für RFID* [Gar05, Kar05, Zou06], z. B. die automatische Zerstörung von Tags, wenn diese nicht mehr benötigt werden.

---

199 Für z. B. Paris auf der Seite http://app.owni.fr/camera-paris/ (letzer Zugriff am 09.02.2013).

11. Unter *Werkzeugen* werden alle Techniken subsumiert, die unterstützend wirken, z. B. Verschlüsselungsverfahren.

5.2.2. Webbasierte Technologien

1. *Anyonyme Remailer* sind eine der frühsten PET. Ein Nutzer kann hierbei eine E-Mail versenden, ohne identifiziert zu werden [Sch95].

2. *Datenverarbeitungsrichtlinien* beschreiben Zugriffsregeln für personenbezogene Daten in maschinenlesbarer Form [Vag11d], z. B. durch XACML [Mos05a].

3. *Mix Kaskaden* bauen eine schwer zurückverfolgbare Kommunikation durch Proxy Server auf [Cha81].

4. Das *Platform for Privacy Preferences Framework (P3P)* erlaubt es Nutzern und Betreibern von Webseiten Verarbeitungsrichtlinien für persönliche Daten auszutauschen[Cra06].

5. Beim *Privaten Teilen von Positionsdaten* wird die Position nur an Freunde weitergeben [Fre10]. Das Verfahren basiert auf Kryptographie und einer Methode zum Schlüsselaustausch.

6. *OpenID* ist ein Standard zur Umsetzung eines dezentralisierten Authentifizierungsverfahrens. Ein Nutzer meldet sich einmalig mit seiner OpenID an, der Provider leitet anschließend nur benötigen Daten weiter [Rec06].

5.2.3. Informationsvermittler

1. *Anomyisierungsstrategien und Metriken* bieten die Möglichkeit, Privatheit zu quantifizieren. Exakte Positionsdaten können z. B. zu einem Bereich mit *n* Personen erweitert werden. Bekannte Metriken sind: k-anonmyity [Swe02b], l-diverstiy [Mac07] und differential privacy [Dwo06].

2. Durch *Path Confusion* werden aus einer Position mehrere hypothetische Positionen in einem bestimmten Radius berechnet [Hoh05]. Auch das Vertauschen von Identitäten ist möglich, wenn sich Pfade kreuzen [Bel09b].
3. Die *Aufklärung* über die Datenerhebung (z. B. Beschilderung bei Videoüberwachung) ist eine Methode zur Steigerung der Transparenz.
4. Durch den Einsatz des *Privacy-preserving Data Acquisition Protokolls* ist es möglich Anfragen an eine Datenbank zu stellen, ohne dass diese rekonstruiert werden können [Kwe10].
5. *Privacy-Preserving Face Recognition* [Erk09] basiert auf homomorpher Verschlüsselung [Gen09]. Alice kann an Bob fragen, ob ein Gesicht in seiner Datenbank liegt. Bob erhält keine Information über das Gesicht und Alice keine Information über die Datenbank.

5.2.4. Netzwerkbasierte Technologien

1. *Firewalls* blocken spezifische Inhalte. Dies können sensible Informationen sein, z. B. [Fre00].
2. *Mix Kaskaden*, siehe Abschnitt 5.2.2.
3. Videoüberwachungssystem nachdem *auftragsorientierten Prinzip* und Zugriff über den Privacy Manager [Vag10a] (siehe auch Kapitel 4).
4. Durch den Einsatz eines *Privacy Buffers* können Informationen gezielt entfernt werden, bevor sie dem Operator visualisiert werden [Fid04].
5. Durch eine *Privacy-preserving Video Console* wird der Zugriff auf Videodaten in unterschiedlichen Detailstufen gewährt [Sen05].
6. *SmartSurv* ist eine intelligente Kamera, die Ereignisse detektiert und diese an Stelle des Videobilds an den Operator übermittelt [Fle08b].
7. *Privacy Awareness System (pawS)* ist eine Architektur zur Umsetzung von Privatheit im Ubiquitous Computing und setzt P3P sein [Lan02].

5.3. Ein Bewertungsmodell für PETs

In [Hen04] wurde ein erster Versuch unternommen PETs für RFID zu beurteilen. Es wurde eine Checkliste verwendet. Diese Idee wird hier aufgegriffen. Im Folgenden wird ein Fragenkatalog aufgestellt, anhand dessen PET bewerten werden können. Er bildet, die in Abschnitt 5.1.2 dargestellten Ziele ab.

Einige Punkte wurden nicht berücksichtigt. Aus den Richtlinien ist „Biometrie“ zu spezifisch und somit als allgemeines Kriterium zur Bewertung einer PET nicht geeignet. Aus den CC findet die „Nichtabstreitbarkeit“ keine Berücksichtigung, da sie der Unverkettbarkeit widerspricht. Wenn Nichtabstreitbarkeit in einem System gefordert wird, ist sie über einen eigenständigen Mechanismus zu realisieren, der nur bei begründetem Verdacht genutzt werden kann. Ebenso wird die Forderung nach „Sicherheitsmanagement“ nicht berücksichtigt, da sie zu weit gefasst ist und über das eigentliche Ziel einer PET hinausgeht.

Es ergibt sich ein Katalog mit zehn Fragen anhand dessen PETs objektiv bewerten werden können. Insgesamt können 20 Punkte erzielt werden. Die Fragen haben ein unterschiedliches Gewicht. Weniger wichtige können einen Punkt erzielen, wichtige zwei Punkte und sehr wichtige können drei Punkte erreichen. Wenn eine Anforderung teilweise erfüllt ist, dürfen Teilpunkte vergeben werden. Die Fragen sind in Tabelle 5.2 dargestellt.

Eine exakte Punktevergabe ist schwierig. Entsprechend sind die im nächsten Abschnitt vorgenommen Bewertungen relativ zu betrachten. So kann beurteilt werden, ob eine Technologie generell geeignet ist oder nicht (hohe oder niedrige Punktzahl). Anhand einer geringen Differenz bei der Bewertung kann nicht pauschal entscheiden werden, ob eine Technologie besser geeignet ist als eine andere.
Die Gewichtungen für die einzelnen Fragen ergeben sich aus den folgenden Begründungen.

1. Hauptziel einer PET (3 Punkte).

Nr.	Frage	Punkte
1	Wird die Sammlung persönlicher Daten limitiert?	3
2	Werden die Daten ausreichend durch Kryptographie gesichert?	1
3	Ist der Einsatz von Pseudoidentitäten möglich?	2
4	Werden eindeutige Merkmale des Nutzers anonymisiert?	2
5	Wird der Nutzer für das weitere Vorgehen eindeutig identifiziert?	1
6	Hat der Nutzer die volle Kontrolle über seine Daten?	3
7	Kann der Nutzer nachträglich seine Daten verändern?	2
8	Ist die PET ohne eine immense Erhöhung der Komplexität integrierbar?	1
9	Birgt der Einsatz auch Risiken für den Schutz der Privatsphäre?	2
10	Wird durch die PET die Privatsphäre geschützt?	3
	Gesamtpunktzahl:	**20**

Tabelle 5.2.: Fragenkatalog zur Bewertung von PETs

2. Kryptographie ist unabdingbar, kann aber meist durch etablierte Standardverfahren sichergestellt werden (1 Punkt)

3. Die Verwendung von Peusdoidentiäten, ermöglicht es dem Nutzer anonym zu bleiben und trotzdem personalisierte Dienste zu nutzen (2 Punkte).

4. Die Verwendung von eindeutigen Nutzermerkmalen erlaubt eine einfache Identifizierung und soll entsprechend vermieden werden (2 Punkte).

5. Identifikation bzw. Authentifikation ist wichtig um den Missbrauch auszuschließen, kann aber ebenfalls durch existierende Verfahren realisiert werden (1 Punkt).

6. Wie 1) ein Hauptziel von PETs, entsprechend werden auch hier 3 Punkte vergeben.

7. Die Berichtigung von falschen Daten ist ein wichtiges Recht des Betroffenen (2 Punkte)

8. Wenn eine Technologie aufwendig zu integrieren ist, gefährdet dies ihren Einsatz in der Praxis (1 Punkt).
9. PETs könnten auch ein Risiko beinhalten, z. B. wenn für die Anonymisierung einer Person weitere Daten einer anderen Person gesammelt werden müssen. Das Risiko muss kontrollierbar sein (2 Punkte).
10. Auch ohne Datensparsamkeit und Verbesserung der Kontrolle kann sich eine PET positiv für den Nutzer auswirken. Die Verbesserung der Privatsphäre ist das zentrale Anliegen (3 Punkte).

5.4. Bewertung existierender PETs

Alle aufgelisteten PET wurden einer Bewertung unterzogen. Die Ergebnisse sind im Folgenden innerhalb ihrer Klassen dargestellt. Eine detaillierte Übersicht über alle Ansätze befindet sich im Anhang B dieser Arbeit.

PET	Punkte
Vier Augen Prinzip	4
Kartenmaterial mit Information	6
Mechanismen für RFID	10
Werkzeug: Asymmetrische Kryptosysteme	10
Verpixelung	10
Access Control	11
TrustCam	12
Verpixelung mit Authentifizierung	12
Privacy-Preserving Ubiquitous Computing	12
Off-the-Record Messaging	14
Interaktionsmöglichkeiten	15
Nutzungskontrolle	17

Tabelle 5.3.: Bewertung der persönlichen Privacy Enhancing Technologies

Tabelle 5.3 gibt einen Überblick über die PPETs. Zur besseren Übersicht wurden verschieden Technologien für RFID hier zusammen gefasst. Die

Bewertungen lagen hier zwischen 7 und 12 Punkten (10 in Tabelle 5.3). Nutzungskontrolle erzielt die meisten Punkte und erhält Abzüge durch den mangelnden Einsatz von Pseudoidentitäten und den hohen Grad der Komplexität.

PET	Punkte
Mix Kaskaden	10
P3P	12
Privates Teilen von Positionsdaten	12
Anonyme Remailer	13
OpenID	14
Datenverarbeitungsrichtlinien	15

Tabelle 5.4.: Bewertung der webbasierten Technologien

Auch bei den webbasierten Technologien (Tabelle 5.4) erzielt mit den Datenverarbeitungsrichtlinien eine PET zur Kontrolle für den Nutzer die meisten Punkte.

PET	Punkte
Kennzeichnungspflicht für Videoüberwachung	7
Anonmyisierunsstrategien	11
Path-Confusion	12
Privacy-Preserving Data Acquisition Protocol	12
Privacy Preserving Face Recognition	13

Tabelle 5.5.: Bewertung der Informationsvermittler

Bei den Informationsvermittlern (Tabelle 5.5) erzielt, wie bei den PPETs, ein Systemansatz die meisten Punkte. Allerdings mit weniger Abstand zu den einzelnen Verfahren.

In der letzten Kategorie (Tabelle 5.6) erzielt das auftragsbasierte System die meisten Punkte. Dies ist nicht überraschend, da es wie die Privacy-preserving Video Console oder der Privacy Buffer Datenabstraktion auf verschiedenen Stufen umsetzt, aber im Gesamtumfang darüber hinausgeht.

PET	Punkte
Firewalls	8
Mix Kaskaden	10
P2P Netzwerke	10
Privacy Buffer	10
Privacy-preserving Video Console	12
SmartSurv	12
pawS	14
Auftragsorientierte Überwachung und Zugriff	15

Tabelle 5.6.: Bewertung der netzwerkbasierten Technologien

5.5. Auswahl von PETs für intelligente Überwachungssysteme

Die aufgeführten Techniken machen deutlich, dass eine Vielzahl von Ansätzen existiert. Es existiert allerdings keine ganzheitliche Lösung für den Einsatz in visuellen Sensornetzwerken, die Forschung beschränkt sich hier auf isolierte Bereiche.[200] Auch jenseits von Kameranetzwerken steht die Zusammensetzung von PETs noch am Anfang der Forschung.[201]
Beim Aufbau eines intelligenten Überwachungssystems nach PbD, müssen existierende Verfahren kombiniert und erweitert werden, sodass eine ganzheitliche Lösung entsteht, die alle Prozessschritte abdeckt.

Die Ansätze können dafür nicht rein nach ihrer Bewertung ausgewählt werden. Vielmehr ist fallspezifisch nach den Anforderungen des Systems zu kombinieren. Wenn ein Überwachungssystem z. B. keine Anbindung an eine Bilddatenbank hat, können auch keine Methoden zu ihrem Schutz eingesetzt werden. Im Folgenden wird von einem „typischen" intelligenten Überwachungssystem ohne besondere Anforderungen ausgegangen. Die

200 Winkler/Rinner in: [Win12b], S. 32
201 Hansen in: [Roß03], S. 293 Rn. 5

Mehrheit der konventionellen Systeme können somit durch das in dieser Arbeit vorgestellte System ersetzt werden. Konkret bedeutet das, keinen Einsatz von RFID und externen Datenquellen.

Grundlage des Systems ist eine auftragsorientierte Struktur, wie sie in Kapitel 4 dargestellt ist. Der Ansatz erzielt unter den netzwerkbasierten Technologien die beste Bewertung und ermöglicht Datenminimierung bereits während der *Erhebung*. Die grundlegenden Ideen von SmartSurv und der Privacy Video Console sind ereignisgetriebene Datenübermittlung und Datenabstraktion. Beide lassen sich beim Aufbau einer auftragsorientierten Architektur berücksichtigen.

Bei den Informationsvermittlern werden „Privacy-Preserving Face Recognition" und das „Privacy-Preserving Data Acquisition Protocol" nicht für ein typisches System benötigt. Um den Zugriff auf die (temporär) *gespeicherten Daten* minimal zu halten (Datensparsamkeit), werden Anonymisierungstrategien und Metriken verwendet.

„Path-Confusion" erzielt einen Punkt mehr, kann in sicherheitskritischer Überwachung aber problematisch sein. Metriken bzw. Strategien können zudem kombiniert und erweitert werden, um Schwachstellen zu eliminieren (siehe Abschnitt 6.4). Durch die Anonymisierung bei der Übermittlung wird die Informationsmenge für die *Verarbeitung* und *Nutzung* minimiert.

Aus den webbasierten Diensten werden „Datenverarbeitungsrichtlinien" ausgewählt. Durch Richtlinien können Betreiber und Nutzer Anforderungen in allen Prozessschritten ausdrücken und im System hinterlegen. Primär werden Richtlinien für die *Verarbeitung* und *Nutzung* benötigt. Für den Einsatz in der Überwachung sind existierende Ansätze noch zu erweitern (siehe Abschnitt 6.3).

Unter den PPETs befinden sich verschieden Technologien, die in einem System nach PbD verankert werden sollten. „Nutzungskontrolle" erzielt die meisten Punkte, ist aber noch Gegenstand aktueller Forschung und kann nicht zuverlässig eingesetzt werden. Access Control ist zwar weniger weitreichend, aber robust genug für den Einsatz. In geschlossenen Systemen kann auf etablierte Standardmethoden zurückgegriffen werden.

Für die *Nutzung* von Videodaten sind Technologien zur Verpixelung einzusetzen, um dem Operator und auch dem Beobachteten nur benötigte Ausschnitte anzuzeigen. Hier existiert eine Vielzahl von Ansätzen, die leicht auf einen Videostrom angewendet werden können. Ihre Verwendung wird in dieser Arbeit nicht weiter thematisiert.

Eine sehr gute Bewertung erzielten Interaktionsmöglichkeiten. Sie sind zu integrieren, um die passiven Überwachten zu aktiven Nutzern zu machen (siehe Abschnitt 4.6) und um die Transparenz sicherzustellen.

Das anschließende Kapitel zeigt auf, wie die ausgewählten PETs in einem Überwachungssystem zu kombinieren und zu erweitern sind.

6

Neue Ansätze zur Realisierung von Privacy by Design in Überwachungssystemen

> Eine wirklich gute Idee erkennt man daran, dass ihre Verwirklichung von vornherein ausgeschlossen erschien.
>
> *(Albert Einstein)*

Kapitel 4 zeigt den Aufbau eines intelligenten Überwachungssystems nach Privacy by Design auf und in Kapitel 5 werden geeignete PETs für die Realisierung gewählt. Im Folgenden wird aufgezeigt, wie die Ansätze zu einer ganzheitlichen Lösung zu kombinieren sind. Ziel der Komposition ist ein kontrollierter Zugriff der Betreiber- und Nutzerdienste auf die Daten des Überwachungssystems über den Privacy Manager.

Um die Realisierbarkeit des Systems zu beweisen, wurden die Ansätze prototypisch umgesetzt. Als Einsatzszenario wurde ein Flughafen gewählt. Im Verlauf des Kapitels wird daran die Umsetzung der Anforderungen (Zweckbindung, Datensparsamkeit, Datensicherheit, keine automatisierte Einzelentscheidung und Transparenz) und der erreichte Fortschritt durch die neuen Ansätze hervorgehoben. Das Szenario wird in Abschnitt 6.2 vorgestellt.

Abschnitt 6.1 zeigt die Arbeitsweise des Privacy Managers bei Zugriff durch Betreiber- und Nutzerdienste auf. Anschließend werden die dafür benötigten Komponenten dargestellt. Abschnitt 6.3 beschreibt, wie Datenschutzrichtlinien für die Überwachung dargestellt und durchgesetzt werden können. In Abschnitt 6.4 wird die Anonymisierung von Überwachungsdaten beleuchtet. Der Fokus dieser Arbeit liegt auf Positionsdaten. Abschließend stellt Abschnitt 6.6 neue Methoden zur Interaktion mit einem Überwachungssystem dar.

6.1. Zugriff auf Überwachungsdaten durch Betreiber- und Nutzerdienste über den Privacy Manager

Ein intelligentes Überwachungssystem nach PbD minimiert die Menge der erhoben Daten bereits bei der Erhebung. Daten werden nur für den festgelegten Zweck erhoben (siehe Abschnitt 4.1) und die Signalverarbeitungsdienste führen eine Abstraktion und Reduktion der Sensordaten auf relevante Merkmale durch (siehe Abschnitt 4.2). Die verbleibenden Informationen werden in der Modellwelt (temporär) gespeichert, um den Datenverarbeitungsdiensten einen Realitätsausschnit zum Beobachtungszeitpunkt zur Verfügung zu stellen. Je nach Anwendungszweck generieren die Datenverarbeitungsdienste daraus Ereignisse.

Die genannte Erhebung und Verarbeitung findet im geschlossenen Kern des Systems statt, der für den Betreiber (Operator) und Nutzer nicht zugänglich ist.

Wenn Daten das System verlassen, durchlaufen sie den Privacy Manager (siehe Abschnitt 4.2.2), der die einzige externe Schnittstelle zum Datenzugriff auf die Modellwelt darstellt. Der Privacy Manager ist die zentrale Komponente zur Umsetzung des technischen Datenschutzes. Der Betroffene kann über den Privacy Manager sein Auskunftsrecht wahrnehmen und die zu seiner Person vorliegenden Daten einsehen. Ebenso kann er kontrollieren, welche Dienste auf seine Daten Zugriff haben. Der Zugriff auf die Daten wird über Datenschutzrichtlinien geregelt, die im Privacy Manager verwaltet werden. Dies umfasst vom System festgelegte Regeln und vom Beobachteten selbst gestaltete Richtlinien. Nur die wirklich benötigten Daten verlassen den Kern des Systems. Basierend auf den Richtlinien findet vor der Herausgabe eine Anonymisierung statt. Nur wenn alle Schritte durchlaufen werden, sendet der Privacy Manager die Daten an den anfragenden Dienst.

Wenn Betreiber und Nutzer auf Daten aus der Modellwelt über den Privacy Manager zugreifen, wird der in Abbildung 6.1 dargestellte Prozess durchlaufen. Er realisiert ganzheitlichen technischen Datenschutz und kombiniert dafür verschiedene PETs zu einem Prozess.

Ein Betreiber- oder ein Nutzerdienst durchläuft dabei die folgenden Schritte:

1. Ein Dienst meldet sich beim Privacy Manager an und sendet eine Datenanfrage. Anschließend fragt der PM die angeforderten Daten an der Modellwelt ab.

2. Datenschutzrichtlinien werden auf den angefragten Daten durchgesetzt. Entweder es wird eine vom System vorgegeben Richtlinie angewendet oder eine vom Nutzer verwaltete. Es werden alle Attribute entfernt, für die der Dienst keine Berechtigung hat.

3. Wenn die Richtlinien es fordern, werden die angeforderten Daten durch die entsprechenden Module anonymisiert. In dieser Arbeit wird

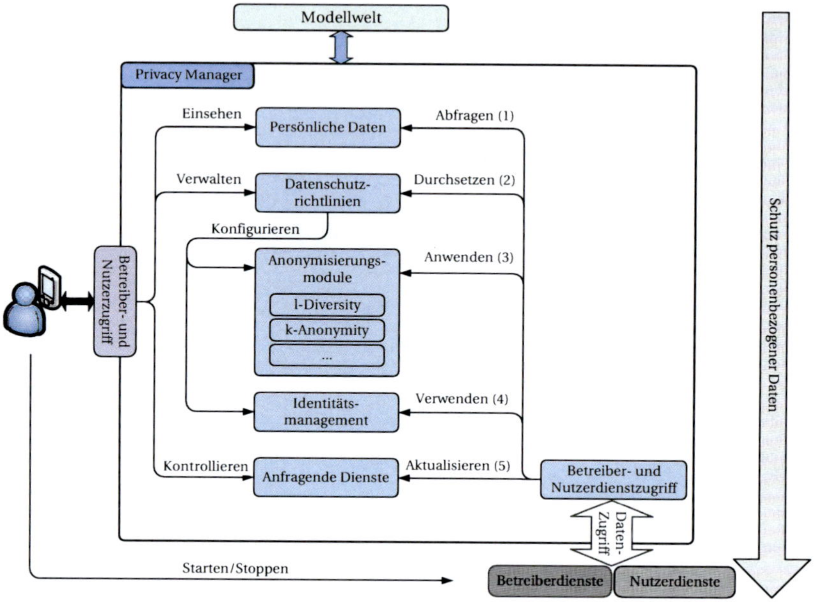

Abbildung 6.1.: Fluss personenbezogener Daten aus der Modellwelt zu Betreiber- und Nutzerdiensten

eine Methode zur Anonymisierung von Positionsdaten vorgeschlagen. Je nach Datentyp sind weitere Module denkbar.

4. Bevor der Datensatz das System verlässt, werden die Objektbezeichner vom Identitätsmanagement durch Pseudonyme ersetzt (siehe Abschnitt 6.5).

5. Der Privacy Manager aktualisiert seine interne Datenbank über Dienste und verwendete Daten. Anhand der Datenbank kann ein Nutzer einsehen, welche seiner Daten von welchen Diensten verwendet werden.

Der Prozess stellt zudem sicher, dass der Betroffene seine Daten einsehen, verwalten und kontrollieren kann.

Die im Flughafenszenario umgesetzten Betreiber- und Nutzerdienste werden nächsten Abschnitt vorgestellt.

6.2. Intelligente Flughafenüberwachung

An Flughäfen bietet sich der Einsatz des in dieser Arbeit entwickelten Systems besonders an. Computergestützte Bildauswertung kann den Betreiber unterstützen und den Beobachteten Mehrwertfunktionen anbieten. Es wird davon ausgegangen, dass im System ausschließlich (intelligente) Kameras zur Datenerhebung eingesetzt werden. Gleichfalls wird angenommen, dass sowohl Beobachtete als auch Betreiber (Sicherheitspersonal) über mobile Endgeräte verfügen (siehe Abschnitt 4.6.1 und 6.6), um mit dem System zu kommunizieren.

6.2.1. Nutzung durch den Betreiber

Zweck des Systems ist die Gewährleistung der öffentlichen Sicherheit. Kameras (Signalverarbeitungsdienste) senden dafür Beobachtungen an die Modellwelt. Aus den dort vorliegenden Daten werden Ereignisse generiert. Die dafür benötige Situationsanalyse ist nicht Bestandteil der Arbeit. Schwer erkennbare Ereignisse werden mit Unterstützung der Beobachteten erkannt (Abschnitt 4.6.1).

Solange keine Detektion vorliegt, werden dem Betreiber keine Informationen über die Betroffen am Flughafen aufgezeigt. Einzig das Sicherheitspersonal wird auf einer Übersichtskarte dargestellt (Abbildung 4.3). Die mobilen Einsatzkräfte haben ebenfalls Zugriff auf die Karte und können die Position ihrer Kollegen einsehen.

Sobald ein Ereignis vorliegt, wird es dem Operator auf der Karte angezeigt. Um beurteilen zu können, ob es sich um eine Fehldetektion handelt, wird ihm eine Videosequenz aus dem Puffer der Kamera gezeigt. Dabei kann in einer ersten Stufe Verpixelung eingesetzt werden und erst bei Bedarf, werden alle Informationen angezeigt. Gleiches gilt für die mobilen Einsatzkräfte.

Der Operator kann ihnen das Ereignis auf ihrer Karte markieren und Instruktion übermitteln. Nur wenn der Operator bestätigt, dass es sich um einen relevanten Vorfall handelt, werden Daten gespeichert.

6.2.2. Nutzung durch den Beobachteten

Das System stellt den Beobachteten verschiedene Dienste zur Verfügung, die im Rahmen des Kapitels näher dargestellt werden. Nutzerdienste werden dabei unterteilt in Diensten zur Kontrolle/Verwaltung der persönlichen Daten (Prinzip der Transparenz):

- Aufklärung: Abruf von Informationen über den Zweck, Betreiber und Verantwortlichen, sowie Kontaktinformationen und technische Details,
- Auskunft über vorliegende personenbezogene Daten,
- Verwaltung von Datenschutzrichtlinien,
- Volle Sicht durch Kameras, wenn sich Beobachtete im Sichtfeld befinden

und Mehrwertdiensten, die der Beobachtete freiwillig nach seinen Vorgaben nutzen kann (nutzerorientierte Gestaltung):

- Alarmierung des Operators in einer Gefahrensituation,
- Bewusste Überwachung zur Steigerung des Sicherheitsgefühls,
- „Buddy Finder" zur Ortung von Freunden am Flughafen, inklusive der Möglichkeit die eigene Position nur eingeschränkt zu teilen,
- „In-Gebäude-Navigation" zu wichtigen Punkten,
- Anonymisierte Sicht durch Kameras (z. B. um die Länge der Schlange am Sicherheitscheck beurteilen zu können).

6.3. Datenschutzrichtlinien (Privacy Policies)

Bevor Datenschutz technisch umgesetzt werden kann, müssen die Anforderungen maschinenlesbar formuliert werden. Ziel der Richtlinien[202] ist es, den Zugriff der Nutzer-und Betreiberdienste auf die Modellwelt zu beschränken. Der Zugriff auf verwaltete Objekte muss bis auf Attributebene reguliert werden.

Nach der Analyse existierender Ansätze wird aufgezeigt, wie Richtlinien allgemein durch XACML (eXtensible Access Control Markup Language) beschrieben werden können. In der intelligenten Überwachung legen verschiedene Stakeholder Richtlinien fest (Betreiber, Betroffene, etc.). Es wird ein Erweiterungsansatz für XACML vorgestellt, sodass Policies der Interessengruppen verarbeitet werden können. Anschließend wird eine Architektur zur Durchsetzung aufgezeigt und wie durch sie Richtlinien für den Buddy Finder umgesetzt werden.

6.3.1. Analyse existierender Strategien

Es existieren verschiedene Beschreibungsansätze aus unterschiedlichen Bereichen der Informatik, was die Vergleichbarkeit erschwert. Abbildung 6.2 stellt diese im Bezug auf ihre Leistungsfähigkeit und ihre Verbreitung dar. P3P (Platform for Privacy Preferences Project) schützt die Privatsphäre im Internet, REL (Right Expression Languages) umfasst alle Sprachen zum Schutz von Multimediainhalten. XACML und EPAL (Enterprise Authorization Language) beschreiben Zugriffskontrollanforderungen für beliebige Objekte. P-RBAC (Privacy-aware Role Based Access Control) ist eine Erweiterung der rollenbasierten Zugriffskontrolle (RBAC).

Im Folgenden werden die Ansätze kurz dargestellt und auf ihr Einsetzbarkeit in intelligenten Überwachungssystemen untersucht. Wichtigstes

202 Wenn im Folgenden von Datenschutzrichtlinien gesprochen wird, sind konkrete Richtlinien für Systeme gemeint. Es besteht kein direkter Bezug zur Datenschutzrichtlinie der EU (siehe Abschnitt 3.2.1).

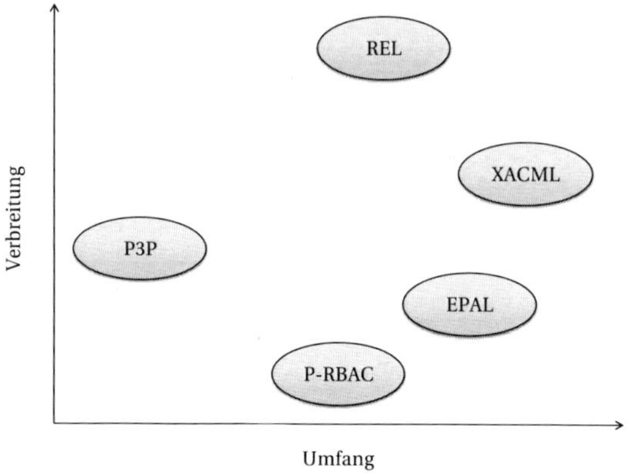

Abbildung 6.2.: Überblick über Zugriffskontrollstrategien

Kriterium ist die Ausdrucksstärke. Neben der Identität der Person müssen dazugehörige persönliche Angaben und Randbedingen (Ort, Uhrzeit, etc.) darstellbar sein. Um zu gewährleisten, dass ein Ansatz Verbreitung findet und in Systeme integriert werden kann, wird die Existenz freier Implementierungen positiv bewertet. Das umfasst eine Komponente zur Durchsetzung von Richtlinien (Policy Enforcement Point, PEP) und eine Komponente zur Entscheidungsfindung (Policy Decision Point, PDP). Da in der Überwachung widersprüchliche Policies auftreten können, werden die existierenden Methoden zur Konfliktauflösung ebenfalls bewertet. Abschließend ist noch maßgebend, ob eine zentrale Speicherung der Daten möglich ist und ob die Richtlinien von Menschen gelesen werden können. Alle Anforderungen können 10 Punkte erzielen, abgesehen von der Ausdrucksstärke (30 Punkte) und der Menschenlesbarkeit (5 Punkte), die entsprechend wichtiger bzw. unwichtiger sind. Tabelle 6.1 fasst die Kriterien zusammen.

Right Expression Languages (REL)

REL sind Teil des Digital Right Managements (DRM) und beschreiben Lizenzen in maschinenlesbarer Form. Das Objekt wird dazu um die Lizenz

Anforderung	Punkte
Ausdrucksstärke	30
Implementierung eines PDP	10
Implementierung eines PEP	10
Verarbeitung von Konflikten	10
Zentrale Speicherung	10
Menschenlesbarkeit	5

Tabelle 6.1.: Bewertungskriterien für Beschreibungsverfahren

erweitert. REL definieren nur den Vertrag über die Nutzung, die eigentliche Durchsetzung wird vom DRM übernommen. Ein bekannter Vertreter ist die extensible Rights Markpup Language (XrML) [Wan02], in der eine Ressource, zugreifende Klienten, Rechte und Bedingungen spezifiert werden können. Einen ähnlichen Aufbau verwendet auch die Open Digital Rights Language (ODRL) [Ian04], in der Rechte aus Beschränkungen, Voraussetzungen und Bedingungen bestehen.

REL sind geeignet, komplexe Regeln zu beschreiben. Es existieren jedoch entscheidende Nachteile. Neben fehlenden freien Implementierungen ist keine zentrale Speicherung möglich und die Policies sind an die Objekte gebunden. Aufgrund der Bindung existieren auch keine Verfahren zu Konfliktauflösung. I. d. R. sind XML basierte REL zu ausführlich, um für Menschen leicht verständlich zu sein.

Platform for Privacy Preferences Project (P3P)

P3P [Cra06] ist ein Protokoll zum Austausch von Datenschutzrichtlinien im Internet. Der Anbieter hinterlegt auf seinem Server, welche personenbezogenen Daten von ihm oder von Dritten verarbeitet werden. Der Nutzer verwendet einen P3P Agenten, der die Datenschutzerklärung beim Aufruf der Seite lädt. Wenn diese mit den gespeicherten Anforderungen des Nutzers übereinstimmt, wird die Seite geladen. Dabei kann festgelegt werden, welche Daten zu welchem Zweck von wem verwendet werden.

P3P hat ein auf Webseiten eingeschränktes Vokabular. Es existieren freie PDP Implementierungen, die auf Grund des Alters Kompatibilitätsprobleme aufweisen. P3P kontrolliert nicht die Umsetzung der Richtlinien und es existieren keine einsetzbaren PEPs. Konfliktmanagement ist nicht vorgesehen. Policies können zentral gespeichert werden und sind auf Grund ihrer Beschränktheit lesbar.

Enterprise Authorization Language (EPAL)

EPAL [Ash03] ist eine formalisierte Sprache zum Schutz personenbezogener Daten. Innerhalb einer Policy kann ein Wortschatz definiert werden, um Richtlinien flexibel zu gestalten. Anhand des Vokabulars wird festgelegt, wer zu welchem Zweck mit welcher Aktion auf welches Datum zugreift und dadurch welche Verpflichtung eingeht.

EPAL ist ein flexibler und mächtiger Ansatz. Nach einer Veröffentlichung von Anderson [And06] wurde EPAL zu Gunsten von XACML gestoppt. Es sind keine weiteren Entwicklungen zu erwarten. Policies können zentral gespeichert werden, sind kompakt und gut lesbar.

Privacy-aware Role Based Access Control (P-RBAC)

RBAC [San96] ist eine etablierte Variante der Zugriffskontrolle. Nutzer sind in Rollen aktiv, denen Rechte zugeordnet sind. In [Ni09] wird eine Erweiterung zur Umsetzung von Privacy Anforderungen vorgestellt, in der RBAC um Zweck, Bedingungen und Verpflichtungen erweitert wird.

P-RBAC ist ausdrucksstark und erlaubt Formulierungen, die zentral gespeichert werden können. [Ni09] gibt keinen Syntax vor. Die dargestellte Struktur, lässt jedoch eine gute Lesbarkeit vermuten. Angesichts der geringen Verbreitung sind keine Implementierungen zu erwarten. Konflikte können gesucht, aber nicht aufgelöst werden.

eXtensible Access Control Markup Language (XACML)

XACML [Mos05a] ist eine auf XML basierende Beschreibungssprache für den Zugriff auf Ressourcen. Eine Policy besteht aus Ziel (Target) und Regel (Rule). Es kann flexibel angegeben werden, welche Subjekte Aktionen an Ressourcen ausführend dürfen (Ziel). Dafür werden Bedingungen, Verpflichtungen und Auswirkung spezifiziert (Regel).

XACML ist ausdrucksstark und erweiterbar. Ebenso ist es durch seine Standardisierung weit verbreitet und es existieren Implementierungen von PDP und PEP. Ansätze zur Konfliktauflösung sind vorhanden und Policies können zentral gespeichert werden. Infolge der Mächtigkeit ist keine Lesbarkeit gegeben.

Abschließende Bewertung

Tabelle 6.2 fasst die Bewertung zusammen. Es wird deutlich, das XACML geeignet ist, Datenschutzvorgaben maschinenlesbar zu formulieren, sodass diese automatisiert durchgesetzt werden können.

Anforderung	REL	P3P	P-RBAC	EPAL	XACML
Ausdrucksstärke	30	15	30	30	30
Implementierung eines PDP	0	5	0	0	10
Implementierung eines PEP	0	0	0	0	10
Verarbeitung von Konflikten	0	0	0	0	10
Zentrale Speicherung	0	10	10	10	10
Menschenlesbarkeit	0	5	5	5	0
Summe	30	35	45	45	70

Tabelle 6.2.: Bewertung der Beschreibungsverfahren

6.3.2. Einsatz von Datenschutzrichtlinien in einem Überwachungssystem

Im Folgenden wird ein allgemeines Modell zur Erstellung von Zugriffsregeln zur Durchsetzung von Datenschutz angeben. Nach Überführung in XACML, werden die Regeln erweitert, um Konflikte durch verschiedene Stakeholder aufzulösen.

Beim Einsatz von XACML wird ein PEP verwendet, der Anfragen in *XACML requests* übersetzt, die an den PDP weitergeleitet werden. Ein Request besteht aus genau einem Subjekt, beliebig vielen Ressourcen und genau einer Aktion. Das Subjekt ist der zugreifende Dienst, Ressourcen sind Objektattribute, auf die dieser durch die Aktion zugreifen möchte. Um über einen Request zu entscheiden, durchsucht der PDP alle aktiven Policies, die auf die Anfrage passen und wertet diese aus.

Allgemeines Modell zur Formulieren von Zugriffsrechten

Als Basis dient das Modell von Ni et al. [Ni09], das für den Einsatz in der Überwachung erweitert wird. Es setzt sich aus den folgenden Grundmengen zusammen:

- Menge O von Objekten, über die Informationen gesammelt werden,
- Menge D der Attribute,
- Menge S von zugreifenden Subjekten,
- Menge G von Gründen für einen Zugriff,
- Menge A von Aktionen auf den Daten (Attributwerten),
- Menge V von Verpflichtungen, die vom System erfüllt werden,
- Menge B der Bedingungen, die zum Zugriffszeitpunk erfüllt sein müssen und
- Menge E der möglichen Entscheidungen.

Daraus können Zugriffsrechte konstruiert werden:

- Menge der personenbezogenen Daten $P \subseteq O \times 2^D$,
- Menge der Anfragen $F \subseteq P \times A \times 2^G \times 2^S$,
- Menge der Rand- und Systembedingungen $R \subseteq 2^V \cup 2^B$,
- Menge der Zugriffsbedingungen $Z \subseteq F \times R \times E$.

Es werden nur Policies in einer einfachen Form verwendet, d. h. es werden keine Policy Sets eingesetzt und jede Policy enthält nur eine Regel. Somit besteht eine Richtlinie aus zwei Blöcken: *Target* und *Rule*. Durch den Target-Block wird entschieden, ob eine Regel zum Request passt und angewendet wird.

Target enthält das Feld *Resource*, in dem sowohl Objekte O als auch Attribute D über Stringvariablen umgesetzt werden. Für Objekte mit dem Namen „ID“ und Attribute entsprechend durch „Attribut“. Es handelt sich hier um reine Bezeichner. Die Menge der Personenbezogenen Daten P kann nicht direkt abgebildet werden, da nur einfache Variablen möglich sind, d. h. eine Erweiterung auf hierarchische Variablen existiert [And05], wird aber in der Praxis nicht verwendet. Um Kompatibilität zu gewährleisten wird jedes $p \in P$ über mehrere Variablen kodiert. Nur wenn alle Variablen erfüllt sind, greift die Regel.

Für die Subjekte und Aktionen sieht XACML das Schlüsselwort *Subject* bzw. *Action* im Target Block vor. Zur Kodierung der Zugriffsgründe existiert eine Erweiterung [Mos05b], die noch nicht in freien Implementierungen umgesetzt wurde. Alternativ kann der Zweck über ein Resource Feld abgebildet werden, was nicht dem Standard entspricht. Wenn Dienste exklusiv einem Zweck zugeordnet werden können, kann der Zweck implizit über das Subjekt kodiert werden.

Der Rule Block beinhaltet Informationen, die sich nicht direkt auf die abgefragten Informationen beziehen. Im Feld *Obligation* können beliebige Verpflichtungen angeben werden. Ihre Durchsetzung liegt in der Verantwortung des zugehörigen PEP. Bedingungen werden durch das Schlüsselwort

Condition angegeben. Sie werden nach vorgegebener Syntax zu „true“ oder „false“ ausgewertet (Aufgabe des PDP). Zur Beschreibung der Entscheidungen wird das Feld *Effect* verwendet. Es lässt zwei Ausprägungen zu: erlauben (permit) oder verbieten (deny).

Zur Verdeutlichung wird das Modell zur Bildung von Zugriffsrechten für die Überwachung und die Umwandlung in XACML an einem einfachen Beispiel dargestellt. Sei folgendes Szenario gegeben:

- $O = \{13, 42\}$
- D = {Name, Position, Größe}
- S = {Dienst1, Dienst2}
- G = {Gebäudeüberwachung, statistische Auswertung}
- A = {lesen, schreiben}
- V = {Vorgang protokollieren}
- B = {Aktuelle Uhrzeit zwischen 8:00 und 20 Uhr}
- E = {erlauben, verbieten}

Im Szenario seien die folgenden Regeln gegeben.

Regel 1: Der schreibende Zugriff auf alle Namen ist verboten und ein Versuch wird protokolliert.

Regel 2: Dienst 1 darf den Namen und Position von Objekt 13 zwischen 8 und 20 Uhr lesen.

Diese führen zu den folgenden Zugriffsrechten:

z_{O13} = ((13,{Name}), schreiben, G, S),{Vorgang protokollieren}, verbieten)

z_{O42} = ((42,{Name}), schreiben, G, S),{Vorgang protokollieren}, verbieten)

z_{O13_N} = ((13 ,{Name}), lesen , G, {Dienst1}),$\emptyset$, erlauben)

z_{O13_P} = ((13,{Position}), lesen, G, {Dienst1}),$\emptyset$, erlauben)

Für jedes Objekt in Regel 1 muss ein Zugriffsrecht erstellt werden. Die Anzahl der benötigen Vorgaben steigt somit linear mit den Objekten. Abbildung 6.3 zeigt den Aufbau der dazugehörigen XACML Regeln. Zur besseren Lesbarkeit wird abstrahiert, die zugehörigen textuellen Beschreibungen befinden sich im Anhang Abschnitt C.

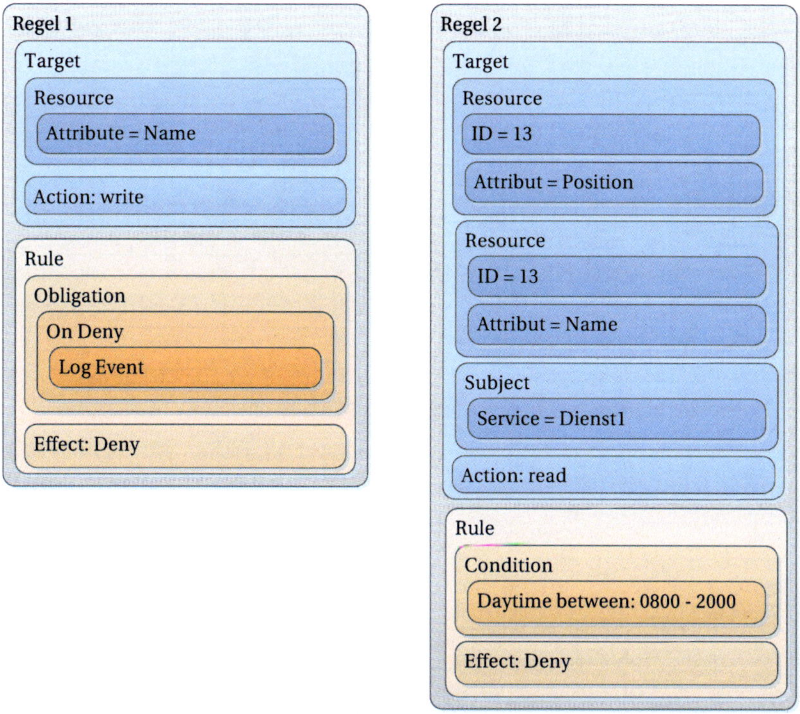

Abbildung 6.3.: Regel 1 und Regel 2 als XACML Policies

6.3.3. Konfliktvermeidung

In der Intelligenten Überwachung können verschiedene Quellen für Policies existieren. Ein Überwachungssystem an einem Flughafen stellt beispielsweise eigene Regeln bereit, um generelle Anforderungen zu erfüllen (z. B. Überwachung von Airlinemitarbeitern nur außerhalb der Arbeitszeiten). Mitarbeiter können speziellere Regeln festlegen ebenso wie Passagiere. Mit einer steigenden Anzahl von Policies steigt das Konfliktpotential und Methoden zur Auflösung werden benötigt.

Viele Ansätze existieren, die Konflikte detektieren [Mon07, Cup01] und diese dem Anwender anzeigen, sodass er sie beseitigen kann. In einem Überwachungssystem ist das nicht möglich, da dies den Betreiber bei vielen Personen/Konflikten schlicht überlastet.

Ein anderer Ansatz ist automatisierte Konfliktbehebung durch das Überwachungssystem. Der XACML Standard sieht dafür vier Strategien vor. Bei *First-Applicable* wird der Policyspeicher durchsucht, bis eine anwendbare Richtlinie gefunden wird. Diese wird durchgesetzt. Bei Verwendung der *Only-One-Applicable* Strategie wird geprüft, ob nur genau eine gültige Richtlinie existiert, sodass die Auswertung unabhängig von der Reihenfolge ist. Bei mehreren gültigen Regeln wird keine Entscheidung getroffen. Die einzigen Algorithmen, die Konflikte in beschränkter Form verarbeiten sind *Deny-Override* und *Permit-Override*. Hier setzt sich bei mehreren gültigen Policies immer Deny bzw. Permit durch. Neue Ansätze versuchen Konflikte intelligenter zu lösen [Ben03, Syu05], beispielsweise durch *Role-Hierarchy-Override*. Hier werden Rollen verwendet, denen Hierarchiestufen zugeordnet sind. Regeln einer höheren Stufe sind dominant. Durch Hierarchien können viele Strukturen abgebildet werden.

Ein offenes Problem ist das Überschreiben von Regeln. Wenn das Überwachungssystem die höchste Priorität hat, sind die Regeln der Betroffenen wirkungslos, sobald das System eine Standardregel verwendet. Umgekehrt könnten die Betroffenen sich über Anforderungen des Systems hinwegsetzen und Überwachung deaktivieren, was in vielen Fällen dem Systemzweck widerspricht. Daraus resultieren zwei Anforderungen an Strategien:

1. Es müssen mehrere Hierarchiestufen möglich sein. Höher eingestufte Policies sind dominant.

2. Ausgewählte Richtlinien müssen von niedriger eingestuften Richtlinien überschreibar sein.

Ausgehend von den Anforderungen wird ein *Priority-Deny-Override-OptOut* Algorithmus, basierend auf Role-Hierachry, vorgeschlagen. Policies haben Prioritätsstufen. Höher klassifizierte sind dominant. Bei mehreren auf der gleichen Stufe wird der Zugriff unterbunden, falls eine diesen verbietet. Weiterhin werden Policies um eine *OptOut* Option erweitert. Wenn diese aktiv ist, kann eine Policy von einer niedriger eingestuften überschrieben werden. Der Algorithmus sucht alle anwendbaren Richtlinien und wertet sie nach den folgenden Schritten aus:

1. Richtlinien mit gesetztem OptOut werden durch Policies ohne OptOut überschrieben.

2. Bei identischem OptOut Wert, greift die höher eingestufte Regel.

3. Bei gleichem Prioritätswert wird der Zugriff verweigert, falls mindestens eine Regel dies fordert.

4. Wenn keine Entscheidung getroffen werden kann, wird der Zugriff verweigert.

Algorithmus 1 stellt das Vorgehen in Pseudocode dar. Er ermöglicht es in einem Überwachungssystem eine Menge an Standardregeln festzulegen. Diese können von Betroffenen überschreiben werden, wenn sie nicht im Konflikt mit dem berechtigten Interesse des Betreibers stehen.

Nachdem es nun möglich ist, Policies zu priorisieren und zu überschreiben, müssen Hierarchiestufen gebildet werden. Dabei wurden drei Quellen für Anforderungen identifiziert:

1. Rechtliche Datenschutzvorgaben,

2. Systemrichtlinien,

Algorithmus 1 Priority-Deny-Override-OptOut

Eingabe: Menge der anwendbaren Richtlinien P
Ausgabe: Zugriffsentscheidung $z \in \{deny, permit, error\}$

```
prioDeny ← 0; prioPermit ← 0
prioDenyOptOut ← 0; prioPermitOptOut ← 0
while P ≠ ∅ do
    p ← getPolicy(P); P ← P \ p
    if getDecision(p) = deny then
        if isOptOutEnabled(p) then
            if prioDenyOptOut < getPriority(p) then
                prioDenyOptOut ← getPriority(p)
            end if
        else if prioDeny < getPriority(p) then
            prioDeny ← getPriority(p)
        end if
    else if getDecision(p) = permit then
        if isOptOutEnabled(p) then
            if prioPermitOptOut < getPriority(p) then
                prioPermitOptOut ← getPriority(p)
            end if
        else if prioPermit < getPriority(p) then
            prioPermit ← getPriority(p)
        end if
    else
        return error
    end if
end while
if prioDeny ≥ prioPermit and prioDeny ≠ 0 then
    return deny
else if prioPermit ≠ 0 then
    return permit
else if prioDenyOptOut ≥ prioPermitOptOut and prioDenyOptOut ≠ 0
  then
    return deny
else if prioPermitOptOut ≠ 0 then
    return permit
end if
return deny
```

3. Persönliche Einstellungen der Nutzer.

Die drei Ebenen lassen sich in eine Hierarchie bringen (siehe Abbildung 6.4). Die rechtlichen Anforderungen greifen für alle Betroffenen. Systemanforderungen, die spezifischeres Verhalten angeben, können für alle Betroffenen oder auch für Gruppen gelten. Persönliche Anforderungen gelten nur für den festlegenden Nutzer. Genau umgekehrt verhält sich der Grad der Detaillierung.

Durch die logische Trennung, kann das System sehr flexibel angepasst werden. Für den Einsatz in einem anderen Land müssen lediglich die gesetzlichen Vorgaben verändert werden. Gleiches gilt für Anpassungswünsche von Betreibern und Einzelpersonen.

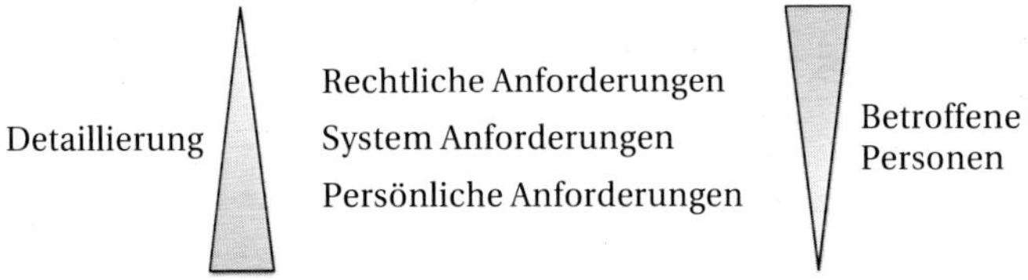

Abbildung 6.4.: Hierarchie von Datenschutzrichtlinen

Rechtliche Vorgaben haben die höchste Priorität. Hier sind Regelungen einzugruppieren, die alle Personen innerhalb des Systems betreffen. So dürfen auf einem Flughafen, beispielsweise keine Informationen aus den Toilettenräumen angezeigt werden. Auf Systemebene kann der Betreiber die Einstellungen rollen- und ortsspezifisch anpassen, sodass Mitarbeiter von Airlines nur außerhalb ihres Schalterbereichs visualisiert werden. Durch die persönlichen Einstellungen können Überwachte das System nach individuellen Vorgaben adaptieren, z. B. kann sich ein Passagier sein Gepäck beobachten lassen.

6.3.4. Eine Architektur zur Umsetzung von Datenschutzrichtlinien

Die Module zur Prüfung und Durchsetzung der Policies für Nutzer- und Betreiberdienste, die im Privacy Manager umgesetzt werden, folgen dem Framework für Policy basierte Zugriffskontrolle [Yav00, Wes01]. Dabei werden drei Komponenten zur Durchsetzung verwendet. Der *Policy Enforcement Point (PEP)* agiert als Schnittstelle nach außen zu den Diensten. Er nimmt die Datenanfragen entgegen, wandelt diese in XACML Anfragen um und sendet diese an den *Policy Decision Point (PDP)* weiter. Der PDP nimmt diese entgegen, ruft die anwendbaren Policies vom *Policyspeicher* ab, überprüft sie und schickt die Entscheidung zurück an den PEP. Dieser setzt die Entscheidungen um und sendet die bearbeiteten Daten an den anfragenden Dienst. Der Ablauf wird in Abbildung 6.5 skizziert.

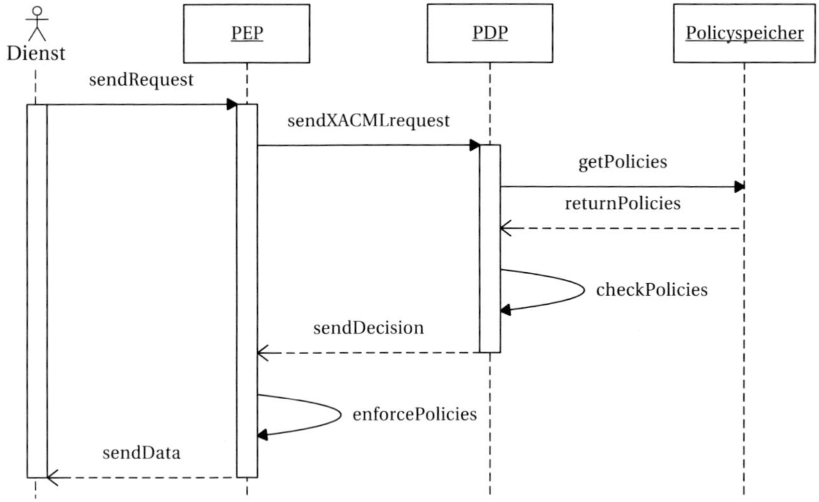

Abbildung 6.5.: Ablauf von Datenanfrage

Zur Umsetzung im System müssen die Policies an einer zentralen Stelle (Policyspeicher) verwaltet werden oder es muss zumindest der Zugriff über eine zentrale Stelle möglich sein.

Entscheidend für das erreichte Schutzniveau ist die Granularität der Daten und Dienste. Kann eine zehnminütige Videosequenz nicht in kleinere Blöcke geteilt werden, lässt sich auch der Zugriff nicht feiner regulieren. Gleiches gilt für Dienste, je präziser und knapper die Leistungsfähigkeit ist, desto genauer lassen sich Richtlinien beschreiben.

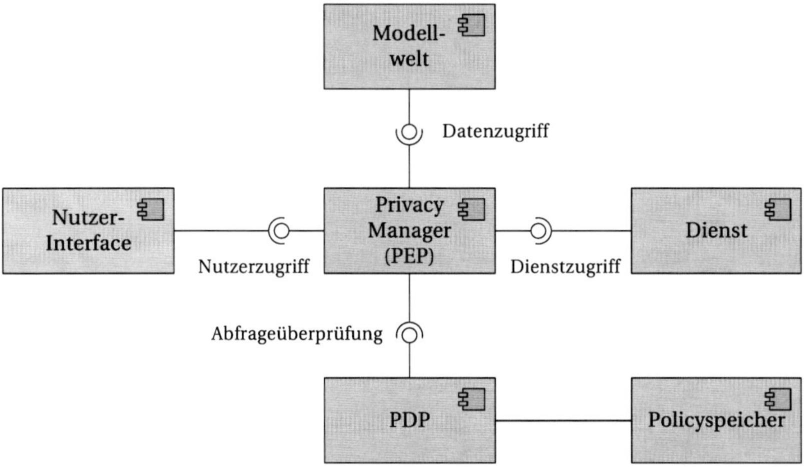

Abbildung 6.6.: Verarbeitung von Policies im Privacy Manager

Abbildung 6.6 zeigt auf, wie Datenschutzrichtlinien in einem System nach PbD verarbeitet werden. Dafür wurde die in Abbildung 6.5 dargestellte Architektur für den Einsatz in intelligenten Überwachungssystemen erweitert.

Modellwelt, Privacy Manager und PEP

Die Modellwelt fungiert als zentraler Datenspeicher, bietet jedoch keine Schnittstelle für Benutzer- und Betreiberdienste. Nur der Privacy Manager, bzw. der im PM verankerte PEP ist autorisiert auf die gespeicherten Daten zuzugreifen und sichert den Zugriff nach außen ab. Dienste greifen über das *Dienstzugriff* Interface zu. Der PEP fordert Modellweltdaten über das

Datenzugriff Interface an. Die Überprüfung von Policy Anfragen wird über die *Anfrageüberprüfung* Schnittstelle an den PDP weitergereicht.

Nutzerzugriff

Durch das Nutzerinterface können Applikationen der Benutzer auf den Privacy Manager zugreifen, um Richtlinien zu verwalten und einzusehen. Hierfür ist eine Authentifikation notwendig. Darüber hinaus kann über die gleiche Schnittstelle auch Einsicht und Änderung der im System gespeicherten Daten vorgenommen werden.[203] Abbildung 6.7 zeigt die technische Realisierung als Java™ Servlet. Neben zwei Reitern zur Einsicht der gespeicherten Daten und zugreifenden Diensten zeigt der dritte Reiter aktive Policies an. Dabei kann der Nutzer sehen, welche Policies aktiv sind und welche optionalen Richtlinien er (de-)aktivieren kann. Die Kommunikation, wird über das Simple Object Access Protocol (SOAP)[204] realisiert, das für die anderen Komponenten der Architektur ebenfalls zum Einsatz kommt.

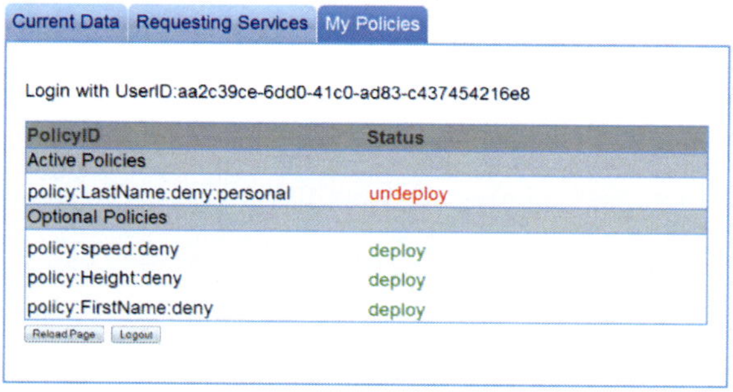

Abbildung 6.7.: Nutzer Interface zur Richtlinienverwaltung [Kre11]

203 Umsetzung der Transparenz und aktive Nutzung des Systems wird ausführlich in Abschnitt 6.6 dargestellt.

204 http://www.w3.org/TR/soap12-part1/

Dienstzugriff

Wenn ein Nutzer- oder Betreiberdienst Daten aus der Modellwelt anfragt, muss er sich am Privacy Manager anmelden. Nach erfolgreicher Authentifikation übermittelt er an den PEP seinen Auftrag und fragt für diesen Daten an. Wenn er nicht berechtigt ist die angefragten Daten zu erhalten, antwortet der PEP mit einer entsprechenden Meldung.

Durchsetzung der Richtlinien

Nachdem der PEP eine Anfrage an die Modellwelt weitergeleitet hat, antwortet diese mit einer Liste der angefragten Objekte, ihren Attributen und zugehörigen Werten. Aus allen Attributen generiert der PEP Anfragen im XACML Format, die er an den PDP versendet, der seine Zugriffsentscheidungen ermittelt und zurücksendet. Zur Durchsetzung anonymisiert (siehe Abschnitt 6.4) und entfernt der PEP die Objekte und Attribute entsprechend der vorliegenden Richtlinie. Abschließend werden die Daten an den anfragen Dienst übermittelt.

Policy Decision Point und Policyspeicher

Zur technischen Umsetzung wurde auf dem HERAS^{AF} Framework aufgebaut. Der Policyspeicher konnte ohne Anpassung verwendet werden. Der PDP wurde um den in Abschnitt 6.3.3 dargestellten Priority-Deny-Override-OptOut Algorithmus erweitert.

6.3.5. Einsatz von Richtlinien im Buddy Finder

Zur Gewährleistung von Datensicherheit, Zweckbindung und Datenminimierung sind Zugriffs- bzw. Datenschutzrichtlinien im gesamten System einzusetzen. Im Folgenden wird anhand des „Buddy Finders“ aufgezeigt, wie Policies in einem Überwachungssystem nach PbD einzusetzen sind.

Abbildung 6.8 zeigt zwei Screenshots aus der „Airport App“, unter der verschiedene Nutzerdienste zusammengefasst sind. Der Nutzer, hier Hans, kann festlegen, wer in welcher Form seine Position sehen kann (Teil (a) der Abbildung). Herbert hat z. B. die Berechtigung die Position nach einer Anonymisierung zu sehen. Ihm wird nur ein Rechteck angezeigt, das Hans und mindestens zwei weitere Personen umfasst (k-Anonymity mit $k = 3$, Details zur Anonymisierung im Buddy Finder werden in Abschnitt 6.4 dargestellt). Abbildung 6.8 (a) zeigt noch Einstellungen für weitere Freunde. So ist die Position für Daniel nicht freigegeben, für Erik wird ein dynamisches Verfahren verwendet, das die Anonymisierung an abhängig zum Abstand durchführt (siehe Abschnitt 6.4.7). Im Gegensatz zu Abbildung 6.7 wurde hier Wert darauf gelegt, dass der Nutzer in der Lage ist, Policies zu setzten und zu verstehen. Entsprechend werden Namen anstelle von IDs verwendet und auch die zugrunde liegende XML Syntax bleibt dem Nutzer verborgen. Teil (b) zeigte eine nicht erfolgreiche Positionsanfrage. Der gesuchte Freund hat seine Position nicht freigegeben und dem Nutzer wird nur eine leere Karte visualisiert.

Abbildung 6.9 stellt die Policy zu Abbildung 6.8 (a) dar. Hier hat der Nutzer Hans festgelegt, dass Herbert sein Positionsdaten in anonymisierter Form sehen darf. Er legt die Richtlinie in seiner Airport App fest und sendet sie über die Nutzerzugriff Schnittstelle an den Privacy Manager, der diese an den PDP weitergibt. Wenn Herbert auf die Positionsdaten über seinen Buddy Finder zugreifen möchte, erhält der PEP die Entscheidung vom PDP und passt die Position vor der Rückgabe entsprechend an. Der vollständige XACML Code zur Policy befindet sich in Anhang C.3.

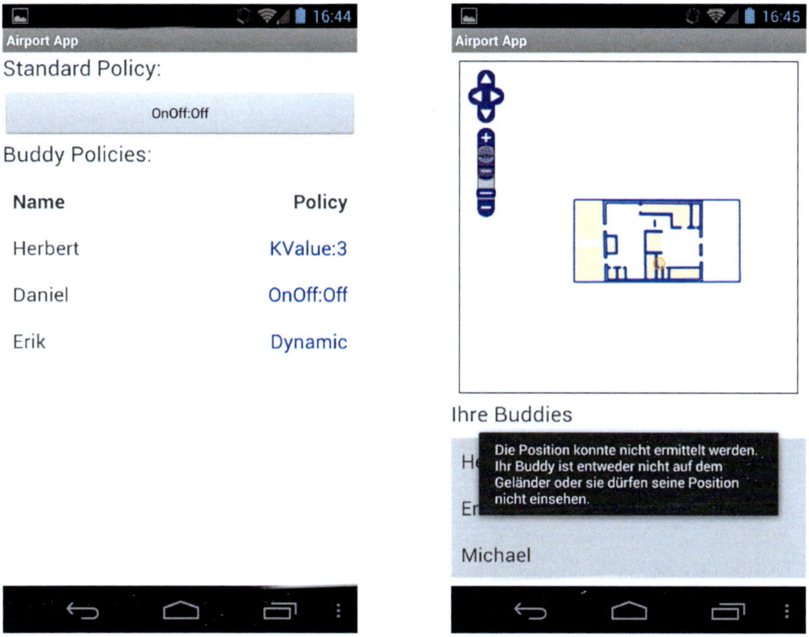

(a) (b)

Abbildung 6.8.: Polices für den Buddy Finder

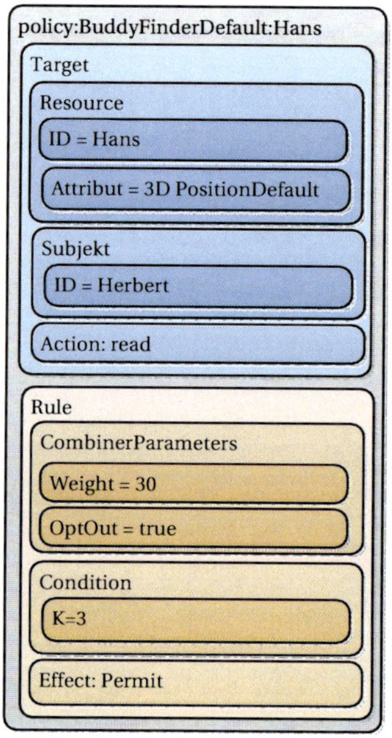

Abbildung 6.9.: Buddy Finder Richtlinie für Nutzer Hans

6.4. Anonymisierung

§ 3a des BDSG fordert Anonym- oder Pseudonymisierung, insofern es der Verwendungszweck zulässt. Ein intelligentes Überwachungssystem muss diese Möglichkeit bieten. Die meisten Ansätze beschränken sich auf das Abstrahieren im Videostrom und das Ausblenden von sensiblen Daten (siehe Kapitel 2). Neben der Beschränkung auf Videodaten existiert keine Möglichkeit das Niveau der Anonymisierung allgemein anzugeben.

6.4.1. Anonymisierung in der Überwachung

Moderne Überwachungssysteme können über unterschiedliche Datenquellen eine Vielzahl von Informationen sammeln (siehe hierzu auch Kapitel 5). Generelles Ziel der Datensammlung in den meisten Systemen ist es, Objekte bestmöglich zu beschreiben und unterscheiden zu können. Hinzu kommen weitere Attribute, die für den jeweiligen Einsatzzweck relevant sind. Typische Attribute sind: Position, Größe, Farbe(n), Geschlecht, usw. Um gruppenbezogene Datenschutzrichtlinien durchzusetzen, muss ein Objekt auch als „Typ“ klassifiziert werden (z. B. Kunde, Mitarbeiter der IT, Roboter, etc.). Ebenso ist es denkbar, dass beispielsweise die Blickrichtung von Personen erfasst wird, um die Anordnung von Produkten zu beurteilen.[205]

Datenrepräsentation

Durch die abstrakte Datenrepräsentation in der Modellwelt ist es möglich, generelle Ansätze zur Anonymisierung zu verwenden. Die Modalität der Datenaufnahme wirkt nicht mehr limitierend, z. B. ist die Beschränkung auf Verpixelung zur Anonymisierung von Videodaten aufgehoben. Prinzipiell können alle in der Modellwelt gespeicherten Informationen in Tabellen überführt werden. Dadurch sind existierende Metriken anwendbar, um den

205 Eine Firma, die Produkte dafür vertreibt, ist Videmo, eine Ausgründung des KIT.

Grad der Anonymisierung eines Datensatzes zu beschreiben. Im Folgenden wird angenommen, dass die Daten in Tabellenform vorliegen.

Grundlegende Methoden zur Anonymisierung

Grundsätzlich existieren drei Möglichkeiten, ein Datentupel in der Überwachung zu anonymisieren. Es können Daten (Dummyeinträge) hinzugefügt, gelöscht oder verändert werden. Zur Veränderung stehen verschiedene allgemeine Verfahren zur Verfügung. Das bekannteste ist die Generalisierung [Sam98], bei der Attributwerte auf eine allgemeine Form gebracht werden, sodass Werte unterschiedlicher Tupel identisch sind. Beim Verwürfeln (Scrambling) werden einzelne Ziffern von Attributwerten vertauscht. Im Gegensatz dazu werden bei einer Permutation Attributwerte zwischen Tupeln permutiert. Dadurch bleibt der Informationsgehalt innerhalb eines Tupels erhalten, während die Zuordnung aufgelöst wird [Zha07]. Weiterhin können Attributwerte gezielt oder ungezielt verrauscht werden. Letzteres kann den Informationsgehalt stark reduzieren ohne zu anonymisieren. Abschließend ist es noch möglich, Daten auf verschiedene Tabellen aufzuteilen [Xia06].

6.4.2. Begriffe und Metriken für die Überwachung

Neben den wichtigen Begrifflichkeiten werden folgend die verwendeten Metriken vorgestellt. Für detaillierte Angaben wird auf die angegebene Literatur verwiesen.

Grundlegende Definitionen

Gegenstand der Anonymisierung ist ein Datensatz der Modellwelt D, der einem Betreiber- oder Nutzerdienst als veröffentlichter Satz V zur Verfügung gestellt wird, bzw. D_T und V_T wenn diese durch Tabellen gegeben sind. Die verwendeten Definitionen basieren auf Begrifflichkeiten in relationalen Datenbanken [Swe02b].

Definition 1 (Poplulation) Die Population von natürlichen Personen Ω zu einer Tabelle $T = \{t_1, t_2, ..., t_n\}$ umfasst alle natürlichen Personen p_i, die zu einem Element t_k in T führen können. $\square$

Definition 2 (Attribut) $A = \{A_1, ..., A_m\}$ ist die endliche Menge der Attribute in einer Tabelle $T(A_1, ..., A_m)$ mit einer endlichen Anzahl an Tupeln. $\square$

Mit $T(A_1, ..., A_m)$, $\{A_i, ..., A_j\} \subseteq \{A_1, ..., A_m\}$ und einem Tupel $t \in T$, wird Folgendes definiert:

- $t[A_i, ..., A_j]$ die Folge der Werte von $A_i, ..., A_j$ in t,
- $T[A_i, ..., A_j]$ die duplikaterhaltende Projektion der Werte $A_i, ..., A_j$ in T und
- $|T|$ die Kardinalität, d. h. die Anzahl der Tupel in T [Sam98].

Die Anonymität einer Tabelle ist von der Relevanz der Attribute abhängig. Wenn ein Attribut ein Individuum eindeutig identifizieren kann, ist es ein Expliziter Identifier *EI*.

Definition 3 (Expliziter Identifier) Gegeben sei Ω, $T(A_1, ..., A_m)$, sowie $f_c : \Omega \to T$ und $f_g : T \to \Omega'$ mit $\Omega \subseteq \Omega'$. Dann ist ein Expliziter Identifier von T EI_T ein Attribut $A_i \in \{A_1, ..., A_m\}$ für das gilt: es existiert ein $p_i \in \Omega$ sodass $f_g(f_c(p_i)[EI_T]) = p_i$. $\square$

Neben dem *EI* gibt es auch einen Quasi Identifier *QI*, der eine Menge von Attributen darstellt, die zusammen identifizierend wirken.

Definition 4 (Quasi Identifier) Gegeben sein Ω, $T(A_1, ..., A_m)$, sowie $f_c : \Omega \to T$, $f_g : T \to \Omega'$ mit $\Omega \subseteq \Omega'$. Dann ist ein Quasi-Identifier QI_T eine Menge von Attributen $\{A_i, ..., A_j\} \subseteq \{A_1, ..., A_m\}$, für die gilt: es existiert ein $p_i \in \Omega$, sodass $f_g(f_c(p_i)[QI_T]) = p_i$ [Swe02a, Dal86]. Ein Attribut $A_i \in QI_T$ wird als Quasi-Identifier Attribut *QIA* bezeichnet. $\square$

Definition 5 (Quasi-Identifier Äquivalenzklasse) Die Gleichheit der Werte der *QIA* bildet eine Äquivalenzrelation über der Menge der Tupel in $t \in T$.

Eine Quasi-Identifier Äquivalenzklasse *QI-EC* ist eine Menge von Tupeln $t \in T$ mit identischen *QIA*-Werten.[Won09] □

Anonymität und *EI* schließen sich aus. Ob ein *QIA* sich negativ auf die Anonymität auswirkt, ist vom Hintergrundwissen des Angreifers abhängig, das von ihm mit den herausgegeben Daten verknüpft werden kann [Sam01]. Ihre Veröffentlichung ist zu kontrollieren [Sam98]. Eine Zuordnung zwischen einem Tupel und einem Individuum ist nur kritisch, wenn dadurch vorher nicht bekannte Attribute offenbart werden. Als Angreifer *Adv* wird jemand bezeichnet, der auf eine Tabelle zugreift, für die er keine Berechtigung hat.

Definition 6 (Hintergrundwissen eines Angreifers) Das Hintergrundwissen eines Angreifers *Adv* sei mit K_{Adv} bezeichnet. Sein Hintergrundwissen kann eine externe Tabelle T_K oder die Kenntnis der Verteilung der Werte von Attributen in Ω beinhalten. □

Definition 7 (Sensitives Attribut) Ein sensitives Attribut *SA* sei ein Attribut, dessen Wert ein Angreifer *Adv* nicht erfahren darf [Mac07]. □

Sensitive Attribute können z. B. besondere personenbezogene Daten, wie die ethnische Herkunft, nach §3 IX BDSG sein.

Basierend auf diesen Begrifflichkeiten werden die relevanten Verfahren zur Anonymisierung vorgestellt.

Anonymity Set Size

Die Anonymity Set Size dient als Grundlage vieler Metriken zur Bestimmung des Anonymisierungsgrads. Sie besagt, dass ein Individuum in einer Gruppe nicht von den andern Gruppenteilnehmern unterschieden werden kann. Die Gruppe wird als Anonymity Set und die Gruppengröße als *Anonymity Set Size* bezeichnet [Kel08]. Das heißt, ein Tupel $t \in T$ kann zu mindestens k Individuen $p_i \in \Omega$ in Bezug gesetzt werden.

Problematisch an der Metrik ist, dass keine unterschiedlichen Wahrscheinlichkeiten für Zuordnung der p_i zu t berücksichtigt werden können. Die Entropie einer Verteilung P kann als Anzahl der Bits interpretiert werden, die ein Angreifer an zusätzlicher Information benötigt, um ein Tupel einem Individuum zuzuordnen [Ser03]. Davon ausgehend wurden entropiebasierte Ansätze entwickelt [And08, Bez07, FH01].

k-Anonymity

Durch die Kombination von öffentlich verfügbarem Wissen und einem Quasi-Identifier kann die Anonymität in einem Datensatz aufgehoben werden. Die Idee hinter k-Anonymity [Sam98] ist der Anonymity Set Size ähnlich. Bei der Betrachtung einer Tabelle und der zugehörigen Population, ergibt sich das k-Anonymity Requirement:

Definition 8 (k-Anonymity Requirement) In jeder Veröffentlichung muss jede Kombination von Werten von Quasi-Identifiern ununterscheidbar mindestens k Individuen zugeordnet werden können. □

Dafür wird vorausgesetzt, dass bekannt ist, wie viele Individuen aus der Population einem Tupel zugeordnet werden können. Da dies bei der anonymisierenden Stelle nicht immer bekannt ist, wird die folgende Definition verwendet, die nur auf den veröffentlichten Daten beruht.

Definition 9 (k-Anonymity) Sei $T(A_1, ..., A_m)$ eine Tabelle und sei QI_T ein zugehöriger Quasi-Identifier. T erfüllt k-Anonymity in Bezug auf QI_T genau dann, wenn für jedes Tupel $t \in T$ k-1 andere Tupel $t_{i_1}, t_{i_2}, ..., t_{i_{k\;1}} \in T$ existieren, sodass für alle $QI \in QI_T : t[QI] = t_{i_1}[QI] = t_{i_2}[QI] = ... = t_{i_{k-1}}[QI]$. □

Die Quasi-Identifier müssen hierfür nach wie vor bekannt sein. Zudem wird angenommen, dass für jedes Individuum aus Ω höchstens ein Tupel existiert.

Es existieren verschiedene Erweiterungen zur Verbesserung der k-Anonymität. So fordert (k,e)-Anonymity einen gewisse Breite im Wertebereich sensitiver Attribute [Zha07]. Ebenso gibt es eine Erweiterung für ortsbasierte Dienste, um die Verknüpfung von Positionsdaten zu unterbinden [Mas09].

l-Diversity

k-Anonymity garantiert, dass jede *QI-EC* mindestens k Elemente enthält, berücksichtigt aber keine sensitiven Attribute. So kann ein Angreifer bei einer ungünstigen Werteverteilung in der Äquivalenzklasse auf Attributwerte von bestimmten Individuen schließen.

Es wird angenommen, dass jedes Individuum aus Ω in höchstens einem Tupel t vorkommt, und dass die sensitiven Attribute *SA* bekannt sind.

Definition 10 (l-Diversity Prinzip) Eine *QI-EC* einer Tabelle T ist l-divers, wenn für *SA* mindestens l wohlrepräsentierte Werte existieren. T ist l-divers, wenn alle *QI-EC* l-divers sind. □

Wohlrepräsentiert wird dabei über die Ausprägungen des Prinzips genauer definiert. Eine Form ist das Simple l-Diversity Prinzip.

Definition 11 (Simple l-Diversity Prinzip) T erfüllt Simple l-Diversity, wenn für jede Äquivalenzklasse *QI-EC* von T gilt: $\frac{r_1}{\sum_{i=1}^{m} r_i} \leq \frac{1}{l}$. Dabei ist r_i die Häufigkeit mit der der i-häufigste sensitive Wert in dieser Äquivalenzklasse vertreten ist und m die Anzahl unterschiedlicher Werte von *SA* in *QI-EC*. □

Neben der genannten werden in [Mac07] noch weitere Ausprägungen beschrieben.

t-Closeness

Durch das t-Closeness Prinzip wird sichergestellt, dass die Verteilung der sensitiven Attribute innerhalb aller *QI-EC* in T in etwa der Verteilung der Gesamttabelle entspricht [Li07].

Definition 12 (t-Closeness Prinzip) Eine *QI-EC* erfüllt t-Closeness, wenn die Distanz zwischen der Verteilung eines sensitiven Attributs in *QI-EC* und der Verteilung des Attributs in der gesamten Tabelle T unter oder gleich einer Schranke t bleibt. Eine Tabelle T erfüllt t-Closeness, wenn alle *QI-EC* t-Closeness erfüllen. □

t-Closeness ist in Tabellen mit wenigen, ungleich verteilen Attributen leichter herzustellen als l-Diversity. Für große Tabellen kann das (n,t)-Closeness Principle angewendet werden, in dem nur eine echte Obermenge O von $QI\text{-}EC$ anstelle von T betrachtet wird, die mindestens n Elemente hat.

Differential Privacy

Differential Privacy [Dwo06] garantiert, dass das Hinzufügen oder Entfernen eines einzelnen Datensatzes in einer Datenbank keine signifikante Auswirkung auf das Ergebnis einer Anfrage hat.

Definition 13 (ε-differential Privacy) Eine Funktion K erfüllt ε-differential Privacy, wenn für alle Datenmengen D_1 und D_2, die sich nur um genau ein Element unterscheiden und $S \subseteq Bereich(K)$,

$$\frac{\Pr[K(D_1) \in S]}{\Pr[K(D_2) \in S]} \in [1-\varepsilon, 1+\varepsilon],$$

gilt, wobei $Bereich(K)$ den Wertebereich der Funktion K bezeichnet. □

Weitere Verfahren

Die m-Confidentiality [Won09] bezieht das Hintergrundwissen eines Angreifers ein, und stellt eine stärkere Anforderung als l-Diversity dar. Die m-Invariance [Xia07] beschreibt Anonymität für wiederholt veröffentlichte Daten unter Berücksichtigung von Löschen und Einfügen. Konträr zu den anderen Metriken, betrachtet δ-Presence [Ner07] nicht wie gut ein Tupel innerhalb einer Tabelle zugeordnet werden kann, sondern ob sich ein bestimmtes Individuum in der Tabelle befindet.

Zudem existieren verschiedene Bayes-optimale Privacy [Mac07] Definitionen, deren Ziel es ist, dass ein Angreifer Adv aus einer veröffentlichten Tabelle möglichst wenig lernt, was über sein Hintergrundwissen K_{Adv} hinausgeht. Sie besitzen verschiedene Nachteile, auf Grund derer Bayes-optimal Privacy nicht in der Praxis verwendet werden kann [Mac07], z. B. ist K_{Adv}

i. d. R. nicht bekannt. Ebenso kann die Definition nicht verwendet werden, wenn K_{Adv} nicht wahrscheinlichkeitstheoretisch modelliert werden kann.

Klassifikation und Auswahl der betrachteten Daten

Wie bereits geschildert, können eine Vielzahl von Daten bzw. Attributen in einem Überwachungssystem erfasst werden. Wenn Auskunft über ein Objekt erteilt wird, sind Attribute zu streichen oder zu generalisieren. Die Verwendung von Dummyeinträgen ist gefährlich, wenn ein System der öffentlichen Sicherheit dient. Dafür ist zu beantworten, wie die einzelnen Daten zu klassifizieren sind.

Soll eine Veröffentlichung vollständig anonymisiert werden, ist jedes Attribut als ein sensitives Attribut zu betrachten. Wenn für einen Angreifer ein Attribut bezüglich eines Individuums erfahrbar wird, handelt es sich um ein personenbezogenes Datum.

Als expliziter Identifier sind alle eindeutig identifizierenden Merkmale zu betrachten. In einem intelligenten Überwachungssystem sind das intern verwendete Bezeichner (IDs).[206] In der in Kapitel 4 vorgestellten Architektur werden Objekt-IDs in der Modellwelt verwendet. Die Bestimmung von Quasi-Identifiern ist schwierig, da das Hintergrundwissen eines Angreifers schwer abzuschätzen ist. Durch eine Kombination von Position und Größe kann unter Umständen auf ein Individuum geschlossen werden. Ebenso kann eine Folge von Positionsdaten ebenfalls zur Identifikation eines Individuums führen. In den meisten Arbeiten zur Anonymisierung wird angenommen, dass Quasi-Identifier und sensitive Attribute disjunkt sind [Sam98, Mac07, Zha07]. Dies gilt in der Überwachung nicht.

Positionsdaten verlangen eine intensivere Betrachtung, da die Position der überwachten Objekte für die meisten Überwachungsaufgaben relevant ist und sie entsprechend häufig für alle Zwecke verwendet werden. Neben der häufigen Nutzung weisen Positionsdaten besondere Eigenschaften auf. Zum

206 Daneben können weitere existieren, je nach Ausprägung des Systems. Biometrische Templates sind beispielsweise ebenfalls ein *EI*.

einen sind sie zugleich Quasi-Identifier und sensitives Attribut. Zum anderen haben Positionsdaten eine besondere Semantik, durch die eine numerische Anonymisierung erschwert wird. Der semantische Informationsgehalt wird durch eine geringfügige Vergröberung um Zentimeter oder wenige Meter nicht verändert. Weiterhin kann Hintergrundwissen den Informationsgehalt stark beeinflussen, z. B. über die Funktion bestimmter Räume.

Aus diesen Gründen werden im Folgenden Positionsdaten genauer betrachtet. Es existiert eine Vielzahl von Ansätzen im Bereich der Location Based Services (LBS), die allerdings nicht übertragbar sind. Bei Nutzung von LBS werden Anfragen mit Positionsdaten an die LBS-Anbieter gesendet. In der Überwachung, werden zwar ebenfalls Anfragen gestellt, allerdings vom Überwachenden an das System. Es gilt also nicht die Anfrage zu anonymisieren, sondern die Informationen, die an den Überwacher zurückgegeben werden. Folglich werden neue Konzepte benötigt.

Bewertung der Metriken

Grundsätzlich sind alle vorgestellten Metriken auf Positionsdaten anwendbar. Bei der Auswahl sind die genannten Besonderheiten zu berücksichtigen, bzw. die Metriken sind entsprechend zu modifizieren.

Es bietet sich an, ein erprobtes und einfaches Maß zu verwenden, die k-Anonymity. In [Gru03] wird das Verfahren auf Positionsdaten angewendet. Dabei muss eine Positionsangabe mindestens k Personen umfassen. Das entspricht der Definition des Anonymity Sets und erfüllt k-Anonymity sowie das k-Anonymity Requirement.

In [Bet05] werden bestimmte räumlich-zeitliche Muster als identifizierend betrachtet. Innerhalb eines Musters müssen sich mindestens k Personen befinden. Das Verfahren ist für den praktischen Einsatz in einem Überwachungssystem allerdings nicht geeignet, da die Muster nicht bei der Konzeption bzw. Installation einer Anlage bekannt sind.

Wenn viele Personen auf engem Raum zusammen kommen, ist der semantische Gehalt ihrer Positionen nahezu identisch, d. h. alle Tupel in einer Quasi-Identifier Äquivalenzklasse haben das gleiche Attribut. Wenn ein Angreifer weiß, wie sich ein bestimmtes Individuum verhält, kann er auch aus anonymisierten Positionsdaten Informationen folgern (Known User Attack [Mas09]) und z. B. eine exakte Postion bestimmen. Somit genügt k-Anonymity als Maß nicht. Durch die Verwendung von (k,e)-Anonymity könnte dies abgeschwächt werden. Da die Wahl des Parameters e beliebig ist und nicht auf semantische Unterschiede eingeht, bietet sich der Einsatz nicht an.

Zur Lösung des Problems wird die Quasi-Identifier Eigenschaft und die Sensitivität getrennt. Dazu wird das Hilfsattribut *Raum* eingeführt. Durch eine eindeutige Zuordnung $f_h : (x, y) \rightarrow r$ wird einer Position (x, y) ein Raum r zugeordnet. Die Position behält die Quasi-Identifier Eigenschaft, während die sensitive Information in Raum übergeht. Die Position ist somit ein reiner Quasi-Identifier und die Ausgestaltung des semantischen Aussagehalts setzt am Raum an.

Im Allgemeinen sind zwei Metriken für die Ausdifferenzierung geeignet: l-Diversity und t-Closeness. Letztere basiert auf Verteilungen und entspricht damit den Forderungen an eine Anonymisierungsmetrik. Es sprechen allerdings verschiedene Nachteile gegen den Einsatz in der Überwachung. Bei der Observierung von Einzelobjekten entsteht genau eine Äquivalenzklasse, nämlich die des Objekts. Somit ist t-Closeness trivial erfüllt. Auch in anderen Fällen, in denen eine kritische Menge an Objekten nicht überschritten wird, ist t-Closeness nicht anwendbar. Zudem ist das benötigte Distanzmaß attributabhängig, was einen flexiblen Einsatz über Positionsdaten hinaus unterbindet.

Demzufolge wird l-Diversity als Metrik verwendet. Nachdem aufgezeigt wurde, welche Metriken sich für den Einsatz in einem intelligenten Überwachungssystem anbieten, wird ein Verfahren für die Überwachung entwickelt.

6.4.3. Untersuchung des Faktors Zeit

Bisherige Arbeiten berücksichtigen den Faktor Zeit nicht, obwohl dieser Anonymisierungsverfahren entscheidend beeinflussen kann.

Integration von Zeit in ein Überwachungssystem

Der Faktor Zeit kann in verschiedene Aspekte des Anonymisierungsprozesses eingebunden werden. Zwei Aspekte sind dabei mit wenig Aufwand in ein Überwachungssystem zu integrieren. Zum einen ist die *Abfragefrequenz* ϕ zu begrenzen, die einen Einfluss auf die Nachverfolgbarkeit der Individuen hat. Zum anderen kann eine *Latenz* λ integriert werden. λ ist die Zeit, die vergeht, bis das Überwachungssystem eine Anfrage beantwortet. Je größer λ ist, desto mehr zukünftige Positionen, können aus Sicht des Abfragezeitpunkts berücksichtigt werden.

Zuletzt kann die *zeitliche Abweichung* Δt des Beobachtungseindrucks variiert werden. Der Zeitpunkt der Beobachtung wird dabei mit reduzierter Genauigkeit zurückgegeben. Die Beobachtung wird damit um eine neue Dimension erweitert. Hier sind zwei grundsätzliche Varianten denkbar.

1. Die Zeit wird identisch zur räumlichen Dimension betrachtet, d.h. in einem Algorithmus zur Anonymisierung wird in jedem Schritt entschieden, ob in die Zeit oder im Raum anonymisiert wird. Was den größeren Gewinn bringt, wird gewählt.

2. Eine Anfrage kann immer für ein festes Intervall beantwortet werden, z. B. für $[t - \Delta t, t + \Delta t]$. Durch die Verwendung des Intervalls, ergeben sich verschiedene Möglichkeiten.

Für Variante 1 wird im Folgenden ein Algorithmus vorgeschlagen, der basierend auf k-Anonymity und l-Diversity, Positionsdaten in Raum und Zeit anonymisiert. Die verschiedenen Möglichkeiten von Variante 2 werden in Abschnitt 6.4.4 ebenfalls genauer untersucht.

Um die Betrachtung in zeitlicher Dimension durchführen zu können, müssen Daten in einer Historie temporär gespeichert werden. Dadurch erhöht sich die Menge der (temporär) im System vorliegenden Daten, zeitgleich wird dadurch die Qualität der Anonymisierung verbessert.

6.4.4. Von den Metriken zu konkreten Verfahren

Dieser Abschnitt leitet ein Anonymisierungsverfahren für Positionsdaten her, basierend auf den Anforderungen in der Überwachung.

Graphen- und rasterbasierte Anonymisierung

Grundsätzlich existieren zwei Herangehensweisen für die Anonymisierung von Positionsdaten. Es kann ein *graphenbasierter* Ansatz verwendet werden, in dem die Objekte als Knoten repräsentiert sind und die Kanten, bzw. deren Gewicht die Entfernungen zwischen den Objekten repräsentieren. Alternativ kann ein *rasterbasierten* Verfahren eingesetzt werden. Dabei wird über die beobachtete Fläche ein Raster gelegt und es wird nach der kleinsten Fläche gesucht, die das gesuchte Objekt enthält und das Anonymisiserungsmaß erfüllt (Abbildung 6.10 (c)). Das Ziel in einem Graphen es es, eine Clique zu finden. Anstelle der Fläche wird die kumulierte Distanz zwischen den Knoten minimiert (Abbildung 6.10 (a)) Der Cliquenansatz bestimmt eine Lösung

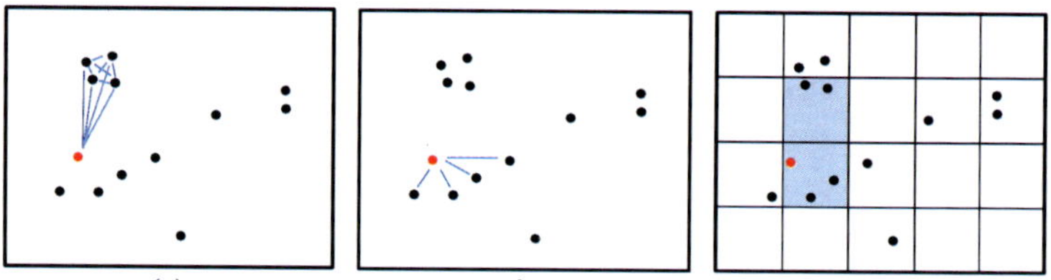

(a) (b) (c)

Abbildung 6.10.: Grundlegende Ansätze zur Anonymisierung von Positionsdaten [Bie10]

mit minimaler Fläche, kann aber rechenaufwendig sein. Alternativ kann die Clique schrittweise um die Nachbarn erweitert werden (Abbildung 6.10 (b)). Dies führt aber nicht zur kleinstmöglichen Fläche. Der rasterbasierte Ansatz führt ebenfalls zu keiner optimalen (flächenminimalen) Lösung, hat aber einen Geschwindigkeitsvorteil (abhängig von der Größe des Rasters).

Die Anonymisierung in einem Überwachungssystem muss effizient durchgeführt werden können. Aus diesem Grund werden zwei Varianten weiter verfolgt. Zur Umsetzung eines Algorithmus nach Variante 1 wird ein rasterbasierter Ansatz verfolgt. Zur Umsetzung von Variante 2 wird eine schrittweise Erweiterung um den nächsten Nachbarn durchgeführt. Dies führt i. d. R. zu einer etwas geringeren Ausgabefläche, im Vergleich zum rasterbasierten Verfahren (siehe Abbildung 6.11 und 6.13).

Auswahl eines rasterbasierten Algorithmus

Es existieren zwei Herangehensweisen, um eine rasterbasiete Anonymisierung durchzuführen. Die resultierende Fläche kann entweder *top-down*, ausgehend von der gesamten Fläche, oder *bottom-up*, ausgehend von der Postion des gesuchten Objekts, gesucht werden. Dabei ist eine top-down Variante effizienter, wenn die Zielfläche nahe an der Gesamtfläche liegt. Liegt die Zielfläche nahe um die betrachtete Person, ist bottom-up vorteilhaft.

Gruetser und Grundwald, die als erste k-Anonymity auf Positionsdaten angewendet haben, verwenden einen top-down Quad Tree Algorithmus [Gru03]. Das Gebiet wird in Quadranten gleicher Größe aufgeteilt, in jedem Schritt wird der Quadrant auswählt in dem sich das Objekt befindet. In jeder Runde steigt der Algorithmus eine Eben tiefer in der Hierarchie, wenn die Anzahl der Objekte kleiner k ist, wird der Elternquadrant zurückgeben.

In [Mok06, Cho09] wird ebenfalls ein hierarchischer top-down Ansatz verfolgt. Schwerwiegender Nachteil hierarchischer Ansätze ist, dass die Fläche in jedem Schritt rapide abnimmt, was zu ungenauen Ergebnissen führt (k wird oft weit überschritten), auch ist der Pfad der Anonymisierung fest vorgeben.

Einen Kompromiss zwischen Geschwindigkeit und Genauigkeit stellt das Verfahren von Bamba und Lui [Bam07] dar, das ebenfalls l-Diversity berücksichtigt. Weitere raumbasierte Verfahren, ohne Berücksichtigung von l-Diversity, werden in [Cor08] und [Gru04] dargestellt.

Im Verfahren wird ein Gebietssegment zurückgeben, das neben der Zielperson $k-1$ weiter Personen enthält und l Orte umfasst. Dabei wird anhand eines Rasters bottom-up vorgegangen, aber nicht hierarchisch. In jedem Schritt wird das Rasterfeld in Nord-, Süd-, Ost- oder Westrichtung erweitert.

Dadurch bleibt der Rastervorteil erhalten, während die Genauigkeit steigt. Während k-Anonymity weiterhin an die Objekte gebunden ist, bezieht sich l-Diversity auf das Rasterfeld. Dadurch wir das Hilfsattribut Raum nicht mehr Positionen sondern Rasterfeldern zugeordnet, was zu folgenden Vorteilen führt:

- Sind k-Anonymity und l-Diversity beide an Personen gebunden, führen Personencluster zu einem hohen k Wert, bei gleichzeitig niedrigem l. Bei einer Trennung, tritt dieser Effekt nicht auf.
- Wenn ein einzelnes Objekt überwacht wird, garantiert l-Diversity, dass die resultierende Fläche nur in Bezug zur überwachten Person steht. Aus den Grenzen des Gebiets kann kein Bezug zu anderen Objekten hergeleitet werden.
- Die Betrachtung von k-Anonymity und l-Diversity erfolgt unabhängig voneinander. Folglich können beide für sich entsprechend des Einsatzszenarios ausgestaltet werden.
- Die Sensitivität von Räumen ist unabhängig von den sich darin befindenden Personen. Das wird korrekt abgebildet.
- Die Sensitivität von Räumen kann erweitert werden (siehe unten).

Die genannten Vorteile treten nur auf, wenn ein Raster verwendet wird. Was dafür spricht, einem rasterbasierten Verfahren den Vorzug zu geben.

Sensitivität von Räumen

Im oben beschrieben Fall wird die Sensitivität von Räumen rein am Raster ausgelegt und l über die Felder des Raster bestimmt. Hier bieten sich drei Erweiterungen an.

1. Bei der Rückgabe der Fläche wird diese auf alle wirklichen Räume erweitert, die in der Karte vorliegen. Es werden keine „halben" Räume zurückgeben.

2. Der Parameter l bezieht sich nicht auf Rasterfelder, sondern direkt auf Räume des Gebäudes.

3. Räume können eine unterschiedliche Sensitivität haben. Sie können gewichtet werden. Ebenso kann die Auswahl eines bestimmten Raums die Hinzunahme weiterer Räume nötig machen.

Die Auswahl der Erweiterung hängt von den Randbedingungen ab und muss im konkreten Einsatzfall gewählt werden.

Weitere Erweiterungsmöglichkeiten zur Verbesserung der Anonymität

Der Kern des Algorithmus könnte, wie in [Kid05] und [Xia08] vorgeschlagen, um Dummyeinträge erweitert werden, um die Zufälligkeit zu erhöhen. Dagegen spricht, dass das zufällige Bewegungsmuster leicht als unecht erkannt werden kann und dass Sicherheitssysteme nicht auf falschen Daten operieren sollten.

Um die Bildung von Bewegungsprofilen zu erschweren können Identifier von Personen getauscht werden, wenn sich ihre Pfade kreuzen [Bel09b] oder eine Position wird ungenauer herausgegeben, wenn sich zwei Pfade nahe sind [Hoh05]. Ebenso kann ein Pseudonymwechsel beim Verlassen bzw. Betreten bestimmter Bereiche vollzogen werden [Ber03].

Die Integration der Verfahren ist nicht notwendig, da der Pfad einer Beobachteten Person durch den rasterbasierten Ansatz genügend anonymisiert wird. Wichtig ist es jedoch, eine maximale Abfragefrequenz zu wählen ϕ_{max}, um eine Profilbildung durch die Überlagerung von Bereichen zu verhindern. Der Wert ist von der Geschwindigkeit der Objekte abhängig.

6.4.5. Ein Algorithmus zur Anonymisierung von Positionsdaten

Bamba und Lui betrachten in ihrem Ansatz keine zeitlichen Aspekte. Der Algorithmus wurde um diese erweitert und durch eine getrennte Betrachtung von k und l ergänzt. Er bestimmt einen Raum-Zeit-Quader (cuboid).

Die Qualität der Ausgabe kann über drei Parameter gesteuert werden. Durch δ_{max} wird die maximale räumliche Abweichung bestimmt, Δt_{max} gibt die maximale zeitliche Abweichung an und λ_{max} definiert die maximale Latenz.

Algorithmus 2 gibt den Rahmen vor. Eingabedaten sind die *ID* der gesuchten Person, ein Abfragezeitpunkt t, die Qualitätsparameter sowie k und l. In den ersten vier Zeilen wird die Startposition im erlaubten Zeitintervall bestimmt. Anschließend werden zwei Funktionen für die Anonymisierung nach k und l aufgerufen (Zeile 5 und 6) und abschließend der Quader in allen Dimensionen zurückgeben (Zeile 7). Die k-Anonymität wird im Algorithmus

Algorithmus 2 Anonymisierung von Positionsdaten

Eingabe: $\{ID, t\}, \{\delta_{max}, \Delta t_{max}, \lambda_{max}\}, \{k, l\}$
Ausgabe: $\{[x_1, x_2], [y_1, y_2], [t_1, t_2]\}$
1: $t_2 \leftarrow \text{random}(t - \Delta t_{max}, t + \min(\Delta t_{max}, \lambda_{max}))$
2: $x_2 \leftarrow$ xPosOf(ID, t_2)
3: $y_2 \leftarrow$ yPosOf(ID, t_2)
4: $C \leftarrow$ getCuboidOf(x_2, y_2, t_2)
5: $C \leftarrow$ `find_k_cuboid`(C, t, $\{\delta_{max}, \Delta t_{max}\}$, k)
6: $C \leftarrow$ `find_l_cuboid`(C, δ_{max}, l)
7: **return** *C.XYT*

3 hergestellt. Der Quader wird unter Berücksichtigung der Qualitätsparameter (Zeile 2-4) solange erweitert, bis er mindestens k Objekte beinhaltet (Zeile 1). In den Zeilen 5 bis 18 wird geprüft welche Richtung (Raum oder Zeit) den größten Gewinn bringt. Anschließend wird die beste Richtung ausgewählt (Zeilen 19-23).

Um l-Diversity zu erreichen, müssen l Felder einbezogen werden. Algorithmus 4 ist ähnlich zum Algorithmus für k-Anonymity aufgebaut. Die Zeit wird nicht berücksichtigt. Der Algorithmus bezieht sich auf Quadrate im Grid. Alternativ kann an Stelle von Quadraten z. B. um die Nachbarräume erweitert werden.

Algorithmus 3 find_k_cuboid

Eingabe: Ausgangsquader C, t, $\{\delta_{max}, \Delta t_{max}\}$, k
Ausgabe: Ergebnisquader C

while C.kValue < k **do**
    if C.sizeX + gridElementSizeX > δ_{max}
  and C.sizeY + gridElementSizeY > δ_{max}
  and C.sizeT + gridElementSizeT > Δt_{max} **then**
        return PrivacyNotPossibleError
    end if
    if C.sizeX + gridElementSizeX ≤ δ_{max} **then**
        cuboidExtension(S) ← C ∪ southern 3D row
        cuboidExtension(N) ← C ∪ northern 3D row
    end if
    if C.sizeY + gridElementSizeY ≤ δ_{max} **then**
        cuboidExtension(E) ← C ∪ eastern row
        cuboidExtension(W) ← C ∪ western row
    end if
    if C.sizeT + gridElementSizet ≤ Δt_{max} **then**
        if C.upperT + gridElementSizeT ≤ $t + \lambda$ **then**
            cuboidExtension(F) ← C ∪ 3D row in future
        end if
        cuboidExtension(P) ← C ∪ 3D row in the past
    end if
    for all $d \in \{S, N, E, W, F, P\}$ **do**
        if C.kValue < cuboidExtension(d).kValue **then**
            C ← cuboidExtension(d)
        end if
    end for
end while

Algorithmus 4 find_l_cuboid

Eingabe: Ausgangsquader C, δ_{max}, l
Ausgabe: Ergebnisquader C

```
while C.LValue < l do
    if C.sizeX + gridElementSizeX > δ_max
  and C.sizeY + gridElementSizeY > δ_max = then
        return PrivacyNotPossibleError
    end if
    if C.sizeX + gridElementSizeX ≤ δ_max then
        cuboidExtensionS ← C ∪ 3DZeile southern 3D row
        cuboidExtensionN ← C ∪ 3DZeile northern 3D row
    end if
    if C.sizeY + gridElementSizeY ≤ δ_max then
        cuboidExtensionE ← C ∪ 3DZeile eastern 3D row
        cuboidExtensionW ← C ∪ 3DZeile western 3D row
    end if
    for all d ∈ {S,N,E,W} do
        if C.LValue < cuboidExtension(d).LValue then
            C ← cuboidExtension(d)
        end if
    end for
end while
```

6.4.6. Simulation

Im Folgenden wird anhand von Simulationsdaten aufgezeigt, zu welcher Anonymisierung der Algorithmus führt und welche Auswirkung die Wahl eines festen Zeitintervalls hat.

Grundlage für die in dieser Arbeit dargestellten Simulationsergebnisse ist das 2. Stockwerk des Fraunhofer IOSB, bzw. die Karte des Stockwerks. Es werden neun Objekte über einen Zeitraum von vier Minuten im Gebäude simuliert.

Simulation des rasterbasierten Ansatzes

Um die Auswirkung der Zeit besser darzustellen, wurde auf eine Kombination mit l-Diversity in der ersten Darstellung verzichtet. Abbildung 6.11 zeigt den Vergleich zwischen einer Anonymisierung in ausschließlich räumlicher Dimension und Anonymisierung unter zusätzlicher Betrachtung der Zeit. Im oberen Teil der Grafik ist die Größe der zurückgebenden Fläche über die Zeit aufgetragen. Der untere Teil zeigt die zeitliche Erweiterung mit $\Delta t_{max} = 20s$.

Es ist zu erkennen, dass die räumliche Ausdehnung kleiner ausfällt, sobald zusätzlich in der zeitlichen Dimension erweitert wird. Weiterhin ist zu sehen, dass kein konstantes Verhältnis zwischen Fläche und Zeit existiert. Zum Zeitpunkt $t = 50s$ ist die räumliche Ausdehnung unter Berücksichtigung der Zeit größer als ohne. Das ist in der rundenbasierten Wahl der Nachbarn begründet, die zu nicht optimalen Flächen führen kann (siehe Abbildung 6.10 (b)). Ein Nachbar wird durch zeitliche Erweiterung gewonnen (er läuft in den Raum des gesuchten Objekts und verlässt diesen wieder). Seine Wahl ist dem Schritt des Algorithmus optimal, vergrößert aber insgesamt die Rückgabefläche. Ohne Berücksichtigung der zeitlichen Dimension, wäre er nicht gewählt worden.

Der vorgestellte Algorithmus anonymisiert nach k-Anonymity und l-Diveristy. Der dadurch erreichte Unterschied in den resultierenden Flächen wird in Abbildung 6.12 dargestellt. Dabei ist exemplarisch $k \in \{3,4\}$ gewählt. Zur Ausgestaltung von l wurden die Räume im Gebäude verwendet und keine Quadrate des Rasters. Damit es zu keiner Überlagerung durch Effekte aus der zeitlichen Erweiterung kommt, ist diese in Abbildung 6.12 nicht dargestellt.

Es ist zu erkennen, wie sich durch die Auswahl von $l = 2$ die Fläche signifikant vergrößert. Dies steigert die Anonymität der gesuchten Person, im Gegenzug nimmt die Verwendbarkeit der Daten durch die gestiegene Ungenauigkeit ab. Bis Zum Zeitpunkt $t = 90s$ ist die Fläche unter Berücksichtigung von l-Diversity deutlich größer als danach. Dies liegt daran, dass sich eine Person im Foyer des untersuchten Gebäudes befindet und der kom-

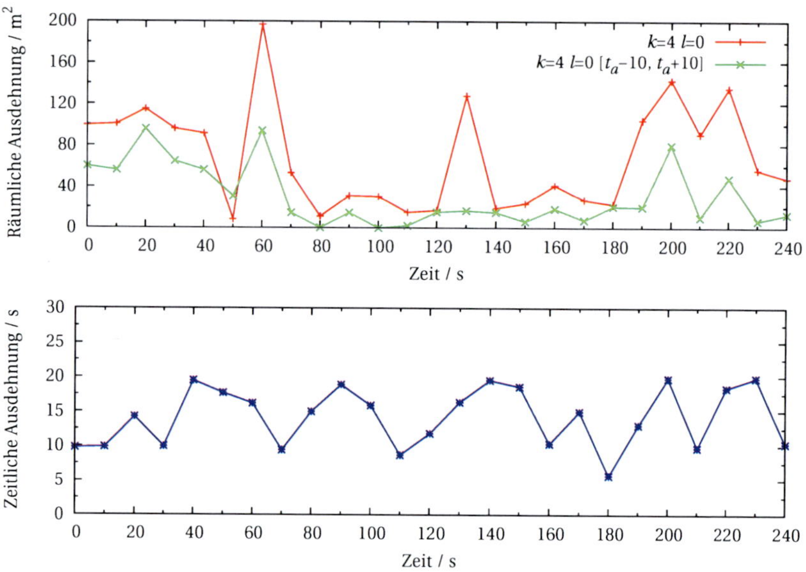

Abbildung 6.11.: Rasterbasierter Ansatz mit und ohne Erweiterung in der Zeit

plette Raum bei der Rückgabe einbezogen wird. Das Foyer ist wesentlich größer als die anderen Räume.

Varianten bei Fixierung eines festen Zeitintervalls

Die Erweiterung auf die Zeit eröffnet neue Möglichkeiten zur Anonymisierung. Im Gegensatz zum oben vorgestellten Algorithmus wird hier bereits zu Beginn ein Zeitintervall festgelegt, aus dem Daten gewählt werden. Es existieren verschiedene Möglichkeiten, um Daten zu selektieren. Um die Vergleichbarkeit zwischen den verschiedenen Varianten zu garantieren, wurde eine schrittweise Cliquenbildung verwendet. Da die Flächen nicht vom Raster abhängig sind, können genauere Angaben über die Größe der k-anonymen Bereiche gemacht werden.

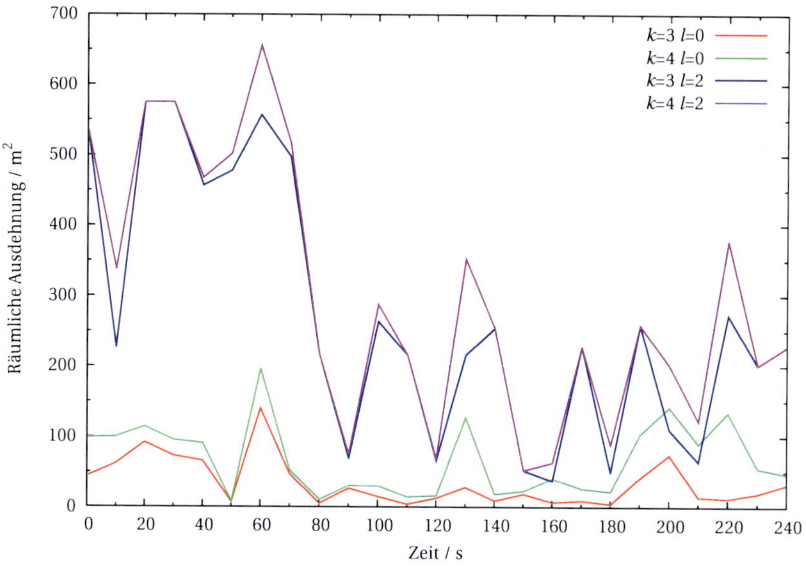

Abbildung 6.12.: Vergleich der Rückgabeflächen bei Hinzunahme von l-Diversity

Es wurden vier Möglichkeiten zur Auswahl von Objekten $o_i \in O$ innerhalb eines Zeitintervalls $[t_1, t_2]$ zur Anonymisierung eines beobachteten Objekts x nach k-Anonymity untersucht. Auf eine Überlagerung mit l-Diversity Werten wurde verzichtet, da diese nicht zeitabhängig sind.

Es werden die $k-1$ Nachbarn $N = \{o_1, \ldots, o_{k-1}\} \subseteq O$ mit geringster Distanz $d(o_i, x)$ zu x ausgewählt. In allen Fällen wird nur die Position von x während des Abfragezeitpunkts betrachtet. Diese wird nicht variiert.

1. Bestimme die Nachbarn N_{t_a} zum Abfragezeitpunkt t_a.

2. Wähle N, sodass $\sum_{i=1}^{k-1} d(o_i, x)$ minimal über alle Zeitpunkte $t_j \in [t_1, t_2]$ ist.

3. Wähle zum Abfragezeitpunkt t_a die Nachbarn N_{t_a}, die für alle gewählten $o_i \in N_{t_a}$ die minimalen Abstände $d(o_i,x)$ über alle Zeitpunkte $t_j \in [t_1,t_2]$ haben.

4. Für $k-1$ zufällige Zeitpunkte t_i mit $i \in \{1,\dots,k-1\}$ wähle den nächsten Nachbarn o_{t_i} zum Zeitpunkt t_i. Entweder es wird eine Mehrfachauswahl der o_{t_i} zugelassen oder nicht.

In allen Fällen wird aus den Positionen der Nachbarn ein Rechteck bestimmt, das als anonymisierte Fläche in Verbindung mit dem Zeitintervall auf eine Positionsanfrage zurückgegeben wird.

Abbildung 6.13 vergleicht die vier Verfahren. Es ist zu erkennen, dass die minimal gewählten Werte im Intervall zu der kleinsten Fläche führen (Fall 2). Die Flächen mit den fest gewählten Nachbarn (Fall 3), liegen zwischen Fall 1 und Fall 2. Das Verfahren stellt einen Kompromiss dar. Die Fläche, die aus der zufälligen Auswahl resultiert (Fall 4), ist wie zu erwarten meist größer als die Flächen aus dem Zeitintervall (Fälle 2 und 3). Sie ist mal größer und mal kleiner als die Auswahl zum festen Zeitpunkt ohne Berücksichtigung der Zeit (Fall 1). Bei $t = 50$ s ist wieder zu erkennen, das die zeitliche Erweiterung sich unter Umständen auch negativ auswirken kann.[207]

Abbildung 6.14 vergleicht die Auswirkung der Zeitintervallgröße auf die Ausgabefläche des Algorithmus, bei einem k-Anonymity Wert von $k = 4$. Es ist zu erkennen, dass die Fläche mit zunehmender Intervallgröße abnimmt. Basierend auf dem rundenbasierten Vorgehen des Algorithmus sind ebenfalls wieder Ausnahmen möglich. Zum Zeitpunkt $t = 210$ s ist die Fläche bei $\Delta t_{max} = 10$ s kleiner als die Fläche bei $\Delta t_{max} = 20$ s. Im Fall von $\Delta t_{max} = 10$ s wird ein sehr schmales Rechteck erzeugt, während bei $\Delta t_{max} = 20$ s die Fläche nahezu quadratisch ist, was zu einer erheblich größeren Fläche führt. Wenn zusätzlich l-Diversity berücksichtigt wird, tritt ein solch großer Unterschied nicht mehr auf.

207 Wie bereits beim rasterbasierten Ansatz in Abbildung 6.11 zu sehen war.

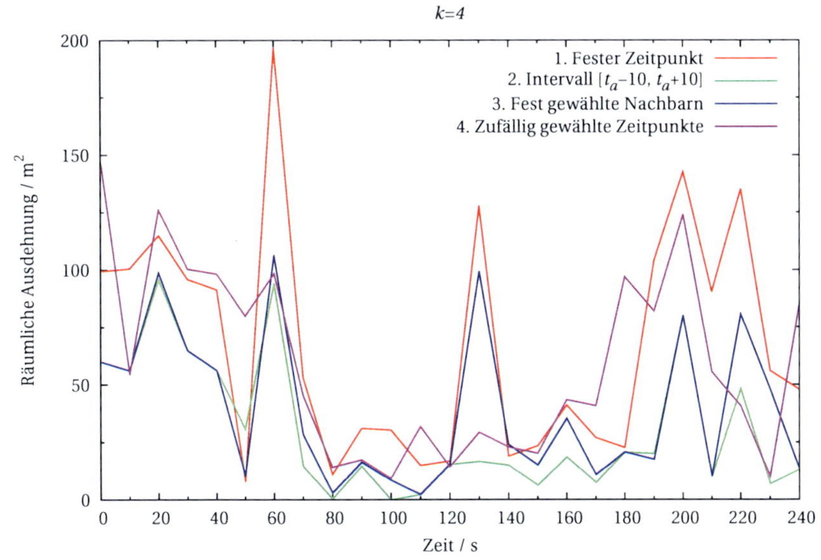

Abbildung 6.13.: Vergleich der verschiedenen Möglichkeiten zur Anonymisierung in einem fest gewählten Zeitintervall

Zusammenfassung der Simulationsergebnisse

Im Folgenden werden die in den Abbildungen 6.11 - 6.14 dargestellten Simulationsläufe in Boxplots zusammengefasst (Abbildungen 6.15-6.18). Die untere Linie (unterer „Whisker") eines Boxplots gibt den minimalen Wert im Datensatz an, die obere den maximalen. Folglich gibt die Spannweite den Wertebereich des Datensatzes an. 25 %der Datenwerte sind kleiner oder gleich dem Wert an dem die Box beginnt (unteres Quartil). Der Balken innerhalb der Box gibt den Median an, d. h. 50 % der Werte sind kleiner oder gleich diesem. 75 % der Werte sind kleiner oder gleich dem oberen Ende der Box (oberes Quartil). Entsprechend befinden sich die mittleren 50 % der Daten innerhalb der Box (Interquartilsabstand).

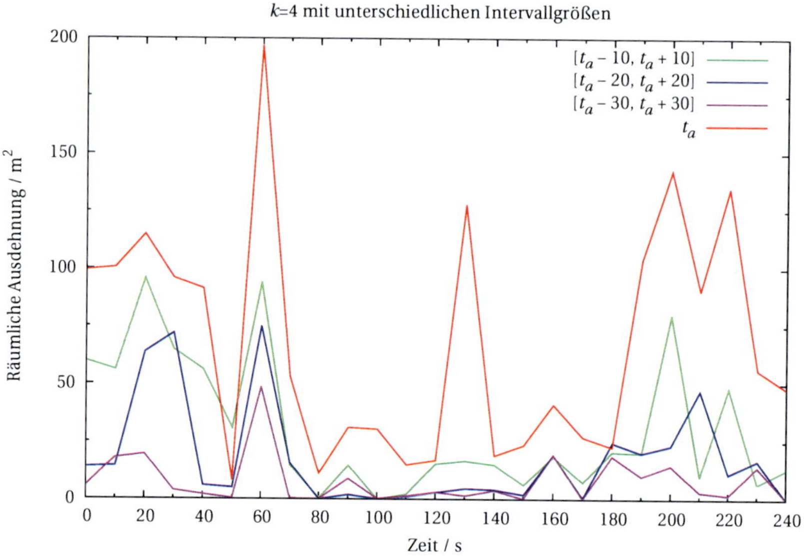

Abbildung 6.14.: Resultierende Flächengrößen bei unterschiedlich groß gewählten Zeitintervallen

Abbildung 6.15 zeigt die Unterschiede zwischen den beiden Simulationsläufen des rasterbasierten Ansatzes, in denen $k = 4$ und $l = 0$ ist. Der rote Boxplot zeigt die räumliche Ausdehnung der Anonymisierung ohne Berücksichtigung der Zeit, der grüne Boxplot zeigt die resultierende Fläche mit zeitlicher maximaler Ausdehnung $\Delta t_{max} = 20$ s. Die oben genannten und in der Abbildung erkennbaren Kennwerte machen deutlich, dass die Flächen deutlich kleiner ausfallen, wenn eine Anonymisierung in die zeitliche Dimension stattfindet.

Abbildung 6.16 zeigt die Unterschiede von $k \in \{3,5\}$ und $l \in \{0,2\}$ auf. Es wird deutlich, wie sich die räumliche Ausdehnung ändert, wenn $l = 2$ gewählt wird. Es ist zudem zu erkennen, dass durch eine Erhörung von k bei $l = 2$, das untere Quartil signifikant nach oben verschoben wird, während der Median der räumlichen Ausdehnung nur leicht angehoben wird.

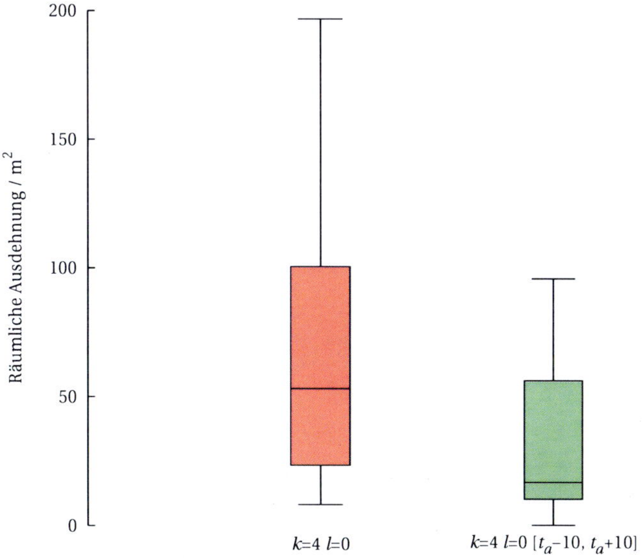

Abbildung 6.15.: Kennwerte zum Vergleich des rasterbasiertern Ansatzes mit und ohne Erweiterung in der Zeit

Abbildung 6.17 vergleicht die verschiedenen Möglichkeiten zur Auswahl von Positionsdaten aus einem Zeitintervall. Es ist zu erkennen, dass sich der 1. und der 4. Fall kaum unterscheiden, d. h. eine zufällige Wahl der Zeitpunkte ist für den Empfänger der anonymisiserten Positionsdaten nicht ersichtlich. Fall 2, d. h. die Auswahl der kleinsten Werte im Intervall, führt auch zu den niedrigsten Kennwerten. Die Kennwerte von Fall 3 liegen erwartungsgemäß etwas über denen von Fall 2.

Vorteilhaft an den Verfahren der Fälle 2-4 ist, dass die berechneten Bereiche aus Positionen berechnet werden, die aus unterschiedlichen Zeitpunkten stammen, während in Fall 2 alle minimalen Distanzen vom gleichen Zeitpunkt kommen können. In Fall 4 besteht durch die zufällige Wahl die höchste Wahrscheinlichkeit, dass die Positionen aus verschiedenen Zeit-

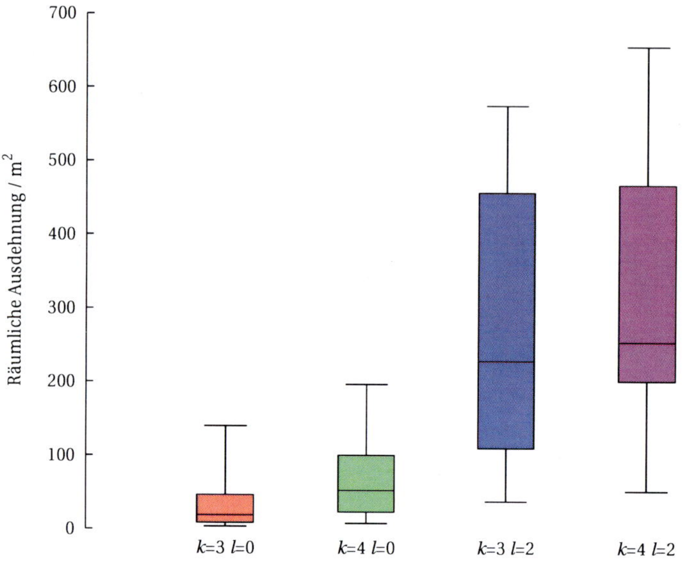

Abbildung 6.16.: Kennwerte zu den Rückgabeflächen bei Hinzunahme von l-Diversity

punkten kommen. Da die Positionen aus unterschiedlichen Zeiten stammen, existiert kein Bildmaterial, das der Situation zugeordnet werden kann.

In Abbildung 6.18 ist dargestellt, wie sich die Größe des Zeitfensters auf die Flächengröße auswirkt. Es ist zu erkennen, dass die Verwendung eines Intervalls die Kennwerte verkleinert. Wie zu erwarten, nehmen die Kennwerte ab.

6.4.7. Anonymisierung im Demonstratorsystem

Im Demonstratorsystem wurden Versuche mit simulierten Beobachtungen durchgeführt, die zur geschilderten Anonymisierung temporär gespeichert wurden. Weiterhin zeigt die Buddy Finder App den Nutzen für den Anwender auf. Dieser kann durch Datenschutzrichtlinien (Abschnitt 6.3.5) festlegen, in

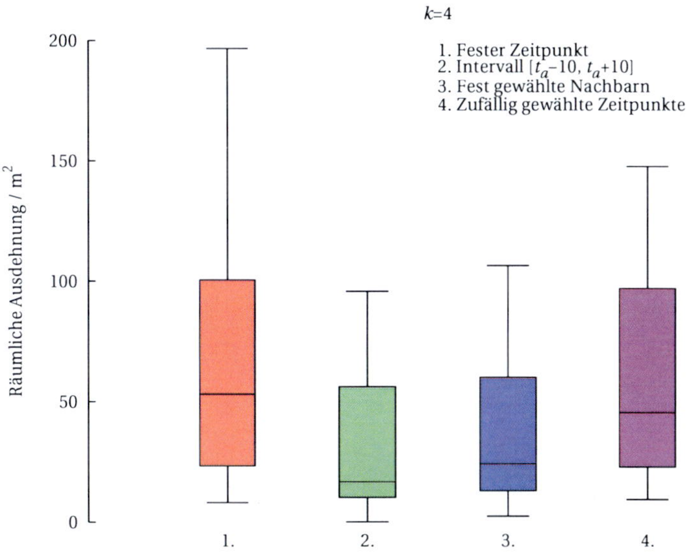

Abbildung 6.17.: Kennwerte zum Vergleich der verschiedenen Möglichkeiten zur Anonymisierung in einem fest gewählten Zeitintervall

welcher Form Freunde seine Position einsehen dürfen. Der Nutzer kann eine Standardrichtlinie und freundespezifische Richtlinien erstellen. Es wurden zwei Varianten im Demonstrator realisiert.

In der ersten Variante, kann der Beobachtete seine Anonymisierungsparameter direkt angeben, sodass er orts- und personenbezogen entscheiden kann, wie seine Daten angezeigt werden. Zur einfacheren Visualisierung gegenüber Probanden verwendet die Anwendung nur Daten zum Beobachtungszeitpunkt und anonymisiert nicht in der zeitlichen Dimension.

Bei Nutzung der zweiten Variante, bietet die Applikation dem Nutzer die Möglichkeit *dynamisch* zu anonymisieren. Seine Positionsangaben werden dabei abhängig von der Distanz zum Anfragenden angezeigt. In der höchsten Stufe, d. h. beim Überschreiten des maximalen Distanzwerts wird keine

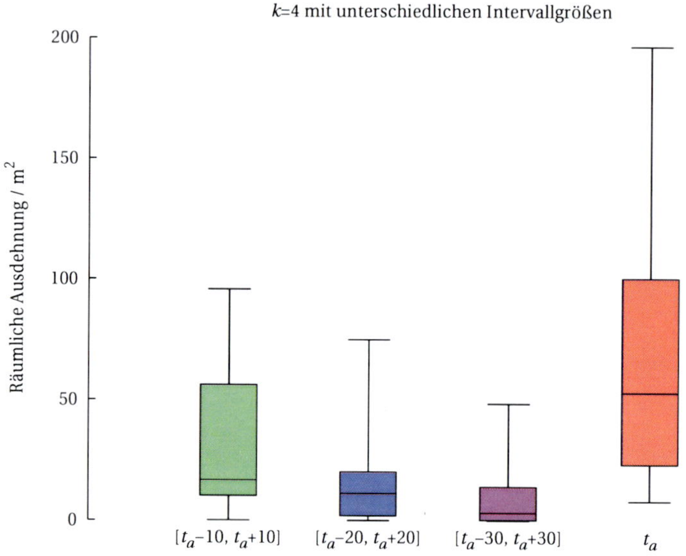

Abbildung 6.18.: Kennwerte zu den resultierenden Flächengrößen aus unterschiedlich groß gewählten Zeitintervallen

Position angezeigt. Bei kleiner Distanz wird die Position des Gesuchten immer genauer, bis hin zu den exakten Koordinaten. Abbildung 6.19 zeigt die dynamische Anpassung im Buddy Finder der Airport App. In Orange wird die eigene Position dargestellt, die Position des Freundes in Grün. Es ist zu erkennen, wie durch die Annäherung von (a) nach (b), die Genauigkeit der Positionsangabe steigt.

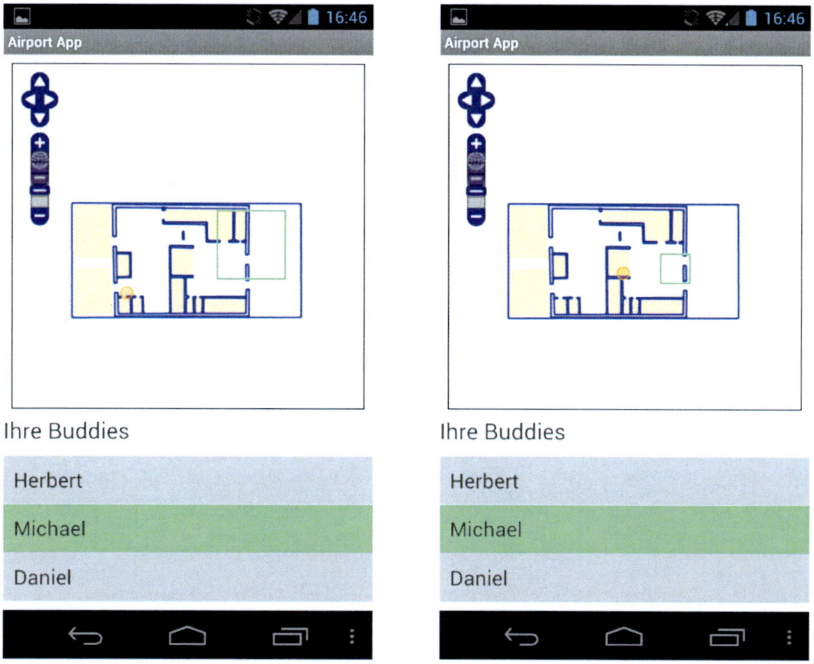

(a) (b)

Abbildung 6.19.: Dynamische Anonymisierung von Positionsdaten

6.5. Identitätsmanagement

Eine zentrale Komponente des Privacy Managers ist das Identitätsmanagement (IdM) (siehe Abschnitt 4.2.2). Das IdM verwaltet Pseudonyme, die nötig sind, um Betreiber- und Nutzerdiensten Zugriff auf Daten zu geben, ohne dass diese die eindeutig identifizierende und ggf. wirkliche Identität der Objekte kennen.

Es werden drei Mengen von Objektbezeichnern verwendet. Die Sensoren bzw. Signalverarbeitungsdienste verwenden für ihre Beobachtungen

Bezeichner aus ID_S. Die Beobachtungen werden in der Modellwelt den Objekten zugeordnet, die Bezeichner o_i aus der Menge ID_M verwenden. Die Bezeichner $o_i \in ID_M$ sind eindeutig im System. Die Datenassoziation von Beobachtungen zu Objekten wird durch Nearest Neigbor mit Gating [Mit07] druchgeführt.[208] Sie erfolgt innerhalb des geschlossenen Systemkerns und ist weder für den Betreiber noch für den Betroffen einsehbar. Aus Perspektive des Datenschutzes ist die Zuordnung von ID_M zu den Nutzer- und Betreiberdiensten relevant, welche die expliziten Identifier in ID_M nicht erfahren dürfen. Betreiber- und Nutzerdienste verwenden die Menge ID_P. Durch die $x_j \in ID_P$ wird sichergestellt, dass Dienste außerhalb des Systems die internen Bezeichner der Objekte in der Modellwelt nicht kennen. Sie erhalten Pseudonyme, die mit den jeweils benötigten Daten verknüpft sind.

Grundsätzlich können IDs auf drei Arten von ID_M in ID_P abgebildet werden. Entweder es besteht eine feste Zuordnung für einen Auftrag, die im Privacy Manager gespeichert ist oder für jede Kommunikation, d. h. für jeden Dienst d_j, der im Rahmen eines Auftrags zugreift, wird eine eigene ID $x_{d_j} \in ID_P$ erstellt. Als dritte Option kann eine $x_{d_j} \in ID_P$ jedes Mal neu vergeben werden, wenn ein Zugriff erfolgt.

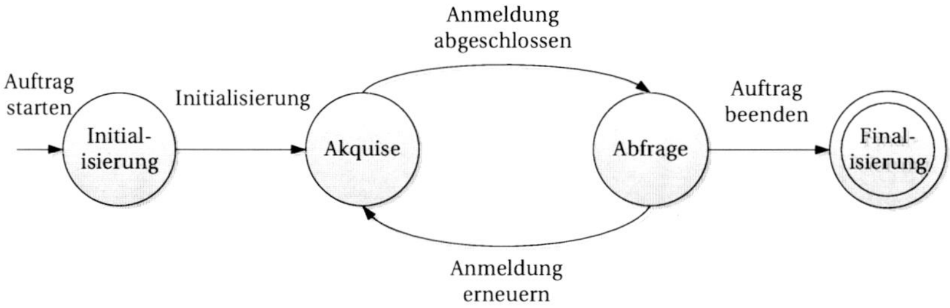

Abbildung 6.20.: Phasen des Identitätsmanagements

208 Zur Assoziation können auch andere Verfahren verwendet werden, z. B. Joint Integrated Probabilistic Data Association (JIPDA) [Mus04] oder Markov Chain Monte Carlo Data Association (MCMCDA) [Oh09].

Abbildung 6.20 stellt die Phasen eines Überwachungsauftrags aus Sicht des Identitätsmanagements dar. In der Initialisierung werden alle benötigten Dienste parametrisiert und gestartet. Nach Ausführung des Auftrags werden diese in der Finalisierung beendet und nicht mehr benötigte Daten werden aus der Modellwelt entfernt.

Während der Akquise melden sich die Dienste am Privacy Manager an. Nach der Authentifizierung am Privacy Manager erhält ein Dienst d_i die Menge aller Pseudonyme $ID_P(d_i)$, auf die er zugreifen darf. Dabei ist es möglich, dass der Zugriff auf Objekte $o_n \in ID_M$ für andere Dienste d_j blockiert wird, d. h. es dürfen erst neue Pseudonyme $x_{d_j} \in ID_P(d_j)$ erstellt werden, wenn o_n wieder freigegeben wurde.

Während des Auftrags (Abfragephase) ruft d_i unter Angabe von $x_{d_i} \in ID_P(d_i)$ Informationen beim Privacy Manager ab. Hierfür stellt d_i eine Anfrage an den PEP. Der PEP erfragt beim IdM die zugehörige o_n mit der er, wie in Abschnitt 6.3.4 beschrieben, eine Anfrage an die Modellwelt stellt. Eine Anmeldung kann ungültig werden, z. B. wenn der Zugriff auf ein Objekt nur einmal gestattet ist. Wenn ein Dienst erneut zugreifen will, muss er erneut eine ID anfragen.

6.6. Interaktion und aktive Nutzung

Existierende Systeme bieten den Beobachtete keine Möglichkeit zur Interaktion. Sie partizipieren nur passiv an der Überwachung. Ebenso werden sie nur unzureichend über die Funktionalität einer Installation aufgeklärt und können ihr Auskunftsrecht nicht wahrnehmen. Für Betreiber von Anlagen ist die Situation nicht minder ungenügend. Computergestützte Bildauswertung hat zwar die Effizienz verbessert, Gefahrensituationen werden jedoch meist zu spät oder gar nicht erkannt und Sicherheitspersonal kann nicht eingreifen.

Um seinen Einsatz und damit den Eingriff in die Rechte des Betroffenen zu rechtfertigen, muss ein System nach PbD effizienter sein und die Anforderung nach Transparenz für den Betroffenen besser umsetzten.

6.6.1. Betreiberdienste

Das System detektiert vorher festgelegte Ereignisse und visualisiert diese dem Betreiber.

Vorfallerkennung durch Betroffene

Die Detektion komplexerer Ereignisse (z. B. sich anbahnende Gewaltsituation) ist schwierig. Die Erkennung zu einem frühen Zeitpunkt, der noch ein Einschreiten ermöglicht, ist noch schwieriger. Alleine durch computergestützte Methoden ist dies aktuell nicht zu realisieren.

Um ein Überwachungssystem effektiv zu nutzen, sind die Beobachteten aktiv einzubeziehen. Der Mensch kann durch seine verschiedenen Sinne eine Gesamtsituationen gut wahrnehmen, nach kurzer Zeit beurteilen und seine Meinung schnell an neue Gegebenheiten anpassen. Er ist somit hervorragend geeignet, ein kritisches Ereignis zu erkennen und zu melden. Bisherige Systeme greifen auf diese Ressource nicht zurück und bieten keinen Kommunikationskanal dafür.

Die vorhandenen Kameras können vom Betreiber dazu verwendet, Signale der Beobachteten zu erkennen, z. B. eine Hilfegeste. Das Augenmerk des Operators kann dann gezielt auf eine Situation gelenkt. werden Nach der Benachrichtigung entscheidet der Operator, ob es sich um eine Fehldetektion handelt oder ob weitere Schritte notwendig sind. Durch die Fokussierung auf ein konkretes Ereignis wird die Streubreite der Überwachung auf berechtigte Verdachtsmomente limitiert. Material wird nur gespeichert, wenn ein Vorfall weiter verfolgt wird. Die Begrenzung auf relevante Vorfälle ermöglicht dem Betreiber eine zielgerichtet Überwachung und damit die Gewährleistung der Sicherheit der Beobachteten.

Umsetzung im Überwachungssystem

Abbildung 6.21 zeigt wie Überwachte durch eine Hilfegeste, die von einer Kamera erkannt wird, ein Ereignis auslösen. Dabei ist es denkbar, dass eine Geste durchgeführt wird, ohne dass die ausführende Person direkt an einer

Gefahrensituation beteiligt ist (a). Sie will entweder zusätzliche Aufmerksamkeit vom Operator erhalten oder ihn auf eine Situation in der Nähe hinweisen (z. B. ein Handgemenge an einem Bahnsteig).

Zur Signalisierung hebt der Beobachtete beide Hände zu einer typischen Hilfegeste über den Kopf.

(a) (b)

Abbildung 6.21.: Signalisierung einer Gefahrensituation

In Abbildung 6.21 (b) winkt eine Frau, deren Handtasche gestohlen wird, in eine Kamera, um ein Ereignis auszulösen. Die Karte in Abbildung 6.22 (a) zeigt die dazugehörige Ansicht für den Operator. Ihm wird zusätzlich zum Wachpersonal die Position der detektierten Geste auf der Karte angezeigt (rote Person). Personen im Umkreis zur Detektion werden ebenfalls markiert (in Magenta). Zu der Position wird dem Betreiber eine kurze Sequenz zum Vorfall angezeigt (temporär gespeichert). Wenn der Operator entscheidet, dass eine Fehldetektion vorliegt, wird die Sequenz gelöscht sowie das Ereignis aus der Karte gelöscht. Ist weiterhin anzunehmen, dass es sich um einen Vorfall handelt, wird die verdächtige Person vom System verfolgt (Abbildung

6.22 (b)).

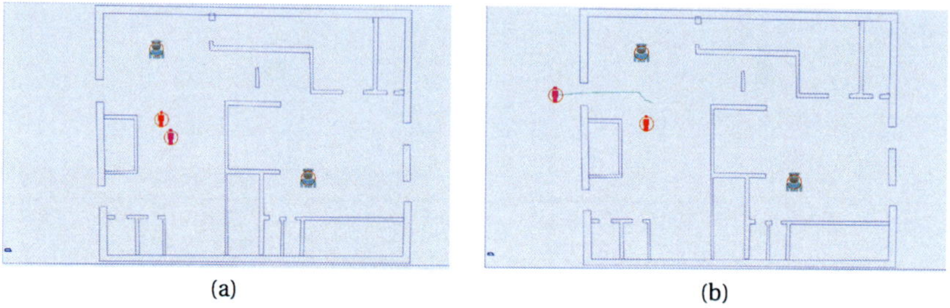

Abbildung 6.22.: Detektion und Markierung für den Operator

Neben der App für die Beobachteten gibt es eine weitere App für das Sicherheitspersonal. Sie ist in Abbildung 6.23 dargestellt. Dem Wachmann wird seine eigene Position angezeigt sowie die seines Kollegen. Das System hat den Ausgangspunkt des Ereignisses markiert und gibt den Standpunkt der verfolgten Person an (in Violett). Unbeteiligte bleiben dem System verborgen. Je nach Einsatzzweck des Systems kann der Operator veranlassen, dass weitere Informationen (z. B. ein Bild des Verdächtigen) und Anweisungen dem Sicherheitspersonal angezeigt werden.

Die durch Gesten herbeigeführten Alarme sind zeitgleich ein Nutzerdienst, da sie von den Beobachteten ausgelöst werden. Um dem Beobachteten Rückmeldung zu geben, ist ein bidirektionaler Kommunikationskanal zu etablieren (siehe Abschnitt 4.6.1).

6.6.2. Eine optische Challenge-Response Authentifizierung zur Anmeldung am Überwachungssystem

Zur Umsetzung der Transparenz und zur aktiven Nutzung muss sich ein Nutzer am System anmelden können. Die Anmeldung kann in drei Stufen erfolgen: anonym, relativ und absolut (siehe Abschnitt 4.6). Auf den letzten

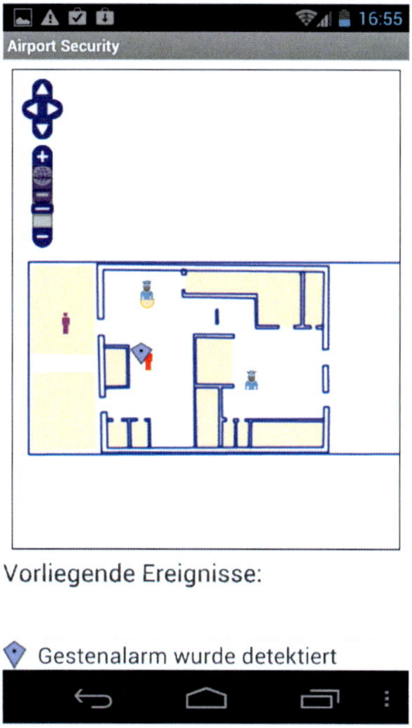

Abbildung 6.23.: Visualisierung für das Wachpersonal

beiden Stufen werden Informationen bereitgestellt, die sich eindeutig auf das Objekt im System beziehen, das den Nutzer repräsentiert.

Zur Kommunikation mit dem Beobachteten muss das Überwachungssystem zum einen wissen welches, mobile Endgerät dem Nutzer zuzuordnen ist, und zum anderen, welches Objekt aus der Modellwelt zu ihm gehört. Um eine Bindung zwischen einem Objekt im System und dem Nutzer herzustellen, wird eine *optische Challenge-Response Authentifizierung* durchgeführt.

Mobile Tagging zum Informationsabruf

Bevor die Authentifizierung durchgeführt werden kann, muss der Nutzer im ersten Schritt Informationen über das System abrufen können, damit er weiß gegenüber wem er sich authentifiziert. Hier haben sich Barcodes [Kat10] etabliert, wie sie auf Postern, Verpackungen, etc. abgedruckt sind. Ein Anwender kann sie mit seinem Handy einscannen und die Informationen aus dem Code weiter verarbeiten (Mobile Tagging). Typischerweise werden im Tag Verlinkungen auf Internetseiten hinterlegt.

In einem Überwachungssystem können die Tags in der Nähe der Kamera angebracht werden (Abbildung 6.24 (a)). Nachdem der Nutzer die Informationen mit einem mobilen Endgerät aus dem Tag eingelesen hat, kann er alle Dienste nutzen, die keine, d. h. nur eine anonyme Anmeldung benötigen. Abbildung 6.24 (b) zeigt die verfügbaren Dienste des Demonstrationsszenarios am Flughafen. So kann er z. B. die Kontaktdaten des Datenschutzbeauftragen abrufen. Wenn er Dienste nutzen möchte, die eine relative oder absolute Anmeldung voraussetzen, muss er sich weiter authentifizieren. Abbildung 6.29 (b) zeigt die dann verfügbaren Dienste.

Optische Challenge-Response Authentifizierung

Der Prozess zur Durchführung ist in Authentifizierung 6.25 dargestellt. Zuerst fordert der Nutzer eine Challenge vom System an (1), die ihm anschließend übermittelt wird (2). Danach wird die aktive Challenge zur intelligenten Kamera bzw. zum auswertenden Dienst gesendet (3). Parallel wird sie auf dem mobilen Endgerät des Nutzers angezeigt (4). Eine Challenge kann potentiell alles sein, was von der Kamera detektierbar ist (z. B. eine bestimmte Gestenfolge). Beim Einsatz von Smartphones bietet es sich an, Marken zu verwenden, die von der Kamera erkannt werden. Im Demonstratorsystem wurden Multi-Cursor-MarkerXtracktT (MC-MXT) Marken verwendet, die für die Verfolgung von Crashtest Dummies verwendet werden [Gei07]. Nachdem die Challenge dem Nutzer bekannt ist, zeigt er sie der Kamera (5). Die Challenge (Marke) in der App des Nutzers ist in Abbildung 6.24 (c) dargestellt. Bei erfolgreicher Authentifizierung erhält der Beobachtete eine Bestätigung

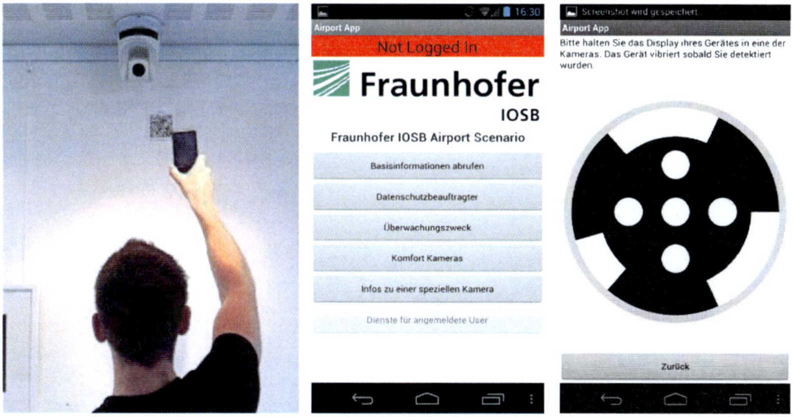

(a) (b) (c)

Abbildung 6.24.: Mobile Tagging vor der Anmeldung

(6) und kann seinen Kommunikationskanal nutzen. Das System stellt eine Bindung zwischen ihm (seinem Smartphone) und dem Objekt her, das sich an der Position der erkannten Challenge befindet.

Nachdem die Bindung hergestellt ist, kann der Nutzer Dienste nutzen, die eine relative Anmeldung benötigen. Die volle Identität des Nutzers ist dem System nicht bekannt, nur sein Endgerät ist identifiziert. Für eine volle Anmeldung muss sich der Nutzer gegenüber seinem Endgerät authentifizieren. Dafür können etablierte Standardmethoden verwendet werden.

6.6.3. Nutzerdienste

Nutzerdienste lassen sich in zwei Klassen aufteilen. Zum einen umfassen sie Dienste zur Umsetzung von Transparenz, die zur Einhaltung der rechtlichen Anforderungen notwendig sind. Zum anderen Mehrwertdienste (siehe hierzu auch Abschnitt 4.6.2), die das System dem Nutzer zur Verfügung stellt.

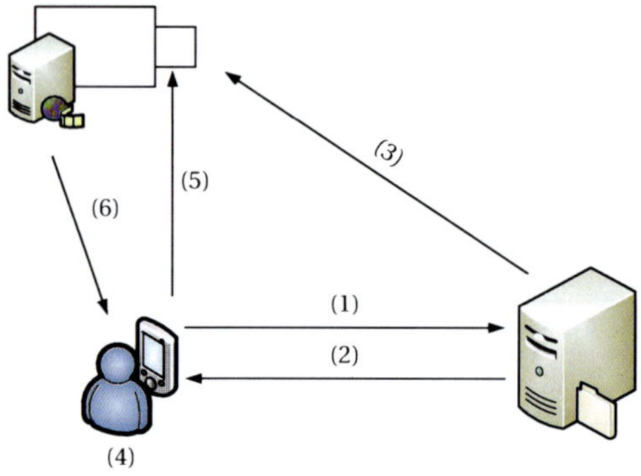

Abbildung 6.25.: Ablauf der optischen Challenge-Response Authentifizierung

Aufklärung und Auskunft

Durch mobiles Tagging und eine App für die Beobachteten können weitere Informationen, die in aktuellen Systemen schwer zu ermitteln sind, leicht zugänglich gemacht werden. Abbildung 6.24 (b) zeigt den Auswahlbildschirm. Beobachtete finden hier Basis- und Kontaktinformation, weitere Informationen über den Zweck der Anlage und Details zur Kamera, an der sie den Barcode eingelesen haben. Abbildung 6.26 zeigt dies beispielhaft für das Flughafenszenario auf. In Teil (a) sind grundlegende Informationen, wie die Speicherdauer von Videomaterial, angezeigt. Der Screenshot in (b) zeigt die Kontaktdaten, die direkt vom Handy aus verwendet werden können. In (c) ist für den Nutzer zu erkennen, für welche Zwecke seine Daten verarbeitet werden.

Wenn der Nutzer sich durch die geschilderte Authentifizierung angemeldet hat, ist dem System bekannt, welche Daten ihm zugeordnet werden und er kann sein Auskunftsrecht wahrnehmen. Abbildung 6.29 (c) zeigt, die in der Modellwelt gespeicherten Daten in der App des Nutzers an. Im Demonstrationsszenario am Flughafen, sind es Größe, Position, eine ID und

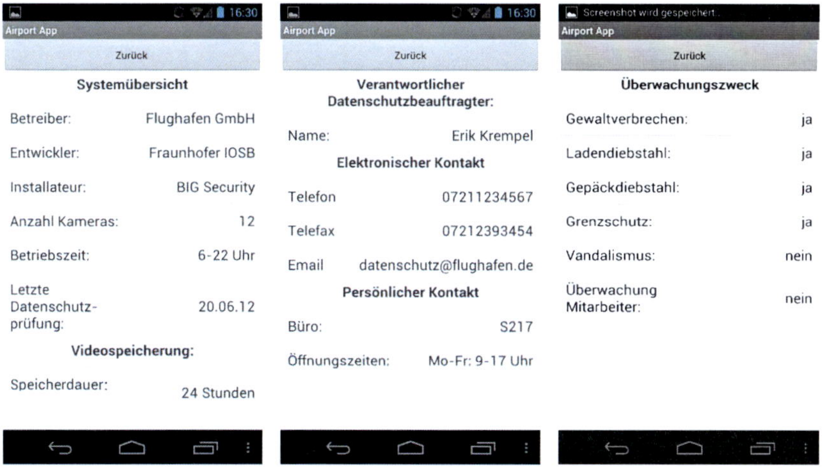

(a) (b) (c)

Abbildung 6.26.: Aufklärung über ein Überwachungssystem durch Mobile Tagging und eine mobile Anwendung

der Name des Nutzers. Beliebige weitere Daten können angezeigt werden. Abbildung 6.27 (a) zeigt den Zugriff auf die Modellweltdaten über ein Java™ Servlet.[209] In (b) ist zudem für den Nutzer einsehbar, welche Dienste seine Daten in den letzten 24 Stunden verwendet haben. So kann er falsche Einstellungen erkennen und seine Policies ändern (Nutzerdienste) oder den Kontakt zum Betreiber (Betreiber- und Datenverarbeitungsdienste) suchen.

Selbstnutzung von Kameras

Eine Kamera vermittelt vielen Personen ein negatives Gefühl, da ihr Sichtfeld nicht erkennbar und ihre Leistungsfähigkeit unbekannt ist. Beobachtete fühlen sich ihnen ausgeliefert.

---

209 Das Servlet ist plattformunabhängig. Ein Reiter dient zur Konfiguration von Datenschutzrichtlinien (siehe Abschnitt 6.3.4).

(a)
(b)

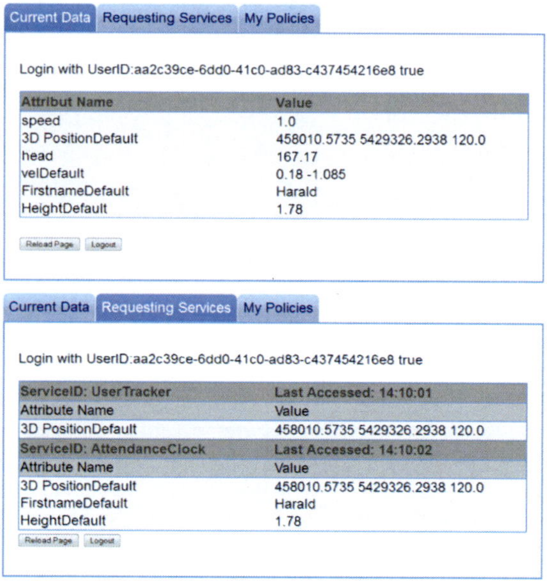

Abbildung 6.27.: Nutzerinterface zur Einsicht gespeicherter Daten und verarbeitenden Diensten [Kre11]

Um den Beobachteten mehr Kontrolle und einen Mehrwert zu geben, können Kameras aktiv genutzt werden. Ohne weitere Anmeldung kann der Nutzer technische Details über die Kamera einsehen (Abbildung 6.28 (a)). Ebenso kann er auf entfernte Kameras zugreifen, in deren Blickfeld er sich nicht befindet, um eine Übersicht über die dortige Situation zu erhalten. Das System bietet dafür „Komfort Kameras" an (Abbildung 6.24 (b)). Der Zugriff wird nur auf verpixelte Bilder gestattet, sodass keine Personen identifiziert werden können. Am Flughafen lässt sich auf diese Weise z. B. entscheiden, ob sich eine Schlange an der Sicherheitskontrolle befindet (Abbildung 6.28 (b)). Befindet sich ein Nutzer im Sichtfeld einer Kamera, kann er für einen begrenzten Zeitraum klar durch sie sehen. Äquivalent zur Anmeldung weist er durch das Ausführen einer Challenge nach, dass er sich aktuell im Sichtfeld der Kamera befindet. Abbildung 6.28 (c) zeigt den Blick durch die Kamera am Check In Bereich des Flughafen Demonstrators nach erfolgreicher Authentifikation.

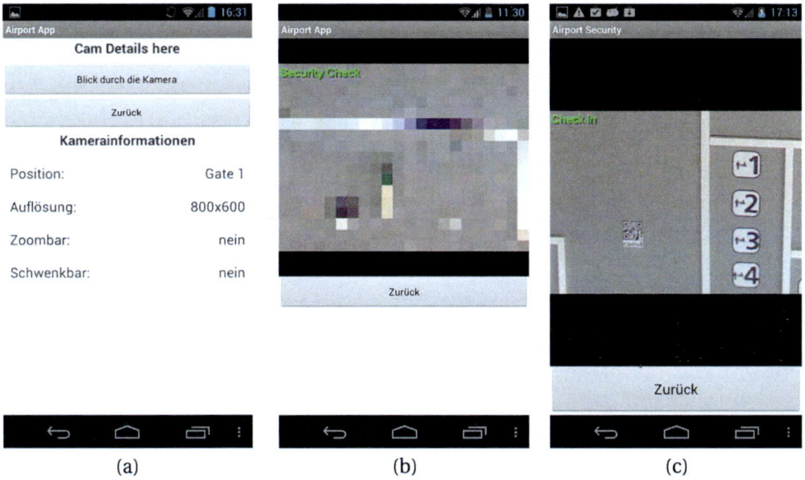

Abbildung 6.28.: Interaktion mit Kameras

Bewusste Überwachung

Unter den Betreiberdiensten wurde bereits beabsichtigte Überwachung (Alarmierung des Operators) aufgeführt, die durch die Geste eines Beobachteten ausgelöst wird. Dies ist ebenfalls ein Nutzerdienst. Neben der Alarmgeste hat der Beobachtete die Möglichkeit, seine Überwachung gezielt zu starten bevor ein Ereignis vorliegt. Äquivalent zur Authentifizierung fragt der Nutzer dafür am System einen Marker an und präsentiert ihn einer Kamera. Durch Vibration seines Endgeräts, erhält er die Bestätigung über die gestartete Überwachung. Er kann sie über sein Gerät ebenfalls beenden.

In-Gebäude Navigation

In großen und fremden Gebäuden kann es schwierig sein, sich zurecht zu finden. Folglich bietet es sich an, das System für In-Gebäude Navigation zu nutzen. Der Nutzer präsentiert hierfür ebenfalls einen Barcode, sodass das System weiß, wer zu überwachen ist. Zeitgleich lädt die Applikation eine Richtlinie in das System, die es erlaubt die Positionsdaten des Nutzers zum Zweck der Navigation zu nutzen. Der Navigationsdienst darf ihm seine Position so lange anzeigen bis er sein Ziel erreicht hat und die Verfolgung gestoppt wird (Abbildung 6.29 (b)). Am Flughafen hilft das System dem Nutzer die nächstgelegenen Toiletten oder sein Gate zu finden (Abbildung 6.29 (a)).

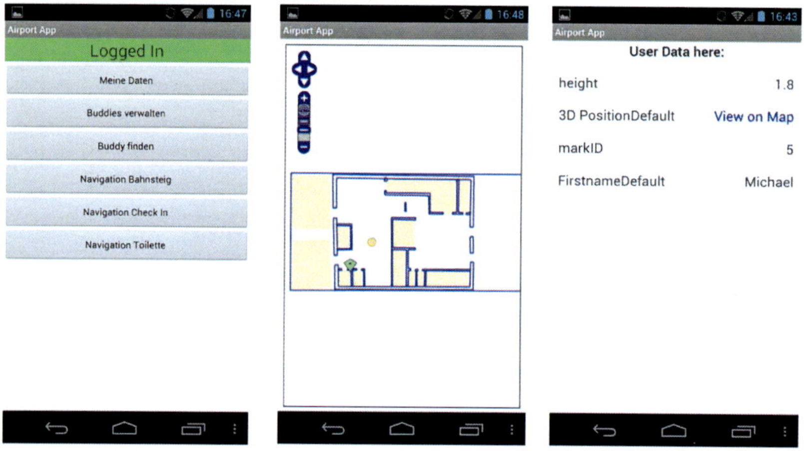

Abbildung 6.29.: Dienste für angemeldete Nutzer, Navigation und persönliche Daten in der Airport App für den Benutzer

Suchfunktion für Freunde (Buddy Finder)

Mit Hilfe des Buddy Finders können überwachte Personen ihre Position mit Freunden teilen. Wenn ein Nutzer das Überwachungssystem auf diese Weise nutzen möchte, kann er hierfür Datenschutzrichtlinien festlegen (siehe Abschnitt 6.3.5). Seine Positionsdaten können für bestimmte Gruppen oder Nutzer nach festen k-Anonymitäts und l-Diversity Werten festgelegt werden. Ebenso kann die Anonymisierung abhängig vom Abstand zur Person dynamisch berechnet werden (Abschnitt 6.4.7).

7

Evaluation und Bewertung des Systems

Es ist schwieriger, eine vorgefaßte Meinung zu zertrümmern als ein Atom.

(Albert Einstein)

Diese Arbeit untersucht, wie ein intelligentes Überwachungssystem nach Privacy by Design auszugestalten ist. Das dabei entwickelte System unterstützt den Betreiber, in dem es Daten intelligent, d. h. automatisiert, verarbeitet und zeitgleich weniger tief in Privatsphäre der Beobachteten eingreift.

Im Folgenden wird der technische Beitrag des Systems in Bezug auf die existierenden Arbeiten (Abschnitt 2.3.1) dargestellt.

Der Schwerpunkt der Evaluierung liegt jedoch auf der juristischen Analyse. Die hier vorgestellte Architektur greift weit weniger in das Recht auf informationelle Selbstbestimmung der Betroffenen ein als konventionelle sowie existierende intelligente Anlagen.

7.1. Technischer Beitrag der Arbeit

Existierende Arbeiten und PETs aus anderen Bereichen fokussieren einzelne Aspekte der Privatheit. Die vorliegenden Systemansätze zielen ebenfalls auf eine abstrahierte Darstellung von Videomaterial ab und betrachten nicht den gesamten Überwachungsprozess.

7.1.1. Komposition von PETs zu einem ganzheitlichen Datenschutzkonzept

Das vorgestellte System setzt in allen Prozessschritten (siehe Abschnitt 5.1.1) PETs aufeinander abgestimmt ein (siehe Abschnitt 6.1) und erzielt dadurch eine ganzheitliche Lösung. Diese wird in Abbildung 7.1 veranschaulicht.

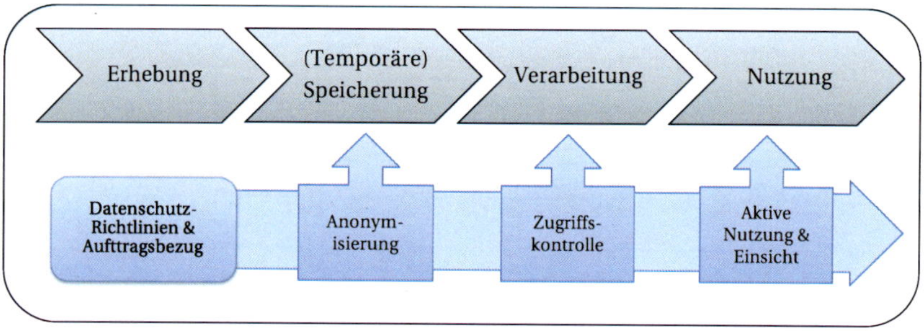

Abbildung 7.1.: Abstimmung der PETs im Überwachungsprozess

Durch die gezielte Komposition wird nicht nur punktueller Fortschritt erreicht, sondern die technische Umsetzung eines ganzheitlichen Datenschutzkonzeptes. Wird eine PET isoliert oder ohne Beirücksichtung des Verarbeitungsprozesses eingesetzt, kann der durch sie erziele Gewinn an anderer Stelle verloren gehen.

Nur der abgestimmte und durchgängige Einsatz von PETs garantiert, dass die Datenschutzanforderungen an intelligente Überwachungssysteme eingehalten werden.

7.1.2. Vergleich des Systems mit dem Stand der Wissenschaft

Tabelle 7.1 fasst die Leistungsmerkmale der bestehenden Arbeiten (Abschnitt 2.3) zusammen und vergleicht sie mit dem nach Privacy by Design entwickelten System, das im Folgenden mit PbDS abgekürzt wird.

Prinzip	Merkmal / Ansatz	Verpixelung	Verpixelung & Auth.	Kartenmaterial	TrustCam	SmartSurv	PiViSA	Privacy Buffer	Privacy Video Console	pawS	System nach PbD (PbDS)
Datenspars.	Anonymisierung	●	●	○	●	●	●	●	●	○	●
	Datenminimierung	○	○	○	○	●	○	○	○	●	●
	Richtlinien (System)	●	●	○	●	○	○	●	●	●	●
	Richtlinien (Nutzer)	○	●	○	●	○	●	○	○	●	●
Transparenz	Aktive Nutzung (System)	○	○	○	○	○	○	○	○	●	●
	Aktive Nutzung (Ansatz)	○	●	●	●	○	○	○	○	●	●
	Kamerainformationen	○	○	●	●	○	○	○	○	○	●
	Systeminformationen	○	○	○	○	○	○	○	○	○	●
	Einsicht pers. Daten	○	○	○	○	○	○	○	○	○	●
Restliche	Zweckbindung	○	○	○	○	○	○	○	○	○	●
	Einzelentscheidung	○	○	○	○	●	○	○	○	○	●
	Mehrere Datenquellen	○	○	○	○	○	○	●	○	●	●

Tabelle 7.1.: Übersicht über den Stand der Wissenschaft

Anonymisierung

Wie die Mehrzahl der Ansätze, setzt PbDS eine Anonymisierung der Daten um. Dafür können flexibel verschiedene Module im Privacy Manager geladen werden.

PbDS minimiert, durch den strikten Zweck- und Auftragsbezug, die Menge der erhobenen Daten von Beginn an.[210] Ähnlich zu SmartSurv werden Daten nur angezeigt und gespeichert, wenn ein Ereignis vorliegt.

Datenschutzrichtlinien und aktive Nutzung des Systems

Im PbDS können vom Betreiber und Nutzer Richtlinien festgelegt werden. Das PbDS bietet dadurch größere Kontrollmöglichkeiten als die vorliegenden Videosystemansätze.

pawS [Lan02] erlaubt es dem Nutzer ebenfalls, Datenschutzrichtlinien festzulegen, die er mit einer Ubiquitous Computing Umgebung (UCU) austauschen kann. Würde ein überwachter Bereich als UCU betrachtet, könnte der Betroffene die Infrastrtuktur nach seinen Richtlinien kontrollieren. Das würde den Sinn der meisten Systeme ad absurdum führen.

So können Betroffene nur ihre Nutzerdienste kontrollieren. PbDS bietet als einziges Überwachungssystem eine aktive Nutzung der Kameras (Mehrwertdienste, temporärer Zugriff). Sie wird durch das optische Challenge-Response Verfahren möglich.

Aufklärung und Einsicht in persönliche Daten

TrustCam und von Freiwilligen erstellte Karten machen Informationen über Kameras öffentlich zugänglich. PbDS bietet darüber hinaus Informationen über das gesamte System an.

Als einziges System ermöglicht PbDS dem Betroffen, über ihn gespeicherten Daten einzusehen. Während pawS anzeigt, welche Dienste Zugriff verlangen, protokolliert und visualisiert PbDS darüber hinaus den erteilten Zugriff.

---

210 Je nach verwendetem Anonymisierungsansatz können zusätzliche Daten nötig sein.

Zweckbindung und Auftragsbezug

Durch den Auftragsbezug und das Mitführen des Zwecks durch den gesamten Verarbeitungsprozess, wird die Zweckbindung durchgehend sichergestellt. Das leistet kein anderes System.

PbDS und SmartSurv benachrichtigen den Operator bei einem Ereignis, ansonsten darf er keine Daten einsehen. Durch die explizite Benachrichtigung bzw. durch die Einbindung des Operators wird eine nachteilige automatisierte Einzelentscheidung durch des Systems verhindert.

Einbindung von Datenquellen

PbDS, pawS und die dem Privacy Buffer zugrundeliegende Architektur bieten die Möglichkeit, neben Kameras weitere Datenquellen zu integrieren.

7.2. Rechtliche Betrachtung des vorgestellten Überwachungssystems

Bereits konventionelle Überwachung weist eine erhebliche Eingriffsintensität auf, da sie ohne begründeten Verdacht in großer Streubreite eine Vielzahl von Personen erfasst und aufgezeichnetes Material in vielfältiger Weise ausgewertet werden kann.[211] Intelligente Systeme, die computergestützte Verfahren einsetzten, intensivieren diese Situation. Zum einen durch den Einsatz verbesserter Sensoren und einer höheren Dichte an Kameras.[212] Zum anderen kann ein intelligentes System durch den Einsatz von Mustererkennungsverfahren auf „normales“ Verhalten prüfen und das in einer Weise, die ein menschlicher Operator nicht leisten kann.[213] Die Zielsetzungen bei der Ausgestaltung intelligenter Überwachungssysteme wurden in Abschnitt

211 BVerfG, NVwZ 2007, 688 (691)
212 Hornung/Desoi in [Hor11a], S. 153 (155)
213 Coudert in [Cou10], S. 377 (378 ff.)

3.3 aus den rechtlichen Randbedingungen hergeleitet. Kapitel 4 zeigt auf, wie diese beim Aufbau der Architektur berücksichtigt wurden.

Moderne Überwachungstechnik stellt eine Bedrohung der Privatsphäre dar und intensiviert den bereits schwerwiegenden Eingriff in das Recht auf informationelle Selbstbestimmung. Das erschwert den Einsatz intelligenter Verfahren in der Praxis und verhindert damit ihre positiven Anwendungsmöglichkeiten.

Die neuen technischen Optionen ermöglichen aber auch eine gesteuerte, differenzierte und zielgerichtete Überwachung.[214,215]

Diese Arbeit untersucht den Aufbau eines solchen Systems unter Berücksichtigung existierender Ansätze (siehe Abschnitt 2.3) und PETs aus anderen Bereichen (siehe Kapitel 5). Im Folgenden wird aufgezeigt, welche datenschutzrechtlichen Verbesserungen sich aus dem vorgestellten System ergeben. Die Vorteile computergestützter Verarbeitung sollen erhalten bleiben, während zeitgleich die Eingriffsintensität absinkt. Im Folgenden werden erst die Vorteile des vorgestellt Systems herausgearbeitet und anschließend die Verhältnismäßigkeit des Eingriffs durch das System genauer beleuchtet.

7.2.1. Kennzeichnungspflicht und Auskunftsrecht

§6b Abs. 2 BDSG fordert eine Kenntlichmachnung der Überwachung und die Nennung der verantwortlichen Stelle. Art. 10 der DSRL fordert darüber hinaus die Bekanntmachung des Zwecks und Hinweise auf Auskunfts- und Löschungsansprüche.[216] Beim Einsatz intelligenter Überwachung ist fraglich, ob herkömmliche Piktogramme über das Ausmaß der Verbreitung hinreichend aufklären.[217]

Kennzeichnung durch Piktogramme ist gängige Praxis, oft werden diese jedoch mit zu wenig Informationen versehen oder schlecht positioniert.

214 Bier/Spiecker gen. Döhmann in: [Bie12], S.610 (610)

215 Aus juristischer Perspektive bemerkt dies bereits Weichert in: [Wei00], S. 662 (668) und aus technischer Perspektive Vagts in: [Vag09b], S. 94 (95).

216 Weichtert in: [Wei00], S. 662 (644)

217 Hornung/Desoi in: [Hor11a], S. 153 (157)

Eine optische Kennzeichnung von überwachten Arealen ist weiterhin unabdingbar, aber nicht ausreichend. Transparenz ist ein Gestaltungsziel des hier vorgestellten Systems. Durch „Mobile Tagging" können Beobachtete über ihre Smartphones leicht Informationen über das System abrufen (siehe Abschnitt 6.6.2) und u. a. Zweck und Speicherdauer einsehen (siehe Abschnitt 6.6.3).

§ 34 Abs. 1 BDSG verpflichtet die verantwortliche Stelle, dem Betroffen Auskunft über die zu seiner Person gespeicherten Daten zu erteilen.[218] Mangelhafte Beschilderung macht es dem Betroffen oft unmöglich, sein Recht wahrzunehmen. Systeme aus Praxis und Wissenschaft bieten keine technischen Mechanismen dafür, im Gegensatz zum hier vorgestellten System (siehe Abschnitt 4.5.2 ff.). Nach der Anmeldung über sein Smartphone kann ein Betroffener direkt Daten zu seiner Person abrufen. Da das System Daten nur bei Bedarf speichert, umfasst das i. d. R. die zum Abfragezeitpunkt vorliegenden Daten und eine Liste an Diensten, die darauf innerhalb der letzten 24 Stunden zugegriffen haben (siehe Abschnitt 6.6.3). Die Auskunft über die Daten dient als Anknüpfungspunkt für Löschung und Berichtigung.

7.2.2. Automatisierte Einzelentscheidung

Nach § 6a Abs. 1 dürfen Entscheidungen, die den Betroffenen erheblich beeinträchtigen, nicht ausschließlich auf eine automatisierte Verarbeitung gestützt werden. Die Vorbereitung einer abschließenden Entscheidung durch Meldung einer Beobachtung ist im Rahmen von § 6a BDSG zulässig.[219] § 6 Abs. 2Nr. .2 BDSG erlaubt eine automatisierte Einzelentscheidung, wenn die Interessen den Betroffenen gewahrt werden und dieser über die Automatisierung informiert wird. Eine erneute Überprüfung durch einen menschlichen Operator stellt eine geeignete Maßnahme zur Wahrung der Interessen des Betroffenen dar.[220]

218 In der DSRL ist das Auskunftsrecht in Art. 12 verankert.
219 Roßnagel/Desoi/Hornung in: [Roß11], S. 649 (699)
220 Hornung/Desoi in: [Hor11a], S. 153 (158)

Das Unterbinden einer automatisierten Einzelentscheidung (siehe Abschnitt 4.4) ist Gestaltungsziel des hier entworfenen Systems. Der Operator steht dafür im Mittelpunkt einer Mensch-Maschine-Interaktion. Datenverarbeitungsdienste verwerten die erhobenen Daten im Kern des System und weisen den Operator auf ein mögliches Ereignis hin. Erst wenn dieser nach einer Prüfung das Ereignis bestätigt, werden weitere Schritte unternommen.

Die Erkennung von Gefahren über Muster funktioniert nicht robust und ist noch Gegenstand aktueller Forschung. Wenn ein Betroffener eine Situation erkennt, löst er über eine Geste oder unter Zuhilfenahme seines Smartphones ein Ereignis aus. Lediglich die Erkennung der Geste findet automatisiert statt. Die Überprüfung der Gesamtsituation obliegt nach wie vor dem Operator.

Konventionelle Überwachungssysteme weisen keine automatisierte Datenverarbeitung auf. Nach dem hier verfolgten Ansatz werden Entscheidungen, die den Betroffenen erheblich beeinträchtigen können, vom Operator getroffen. Das System oder ein Betroffener bereiten diese unterstützend vor.

7.2.3. Datensparsamkeit

Das vorgestellte System wurde nach dem Gestaltungsziel der Datensparsamkeit gestaltet, das aus den rechtlichen Anforderungen hergeleitet wurde(siehe Abschnitt 3.3.1). Die Umsetzung in das System wird in Abschnitt 4.2 dargestellt. Datensparsamkeit ist Teil des Systemdatenschutzes[221] und muss in allen Phasen der Überwachung beachtet werden.[222]

Das PbDS setzt dies in allen Phasen besser um als existierende Systeme. Der Informationsverarbeitungsprozess besteht aus: Erhebung, Speicherung, Verarbeitung und Nutzung (siehe Abschnitt 5.1.1). Abschnitt 3.2.2 stellt die relevanten Begrifflichkeiten aus §3 BDSG dar.

221 Dix in: [Roß03], S. 364 Rn. 2 ff.

222 Weichert in: [Kil09], Kap. 132 Rn. 91

Erhebung

Datenvermeidung ist die stärkste Form der Datensparsamkeit. Beobachtungen mit Aufzeichnung erhöhen, gerade weil die Aufzeichnung in vielfältiger Weise verarbeitet und verknüpft werden kann, die Eingriffsintensität.[223] Maßnahmen der Videoüberwachung weisen dabei bereits eine hohe Eingriffsintensität auf, da es sich in der Regel um Eingriffe mit großer Streubreite handelt, in die Personen einbezogen werden, die nicht in Beziehung zum konkreten Fehlverhalten stehen.[224]

Existierende intelligente und konventionelle Systeme erheben und speichern *alle* Daten, um diese (automatisiert) auswerten zu können.[225] PbDS setzt genau hier an und erhebt nur für den Zweck benötigten Daten (siehe Abschnitt 4.1). Einzig bei Detektion eines Ereignisses werden Daten gespeichert. Die Informationen in der Modellwelt repräsentieren nur den aktuellen Zeitpunkt, d. h. alle für den Zweck relevanten Daten zum aktuellen Moment.

Wenn „Daten unmittelbar nach der Erfassung technisch wieder spurlos, anonym und ohne die Möglichkeit, einen Personenbezug herzustellen, ausgesondert werden", besteht kein Eingriff in das Recht auf informationelle Selbstbestimmung.[226] Das gilt für alle Daten, die in einem Signalverarbeitungsdienst direkt am Sensor gefiltert werden.

Durch die Zweckbindung im PbDS und die Fokussierung auf relevante Objekte und Vorgänge wird die Streubreite der Überwachung verringert. Sie wird zielgerichtet durchgeführt. Bei der Erhebung wird der Zweck festgehalten und mitgeführt. Dadurch kann in den späteren Stufen sichergestellt werden, dass Daten ausschließlich für den spezifizierten Zweck genutzt werden.

Durch den mit der Zweckbindung verknüpften Auftragsbezug wird zur Entwurfszeit festgelegt, welche Sensoren und Signalverarbeitungsdienste

223 Scholz in: [Sim11], § 6b, Rn. 31
224 BVerfG, NVwZ 2007, 688 (691); Scholz in: [Sim11], § 6b, Rn. 31
225 Einzige Ausnahme sind die Smarte Kameras von Fleck [Fle08b]. Sie könnten in PbDS eingesetzt werden.
226 BVerfGE 120, 378 (399)

benötigt werden. Eine geeignete Auswahl verringert die Datenmenge und Streubreite.

Um Anonymisierungsverfahren sinnvoll bei der Verarbeitung und Nutzung einzusetzen, müssen gegebenenfalls mehr Daten erhoben werden, als nötig. Datensparsamkeit hat zwei Dimensionen: Quantität und Qualität. Somit ist eine quantitative Mehrerhebung gerechtfertigt, wenn dadurch eine entsprechende qualitative Verbesserung bei der Verarbeitung und Nutzung erzielt wird.

Speicherung

Das PbDS speichert, nach dem oben geschilderten Prinzip, die Beobachtungen der Signalverarbeitungsdienste in der Modellwelt. Aus den Beobachtungen wird eine Darstellung der aktuellen Lage berechnet. Die Beobachtungen werden nicht archiviert, sondern temporär gespeichert. Die Speicherung dient dem Zweck, den Datenverarbeitungs-, Nutzer- und Betreiberdiensten eine Momentaufnahme des beobachteten Weltausschnitts zur Verfügung zu stellen. Ein Weltausschnitt aus der Vergangenheit ist nicht einsehbar.[227] Eine Zwischenspeicherung ist vom Begriff des Speicherns auszunehmen, wenn die Löschung im direkten zeitlichen Zusammenhang durch ein automatisiertes Verfahren garantiert ist.[228]

Die Modellwelt ist keine „lernende Komponente“, die auffälliges Verhalten über die Zeit bestimmt oder einmal auffällig gewordene Objekte wieder identifiziert.[229] Die in der Modellwelt repräsentierten Daten werden von Datenverarbeitungsdiensten verwendet, um die „intelligente“ Verarbeitung zu realisieren (siehe Phase Verarbeitung).

227 Wenn zur Anonymisierung Daten aus der Vergangenheit verwendet werden (siehe Abschnitt 6.4.3), müssen Beobachtungen über ein Zeitfenster vorgehalten werden. Das kann in einem Ringspeicher realisiert werden, in dem diese durchweg überschrieben (gelöscht) werden.

228 Dammann in [Sim11], § 3, Rn. 124

229 Vgl. Bier/Spiecker gen. Döhmann in: [Bie12], S. 610 (615)

Innerhalb der Kameras findet eine temporäre Speicherung in einem Ringspeicher statt. Das Bildmaterial wird dem Operator zur Nutzung zur Verfügung gestellt, wenn ein Ereignis vorliegt. Er entscheidet, ob es sich eine Fehldetektion handelt (siehe Phase Nutzung). Nur wenn er darauf entscheidet, dass die Situation weiter zu verfolgen ist, werden sie zur späteren Verwendung gespeichert.

Das PbDS System minimiert die Menge der gespeicherten Daten signifikant, was zu einer weiteren Reduktion der Streubreite führt. Solange kein Ereignis vorliegt, werden Daten nur vorgehalten, um die aktuelle Lage darzustellen. Während der Erhebung als für den Zweck unnötig klassifizierte Daten, wurden dort bereits entfernt nicht in der Gesamtlage dargestellt. Sensorinformationen werden bei einem Ereignis langfristig gespeichert. Die Menge der gespeicherten Daten ist vom Ereignis und seiner Verfolgung abhängig. Die Länge der in den Ringspeichern vorliegenden Ausschnitte, die dem Operator eine Beurteilung der Situation erlauben, ist fallspezifisch anzupassen.

Verarbeitung

Die in dieser Arbeit beispielhaft verwendeten Dienste (Personenzähler und Bereichsüberwachung), die eine intelligente Verarbeitung realisieren, arbeiten auf der Momentaufnahme der Modellwelt. Sie verändern und speichern keine Daten. Ohne Speicherung von Daten in den Diensten können auch komplexere Situationen, z. B. eine Cliquenbildung an einem Bahnsteig, erkannt werden. Einer solchen Verarbeitung sind Grenzen gesetzt und es sind Dienste denkbar, die Modellweltdaten speichern und verändern, um ein Ereignis zu detektieren. Im Fall der Cliquenbildung könnte ein Dienst analysieren, ob sich in einer Gruppe über die Zeit ein mögliches Opfer identifizieren lässt. Findet eine Speicherung in den Diensten statt, müssen die Voraussetzung und der Verwendungsumfang eng begrenzt werden.[230]

230 BVerfG, NJW 2010, 833, (840 f.)

Die Abstraktion der Daten und ihre Granularität bis auf Attributebene, gepaart mit dem Zweckbezug, ermöglichen eine Begrenzung auf eine bestimmte Aufgabe, zu deren Verarbeitung nur die wirklich benötigten Daten herangezogen werden. Die Funktionalität des Dienstes ist, z. B. über eine Zertifizierung, sicherzustellen. Die Dienste arbeiten im abgeschotteten Kern des Systems. Der Betreiber spezifiziert im Rahmen der Überwachungsaufträge ihre Funktionalität. Während des Betriebs besteht für ihn keine Möglichkeit, auf ihre Daten zuzugreifen. Die Verarbeitung läuft für ihn in einer Black-Box ab.[231]

Datenverarbeitungsdienste können wie Nutzer- und Betreiberdienste nicht nur auf abstrahierten, sondern auch auf anonymisierten oder pseudnoymisiererten Daten arbeiten. Das hier vorgestellte System pseudonymisiert Daten nur für Nutzer- und Betreiberdienste (siehe Phase Nutzung).

Durch die vom Zweck abhängigen, vorher festgelegten Aufträge wird eine zielgerichtete Überwachung erreicht. Weniger vom konkreten Fehlverhalten nicht betroffene Personen werden beobachtet und die Eingriffsintensität wird erheblich herabgesetzt. Die im System sicher gekapselte, dem Betreiber nicht zugängliche, Verarbeitung verringert das Missbrauchspotential.

Nutzung

Für die Nutzung durch den Operator oder Betreiber verlassen Daten den Kern des Systems und passieren dabei den Privacy Manager (siehe Abschnitt 6.1). Die Daten können, wie am Beispiel von Positionsdaten in dieser Arbeit dargestellt, bei Herausgabe pseudonymisisert werden. Abschnitt 6.4 zeigt eine mögliche Anonymisierung. Hierbei ist Anonymisierung im informationstechnischen Sinn zu betrachten. Aus rechtlicher Perspektive leistet das PbDS eine Pseudonymisierung, da die Zuordnung zu den Beobachtungen im Privacy Manager wieder hergestellt werden kann. Eine Zuordnung wird nur im Verdachtsfall aufgedeckt, um gezielte Maßnahmen ergreifen zu können. Ohne Verdacht wird dem Operator kein Ereignis visualisiert. Die

231 Vgl. Roßnagel/Desoi/Hornung in: [Roß11], S. 649 ff.

Anlasslosigkeit ist ein zentraler Grund für die hohe Eingriffstiefe konventioneller Systeme,[232] sodass die Eingriffsintensität durch PBdS erheblich reduziert wird.

Durch die Abstraktion vom Bildmaterial ist es möglich, neue Methoden zur Anonymisierung und Pseudonymisierung einzusetzen.[233] Die Forderung nach Anonymisierung und Pseudonymisierung aus § 3a BDSG wird schon vor der Nutzung umgesetzt.[234] Bereits während der Erhebung findet die Abstraktion und Reduktion der Daten in den Sensorverarbeitungsdiensten statt. Auch eine Identifikation von Objekten (z. B. durch Gesichtserkennung) ist möglich. Nicht relevante Attribute können hier entfernt oder anonymisiert werden. Die Beobachtungen werden anschließend an die Modellwelt weitergegeben. Die hier stattfinde Veränderung der Daten ist gerechtfertigt, da Datenschutz einen legitimen Zweck darstellt und aus sich heraus zulässig ist.[235]

In welcher Form Betreiber- und Nutzerdienste auf Daten zugreifen dürfen, wird durch Datenschutzrichtlinien festgelegt, die am Zweck ausgerichtet sind. Das Gewicht der Grundrechtsbeeinträchtigung ist damit niedriger einzustufen als bei konventionelle Überwachung, in der die vielfältige Nutzung[236] nicht technisch beschränkt ist. Der Privacy Manager reguliert den Zugriff auf die Daten des Systems anhand der Richtlinien. Äquivalent zur Verarbeitung muss die Funktionalität der Dienste hier ebenfalls sichergestellt sein.

Für Nutzerdienste kann der Betroffene selbst entscheiden, in welcher Intensität er sie wahrnehmen möchte, d. h. welche Daten er freigibt. Das beinhaltet auch eine selbst veranlasste Überwachung durch das System.

---

232 BVerfG, NVwZ 2007, 688 (691)

233 Die Verpixelung von Bilddaten wird von Hornung/Desoi in: [Hor11a], S. 153 (155) skeptisch betrachtet. Auch aus technischer Perspektive zeigt Dufaux in [Duf11], das Verpixelung nicht ausreichend ist, da Tracking und Gesichtserkennung nach wie vor funktionieren können.

234 Bereits in BVerfGE 65, 1 (49) wird eine frühzeitige Anonymisierung gefordert.

235 Bier/Spiecker gen. Döhmann in: [Bie12], S. 610 (615)

236 BVerfG, NVwZ 2007, 688 (691)

7.2.4. Benutzergesteuerte Ereignisse

Die hohe Eingriffsintensität existierender Systeme ist den in der Regel verdachtlosen Eingriffen mit großer Streubreite geschuldet.[237] Das PbDS ermöglicht es dem Betroffenen, selbst ein Ereignis zu generieren, welches dem Operator visualisiert wird. Der Operator prüft die Situation und kann davon ausgehend weitere Schritte einleiten. Durch die Einbeziehung des Betroffenen kann das System zielgerichtet arbeiten. Der Wirkungskreis der Maßnahme wird dadurch auf die Beteiligten der Situation eingeschränkt und es besteht ein begründeter Verdacht. Demgegenüber steht, dass der Auslöser des Ereignisses Personen in seiner Nähe in den Fokus der Überwachung bringt und somit Kontrolle über die Eingriffsintensität gegenüber Dritten erhält. Die Klärung, ob es sich um ein berechtigtes Ereignis handelt, obliegt dem Operator. Er nimmt die Interessen der anderen Betroffenen wahr.

Gesten können auch von Personen ausgelöst werden, die nicht selbst Teil einer Situation sind, die Anlass zur Überwachung bietet. Hier sind zwei Fälle zu unterscheiden.

Zum einen kann sich der Betroffene in der Nähe einer Situation befinden und möchte diese melden, z. B. wenn er einen Diebstahl bemerkt hat oder eine sich an anbahnende Gewalttat am Bahnsteig beobachtet. Analog zum oben geschilderten Fall wird hier die Eingriffsintensität gegenüber Dritten erhöht. Wenn die Funktionalität nicht böswillig missbraucht wird, ist i. d. R. davon auszugehen, dass die Betroffenen, d. h. die Bestohlenen oder Bedrohten der Überwachung zustimmen würden.

Anders stellt sich die Situation dar, wenn jemand gezielt und böswillig versucht ein Ereignis für eine Situation auszulösen, an der er nicht beteiligt ist. Es kann nicht davon ausgegangen werden, dass die Betroffenen dies bemerken. Auch hier nimmt der Operator die Interessen der Betroffenen war. In welchem Ausmaß die Intensität gegenüber dritten zunimmt, hängt von der Häufigkeit des Missbrauchs ab. Vereinzelter Missbrauch ist nicht

237 Scholz in: [Sim11], § 6b, Rn. 31

höher zu bewerten als eine Fehldetektion. Es ist aber auch denkbar, dass eine Person gezielt über einen längeren Zeitraum in den Mittelpunkt einer Überwachung gestellt wird. Das sollte vom Operator bemerkt werden und ist dem Betreiber anzuzeigen.

Betroffene sind über die Maßnahme aufzuklären und es ist durch eine entsprechende Beschilderung darauf aufmerksam zu machen. Eine erweiterte Aufklärung kann über Mobile Tagging stattfinden (siehe Abschnitt 6.6.2). Wenn sich ein Betroffener am System anmeldet, kann er über die Liste der zugreifenden Dienste der letzten 24 Stunden einsehen, ob er im Fokus der Beobachtung, ausgelöst durch Gesten stand. Ebenso ist es denkbar, dass der Operator dem Betroffenen eine Mitteilung schickt, wenn Missbrauch bemerkt wurde. Unabhängig von Beschilderung und Auskunft, können benutzergesteuerte Ereignisse auf bestimmte Gebiete (z. B. Bahnhöfe) oder Einsatzzeiten begrenzt werden.

7.2.5. Verhältnismäßigkeit des Eingriffs

Ob der Eingriff in das Recht auf informationelle Selbstbestimmung zulässig ist, ist am Grundsatz der Verhältnismäßigkeit zu prüfen. Die Beobachtung ist nach § 6b BDSG Abs. 1 nur zulässig, wenn „keine Anhaltspunkte bestehen, dass schutzwürdige Interessen der Betroffenen überwiegen.“ Gleiches gilt für die nachgelagerte Verarbeitung und Nutzung.[238]

Geeignetheit

Die Tauglichkeit konventioneller Überwachungssysteme präventiv Straftaten zu verhindern, ist umstritten. Oft bleibt nur repressive Verfolgung basierend auf dem Videomaterial.[239,240]

238 Vgl. Gola/Schomerus in: [Gol12], § 6b, Rn. 19; Scholz in: [Sim11], § 6b, Rn. 62

239 NvwZ 2007, 775 (778)

240 Mit der Wirksamkeit der Videoüberwachung und ihren gesellschaftlichen Auswirkungen befasst sich das noch junge Forschungsfeld der Surveillance Studies, z. B. in [Zur07].

Während der Einsatz konventioneller Systeme in vielen Fällen fragwürdig erscheint, ist das hier vorgestellte System geeignet, Aufgaben zur Wahrung der öffentlichen Sicherheit wahrzunehmen. Durch die intelligente Verarbeitung der Daten wird es überhaupt erst möglich, präventiv zu agieren. Die Auslösung von Ereignissen durch Betroffene leistet ebenfalls einen Beitrag zur präventiven Erkennung. Das ab der Ereignisdetektion gespeicherte Datenmaterial kann zur Beweisführung verwendet werden. Neben dem Einsatz in öffentlichen Plätzen ist es zudem geeignet, Personen vor sich selbst zu oder in gefährlichen Bereichen zu schützen (z. B. in psychiatrischen Einrichtungen oder in Hochsicherheitsbereichen).

Bei der durchgehenden Beobachtung mehrerer Monitore nimmt der Operator nach zweiundzwanzig Minuten 95 % der Aktivitäten nicht mehr war.[241] Durch die automatische oder benutzergetriebene Ereignisdetektion kann der Operator seine Aufmerksamkeit auf den Sachverhalt legen. Die abstrakte Darstellung der Informationen ermöglicht eine schnelle Beurteilung der Situation.

Erforderlichkeit

Der konventionellen Videoüberwachung sind weniger invasive Maßnahmen vorzuziehen. Eine Überwachungsmaßnahme ist nicht erforderlich, wenn sie durch Maßnahmen ersetzt werden kann, die einen geringeren Eingriff in die Rechte der Betroffenen darstellen.[242]

Die Erforderlichkeit eines intelligenten Überwachungssystems, wie dem vorgestellten, ist gegeben, wenn die Aufgabe nicht adäquat durch Personal oder andere, z. B. bauliche Maßnahmen gelöst werden kann. So kann ein intelligentes System schneller ermitteln, in welche Richtung sich ein Verdächtiger bewegt, als Sicherheitspersonal, das sich nicht vor Ort befindet und die Verfolgung aufnehmen soll. Auch in Bereichen, in denen Personen einer großen Gefahr ausgesetzt sind und in denen sie sich nur kurzfristig

241 Ainsworth in: [Ain02], S. 20f.
242 Hilpert in: [Hil09], S. 160 (163)

aufhalten sollten, ist der Einsatz von Überwachung der Positionierung von menschlichem Wachpersonal vorzuziehen. Andere äußere Gegebenheiten, z. B. die Überwachung bei Dunkelheit, können den Einsatz ebenfalls nötig machen. Hier kann durch geeignete Sensorik das Übertreten eines sich räumlich weit erstreckenden Grenzbereichs detektiert werden, was patrouillierendem Wachpersonal nicht möglich wäre.

Angemessenheit

Eine flexible Architektur, wie die des vorgestellten Systems, erlaubt es, eine Vielzahl an Technologien zu integrieren, sodass die schutzwürdigen Interessen der Betroffenen gefährdet sind. Es können verschiedene Sensoren verwendet werden, um unterschiedliche Informationen zu erhalten. Bereits die Möglichkeit zur Verknüpfung erhöht die Eingriffsintensität[243] und die Modellwelt ist darauf ausgelegt, diese auch durchzuführen. Dabei leisten die Datenverarbeitungsdienste eine Vorverarbeitung und können, z. B. eine biometrische Erkennung durchführen, welche die Intensität besonders erhöht.[244] Die Intensität wird weiter dadurch erhöht, dass ein Überwachungssystem die qualitativ hochwertigen Daten dazu verwendet, Verhaltensmuster zu erkennen.[245]

Die verbesserte Qualität der Daten und gesteigerten Auswertungsmöglichkeiten wirken sich aber auch positiv auf den Betroffen aus. Es wird verhindert, dass das System falsche Schlüsse zieht. Die Wahrscheinlichkeit zu Unrecht überwacht zu werden sinkt. Weiterhin wird es durch die hohe Datenqualität für den Betroffenen erst möglich, Auskunft über seine Daten zu erhalten. Moderne Methoden ermöglichen die Identifikation gegenüber dem System und die Aufnahme seiner Merkmale, die eine Zuordnung zu den erhobenen Daten erlaubt.

243 BVerfG, NVwZ 2007, 688 (691)
244 Vahle in: [Vah08], S.444 (445)
245 Coudert in: [Cou10], S.377 (378)

Durch die vorgestellte Architektur, kann die risikoreiche Technologie so eingesetzt werden, dass sie die schutzwürdigen Interessen der Betroffenen nicht gefährdet.

Das Erkennen von Gefahrensituationen und die Identifikation von Zielpersonen ermöglicht eine anlassbezogene und selektive Überwachung, die eine wesentlich geringere Streubreite aufweist. Beim Aufbau des Systems wird festgelegt, welche Informationen relevant sind. Zielgerichtet wird dafür Sensorik ausgewählt. Die Signalverarbeitungsdienste filtern nicht relevante Daten direkt aus.[246] Nur benötigte Beobachtungen werden an die Modellwelt gesendet.

Das vorgestellte System ist besonders geeignet, Zweckbindung umzusetzen. Zu jedem Datum wird der Zweck der Erhebung mitgeführt und der Zweckbezug bleibt während der gesamten Verarbeitung erhalten.[247]

Basierend auf den Daten der Modellwelt führen die Datenverarbeitungsdienste eine Analyse durch. Sie erhalten nur die für ihren Zweck benötigten Daten. Die Zusammenführung in der Modellwelt und die Analyse laufen im geschlossenen Kern des Systems ab. Der Operator, bzw. Betreiber hat nicht die Möglichkeit, Daten außerhalb des vorgesehenen Zwecks zu verwenden. Solange die Daten im Systemkern bleiben, sind sie für den Betreiber pseudonym.[248]

Sobald Daten den Systemkern verlassen werden, durchlaufen sie den Privacy Manager. Wenn möglich werden sie anonymisiert.

Die abschließende Bewertung eines Systems ist von seiner konkreten Ausgestaltung im Einzelfall abhängig.

246 Im Nichttrefferfall greift das Recht auf Informationelle Selbstbestimmung nicht. Vgl. BVerfGE 120, 378 (399)

247 BVerfGE 100, 313 (360)

248 Roßnagel/Desoi/Hornung in: [Roß11], S. 649 (699)

8

Zusammenfassung und Ausblick

> I respect someone's right to privacy and I want them to know it.
>
> *(Terry Gross)*

Intelligente Überwachungssysteme können unterschiedlichste Sensorik integrieren, computergestützte Verfahren, wie Gesichtserkennung, Altersschätzung anwenden und basierend auf der Datenmenge eine Verhaltensanalyse ausführen. Die Eingriffsintensität solcher Systeme in das Recht auf informationelle Selbstbestimmung ist noch höher einzustufen, als der bereits schwerwiegende Eingriff durch konventionelle Überwachung.

8.1. Zusammenfassung der Beiträge und Ergebnisse

Die Arbeit untersucht den Aufbau eines intelligenten Überwachungssystems nach Privacy by Design.

Hauptbeitrag der Arbeit ist die Entwicklung eines Systems, das die rechtlichen Datenschutzvorgaben besser berücksichtigt als konventionelle Überwachung und weniger tief in das Recht auf informationelle Selbstbestimmung eingreift. PETs wurden in allen Phasen des Überwachungsprozesses eingesetzt und zu einer ganzheitlichen Lösung kombiniert. Das entworfene System erhält zeitgleich die technischen Vorteile intelligenter Überwachung und erlaubt eine effizientere Verarbeitung als konventionelle Systeme. Der Betroffene kann das System aktiv nutzen, um sich zu informieren oder Mehrwertdienste zu nutzen.

Dabei weist das System folgende signifikanten datenschutzrechtlichen Vorteile gegenüber konventionellen Systemen auf:

- Verbesserte Transparenz und Nachverfolgbarkeit für den Betroffenen. Durch mobile Tagging kann er leicht Informationen zum System abrufen und sich ausführlich über die Leistungsfähigkeit, Zweck und den Betreiber informieren. Der Betroffene kann, nach Anmeldung am System, die über ihn vorliegenden personenbezogenen Daten einsehen.

- Durch die konsequente Umsetzung von Datensparsamkeit wird die Menge der erhobenen und verarbeiteten Daten stark reduziert. Nur benötigte Daten werden gezielt erhoben. Dadurch wird die Eingriffsintensität verringert.

- Der Überwachungszweck wird bei der Erhebung der Daten gespeichert und bleibt im gesamten Verarbeitungsprozess erhalten. Die Verwendung von Daten für einen anderen, als den vorgesehen Zweck, wird damit unterbunden.

- Wenn Daten den Systemkern verlassen, um dem Operator oder Betroffenen angezeigt zu werden, können sie anonymisiert werden. Die Eingriffsintensität wird dadurch ebenfalls verringert.

- Dem Operator werden erst (anonymisierte) Informationen angezeigt, wenn ein Ereignis detektiert wurde. Bis dahin verbleiben sie im abgeschotteten Kern des Systems.

Aus informationstechnischer Perspektive setzt das vorgeschlagene System als erstes PETs in allen Phasen der Überwachung zur technischen Durchsetzung von Datenschutz ein. Nur durch das Zusammenwirken aller Mechanismen wird eine niedrigere Eingriffsintensität des Gesamtsystems erreicht. Der Beitrag zur Wissenschaft spiegelt sich in der Leistungsfähigkeit des vorgestellten Systems gegenüber existierenden Lösungen wieder (siehe Abschnitt 7.1).

Die folgenden zwei erzielten Eigenschaften sind als wesentliche Beiträge hervorzuheben. Durch sie werden Betroffene von Überwachung zu aktiven Nutzern des Systems.

- Beobachtete können durch Gesten ein Event auslösen. Sie können das System aktiv nutzten und selbst entscheiden, wann sie Hilfe benötigen. Situations- und Verhaltensanalyse arbeiten nicht zuverlässig und sind fehleranfällig. Durch die Einbeziehung der Beobachteten in den Überwachungsprozess wird dieses Problem umgangen. Das System kann effektiver und zielgerichteter arbeiten.

- Durch das vorgestellte optische Challenge-Response Verfahren wird eine Bindung zwischen Beobachtetem und dem System hergestellt. So können ihm seine persönlichen Daten zugeordnet werden, die er einsehen kann. Durch die Bindung wird eine aktive Nutzung möglich, die eine Vielzahl von Anwendungen erlaubt. Der Beobachtete kontrolliert dabei die Freigabe seiner Daten an Applikation.

Bei der Realisierung des Systems wurden verschiedene Nebenbeiträge geleistet. Es wurden existierende PETs untersucht und ein Modell zur Bewertung aufgezeigt. XACML Richtlinien wurden für den Einsatz in Überwachungssystemen so erweitert, dass sie gruppiert und gewichtet werden können. Markierte Richtlinien dürfen von niedriger gewichteten überschrieben werden.

Ein etabliertes Verfahren zur Anonymisierung von Positionsdaten wurde um die zeitliche Dimension erweitert, sodass ein neuer Freiheitsgrad zur Anonymisierung in der Überwachung zur Verfügung steht.

Das Vertrauen in Kameras und andere Sensoren bzw. in die Qualität ihrer Daten, stellt ein Problem in intelligenten Überwachungssystemen dar. Hier wurde ein weiterer Beitrag geleistet. In Anhang A wird aufgezeigt, wie Reputationssysteme in der Überwachung einzusetzen sind.

Während der Anfertigung der Arbeit wurde zudem untersucht, wie Zugriffskontrollmechanismen zur Sicherung des Zwecks- und Auftragsbezugs eingesetzt werden können. Das ist insbesondere relevant, wenn Funktionalität Dritter genutzt wird (z. B. Datenverarbeitungsdienste aus der Cloud). Der hier vorgestellte Systemkern wird jedoch als geschlossen betrachtet, sodass auf [Vag12c] verwiesen wird.

8.2. Ausblick

Überwachung und Sicherheitstechnologie sind ganzheitlich zu betrachten [Vag09b, Vag12d]. Dabei sind technische, rechtliche und gesellschaftliche Aspekte zu berücksichtigen. Im Fokus dieser Arbeit liegt die Verbindung von Recht und Technik durch Privacy by Design. Die interdisziplinäre Arbeit ist weiter konsequent fortzusetzen. Insbesondere durch Betrachtung und Integration von „Sociality by design“ [GB12]. Hier ist zum einen zu ergründen, welche Auswirkung der Einsatz von Überwachung für die Gesellschaft hat, zum andern bedarf die Akzeptanz und das Verständnis von Technologie weiterer Forschung. Dabei ist zu untersuchen, wie Systeme ausgestalten und einzusetzen sind, damit sie von den Beobachteten als eine Bereicherung wahrgenommen werden. Durch die Einführung von Nutzerdiensten wurde in dieser Arbeit ein erster Schritt geleistet, dem weitere methodische Untersuchungen folgen sollten. Das Verständnis von PETs ist eine weitere offene Frage. Es müssen Wege gefunden werden, die Funktionalität für Anwender greifbarer zu machen.

Im Rahmen der Arbeit wurde eine Methode zur Anonymisierung von Positionsdaten aufgezeigt. [Bie10] befasst sich mit der Anonymisierung weiterer Attribute in Überwachungssystemen. Hier sind weitere konkrete Methoden zu entwickeln, die im PBdS System integriert werden können.

Das im Anhang der Arbeit vorgestellte Vertrauensmodell bietet ebenfalls Raum für weitere Arbeiten (siehe Abschnitt A.11.2), z. B. eine ausführliche Behandlung potentieller Ausreißer in den Bewertungen.

Eigene Veröffentlichungen

[Bau09] BAUER, Alexander; EMTER, Thomas; VAGTS, Hauke und BEYERER, Jürgen: Object Oriented World Model for Surveillance Systems, in: Peter Elsner (Herausgeber) *Future Security: 4th Security Research Conference*, Fraunhofer Verlag, Karlsruhe, S. 339–345

[Bie12a] BIER, Christoph; BIRNSTILL, Pascal; KREMPEL, Erik; VAGTS, Hauke und BEYERER, Jürgen: Enhancing Privacy by Design From a Developer's Perspective, in: *Proc. of the Annual Privacy Froum 2012*

[Bie12b] BIER, Christoph; BIRNSTILL, Pascal; KREMPEL, Erik; VAGTS, Hauke und BEYERER, Jürgen: How Is Positive-Sum Privacy Feasible?, in: Nils Aschenbruck; Peter Martini; Michael Meier und Jens Tölle (Herausgeber) *Future Security*, Bd. 318 von *Communications in Computer and Information Science*, Springer Berlin Heidelberg, S. 265–268

[Moß10] MOSSGRABER, Jürgen; REINERT, Frank und VAGTS, Hauke: An Architecture for a Task-Oriented Surveillance System - A Service and Event Based Approach, in: *Proc. Fifth International Conference on Systems ICONS*, The Three Valleys, France, S. 146–151

[Vag09a] VAGTS, Hauke: Smart Surveillance: A Holistic Approach for Future-Proof Solutions, in: Jürgen Beyerer und Marco Huber (Herausgeber) *Proceedings of the 2009 Joint Workshop of Fraunhofer IOSB and Institute for Anthropomatics, Vision and Fusion Laboratory*, KIT Scientific Publishing, S. 111–126

[Vag09b] VAGTS, Hauke und BEYERER, Jürgen: Security and Privacy Challenges in Modern Surveillance Systems, in: Peter Elsner (Herausgeber) *Future Security: 4th Security Research Conference*, Fraunhofer Verlag, Karlsruhe, S. 94–116

[Vag09c] VAGTS, Hauke; EMTER, Thomas; BAUER, Alexander und BEYERER, Jürgen: Privacy Enforcement in Surveillance Systems, in: Peter Elsner (Herausgeber) *Future Security: 4th Security Research Conference*, Fraunhofer Verlag, Karlsruhe, S. 375–382

[Vag10a] VAGTS, Hauke und BAUER, Alexander: Privacy-Aware Object Representation for Surveillance Systems, in: *Proceedings of 7th IEEE International Conference on Advanced Video and Signal Based Surveillance*, Boston, USA, S. 601–608

[Vag10b] VAGTS, Hauke und BEYERER, Jürgen: Instanzorientierte Zugriffskontrolle für den Einsatz in Sensornetzwerken, in: Fernando Puente León; Klaus-Dieter Sommer und Michael Heizmann (Herausgeber) *Verteilte Messsysteme*, KIT Scientific Publishing, Braunschweig, S. 207–218

[Vag10c] VAGTS, Hauke und BEYERER, Jürgen: New Approaches for Data Protection and Anonymization in Surveillance Systems, in: *Future Security: 5th Security Research Conference*, Fraunhofer Verlag, Berlin

[Vag10d] VAGTS, Hauke; KREMPEL, Erik und BEYERER, Jürgen: Privacy Enforcement by Identity Management in Smart Surveillance Systems, in: *Proceedings of the International Conference on Distributed Multimedia Systems*, Chicago, USA, S. 64–69

[Vag11a] VAGTS, Hauke und BEYERER, Jürgen: Enhancing the Acceptance of Technology for Civil Security, in: Joachim Ender und Jens Fiege

(Herausgeber) *Future Security 2011 Conference Proceedings*, Fraunhofer Verlag, Berlin, S. 372–379

[Vag11b] VAGTS, Hauke; BIER, Christoph und BEYERER, Jürgen: Anonymization in Intelligent Surveillance Systems, in: *Proceedings of 4th IFIP Conference on New Technologies, Mobility and Security*, Paris, S. 1–4

[Vag11c] VAGTS, Hauke und COSAR, Taner: Establishing trust in decentralized smart sensor networks, in: *Mobile Multimedia/Image Processing, Security, and Applications*, Bd. 8063 von *Proceedings of SPIE*, Orlando, USA, S. 1–13

[Vag11d] VAGTS, Hauke; KREMPEL, Erik und FISCHER, Yvonne: Access Controls for Privacy Protection in Pervasive Environments, in: *Proceedings of the Conference on Pervasive Technologies Related to Assistive Environments*, Heraklion

[Vag12a] VAGTS, Hauke: Requirements for reputation in decentralized smart sensor networks, in: J. Beyerer und A. Pak (Herausgeber) *Proceedings of the 2011 Joint Workshop of Fraunhofer IOSB and Institute for Anthropomatics, Vision and Fusion Laboratory*, Karlsruher Schriften zur Anthropomatik, KIT Scientific Publishing, Karlsruhe, S. 51–61

[Vag12b] VAGTS, Hauke und BEYERER, Jürgen: Gebrauchsmuster: *Überwachungssystem mit einer Mehrzahl von Kameras*, Deutschland, Nr.: 20 2012 000 328.3 (2012)

[Vag12c] VAGTS, Hauke und JAKOBY, Andreas: Privacy-aware access control for video data in intelligent surveillance systems, in: *Mobile Multimedia/Image Processing, Security, and Applications*, Bd. 8406 von *Proceedings of SPIE*, Baltimore, USA

[Vag12d] VAGTS, Hauke; KREMPEL, Erik und BEYERER, Jürgen: User-Centric Protection and Privacy in Smart Surveillance Systems, in: Nils

Aschenbruck; Peter Martini; Michael Meier und Jens Tölle (Herausgeber) *Future Security*, Bd. 318 von *Communications in Computer and Information Science*, Springer Berlin Heidelberg (2012), S. 237–248

Literaturverzeichnis

[Ain02] AINSWORTH, T.: Buyer Beware. *Security Oz* (2002), Bd. 19: S. 18–26

[And05] ANDERSON, Ann: Core and hierarchical role based accesscontrol (RBAC) profile of XACML v2.0 (2005)

[And06] ANDERSON, Anne: A comparison of two privacy policy languages: EPAL and XACML, in: *Proceedings of the 3rd ACM workshop on Secure web services*, SWS '06, ACM, New York, NY, USA, S. 53–60

[And08] ANDERSSON, Christer und LUNDIN, Reine: On the Fundamentals of Anonymity Metrics, in: *The Future of Identity in the Information Society*, Bd. 262, Springer US, S. 325–341

[AR00] ABDUL-RAHMAN, Alfarez und HAILES, Stephen: Supporting Trust in Virtual Communities, in: *HICSS '00: Proceedings of the 33rd Hawaii International Conference on System Sciences-Volume 6*, IEEE Computer Society, Washington, DC, USA, S. 9 pp. vol.1

[Arb97] ARBEITSKREIS TECHNIK DER DATENSCHUTZBEAUFTRAGTEN: Datenschutzfreundliche Technologien. *Datenschutz und Datensicherheit - DuD* (1997): S. 709–715

[Arm99] ARMSTRONG, Gary und NORRIS, Clive: *The Maximum Surveillance Society: The Rise of CCTV*, Berg Publishers, Oxford, 1. Aufl. (1999)

[Ash03] ASHLEY, Paul; HADA, Satoshi; KARJOTH, Günter; POWERS, Calvin und SCHUNTER, Matthias: Enterprise Privacy Authorization Language (EPAL 1.2), `http://www.w3.org/Submission/EPAL/`, letzer Zugriff am 20.02.2013 (2003)

[Baa07] BAAZIZ, N.; LOLO, N.; PADILLA, O. und PETNGANG, F.: Security and privacy protection for automated video surveillance, in: *Signal Processing and Information Technology, 2007 IEEE International Symposium on,* S. 17–22

[Bam07] BAMBA, Bhuvan und LIU, Ling: PRIVACYGRID: Supporting Anonymous Location Queries in Mobile Environments, Techn. Ber., GIT-CERCS (2007)

[Bei08] BEIERLE, Christoph und KERN-ISBERNER, Gabriele: *Methoden wissensbasierter Systeme : Grundlagen, Algorithmen, Anwendungen,* Vieweg+Teubner / GWV Fachverlage GmbH, Wiesbaden, 4 Aufl. (2008)

[Bel09b] BELLE, Sebastian Kay und WALDVOGEL, Marcel: PathForge:: Faithful Anonymization of Movement Data, Techn. Ber. KN-06-03-2009-DISY-01, University of Konstanz - DISY (2009)

[Ben03] BENFERHAT, Salem; EL BAIDA, Rania und CUPPENS, Frédéric: A stratification-based approach for handling conflicts in access control, in: *Proceedings of the eighth ACM symposium on Access control models and technologies,* SACMAT '03, ACM, New York, NY, USA, S. 189–195

[Ber03] BERESFORD, A.R. und STAJANO, F.: Location privacy in pervasive computing. *Pervasive Computing, IEEE* (2003), Bd. 2(1): S. 46–55

[Ber09] BERNARDIN, Keni; EKENEL, Hazim Kemal und STIEFELHAGEN, Rainer: Multimodal identity tracking in a smart room. *Personal Ubiquitous Comput.* (2009), Bd. 13(1): S. 25–31

[Bet05] BETTINI, Claudio; WANG, X. Sean und JAJODIA, Sushil: Protecting privacy against location-based personal identification, in: *Proceedings of the 2nd VLDB Workshop on Secure Data Management*, Bd. 3674 von *Lecture Notes in Computer Science*, Springer Berlin Heidelberg, S. 185–199

[Bez07] BEZZI, Michele: An entropy based method for measuring anonymity, in: *Security and Privacy in Communications Networks and the Workshops, 2007. SecureComm 2007. Third International Conference on*, S. 28–32

[Bie10] BIER, Philipp Christoph Sebastian: *Die Anonymisierung von Videoüberwachungsdaten in intelligenten Überwachungssystemen und ihre datenschutzrechtliche Bewertung*, Diplomarbeit, Karlsruher Institut für Technologie (2010)

[Bie12] BIER, Christoph und SPIECKER GEN. DÖHMANN, Indra: Intelligente Videoüberwachungstechnik: Schreckensszenario oder Gewinn für den Datenschutz? *CR* (2012): S. 610–618

[Biz07] BIZER, Johann: Sieben Goldene Regeln des Datenschutzes. *Datenschutz und Datensicherheit - DuD* (2007), Bd. 31: S. 350–356

[BL09] B LO, S.A. Velastin, J. Sun: Fusing Visual and Audio Information in a Distributed Intelligent Surveillance System for Public Transport Systems. *Acta Automatica Sinica* (2009), Bd. 29(3): S. 393–407

[Ble05b] BLESS, Roland; MINK, Stefan; BLASS, Erik-Oliver; CONRAD, Michael; HOF, Hans-Joachim; KUTZNER, Kendy und SCHÖLLER, Marcus: *Sichere Netzwerkkommunikation: Grundlagen, Protokolle und Architekturen*, Springer, Berlin (2005)

[Bor01] BORKING, John. J.: Privacy Enhancing Technologies (PET) – Darf es ein Bitchen weniger sein? *Datenschutz und Datensicherheit - DuD* (2001), Bd. 25(10): S. 607–615

[Bor04] BORISOV, Nikita; GOLDBERG, Ian und BREWER, Eric: Off-the-record communication, or, why not to use PGP, in: *Proceedings of the 2004 ACM workshop on Privacy in the electronic society*, WPES '04, New York, NY, USA, S. 77–84

[Bou05] BOULT, T.E.: PICO: Privacy through Invertible Cryptographic Obscuration, in: *Computer Vision for Interactive and Intelligent Environment, 2005*, S. 27–38

[Bra05] BRASSIL, J.: Using mobile communications to assert privacy from video surveillance, in: *Parallel and Distributed Processing Symposium, 2005. Proceedings. 19th IEEE International*, S. 8 pp.

[Bäu10] BÄUML, Martin; BERNARDIN, Keni; FISCHER, Mika; EKENEL, Hazim und STIEFELHAGEN, Rainer: Multi-Pose Face Recognition for Person Retrieval in Camera Networks, in: *Proceedings of 7th IEEE International Conference on Advanced Video and Signal-Based Surveillance, Boston*, S. 441–447

[Buc07] BUCHMANN, Erik: Trust Mechanisms and Reputation Systems, in: Dorothea Wagner und Roger Wattenhofer (Herausgeber) *Algorithms for Sensor and Ad Hoc Networks*, Bd. 4621 von *Lecture Notes in Computer Science*, Springer Berlin / Heidelberg (2007), S. 325–336

[Bue02] BUELLESFELD, Dirk: *Polizeiliche Videoueberwachung öffentlicher Straßen und Plätze zur Kriminalitätsvorsorge*, Bd. 3 von *Schriften zum Recht der Inneren Sicherheit*, Boorberg, R (2002)

[Bur97] BURKERT, Herbert: Privacy-enhancing technologies: typology, critique, vision, in: *Technology and privacy*, MIT Press, Cambridge, MA, USA, S. 125–142

[Bus99] BUSE, Uwe und SCHNIBBEN, Cordt: Der nackte Untertan, Der Spiegel 27/1999, S.112-122 (1999)

[Cal07] CALLAS, J.; DONNERHACKE, L.; FINNEY, H.; SHAW, D. und THAYER, F.: RFC 4880 - OpenPGP Message Format, Techn. Ber., Internet Engineering Task Force (2007)

[Cav04] CAVALLARO, Andrea: Adding Privacy Constraints to Video-Based Applications, in: Hobson et al. [Hob04]

[Cav07] CAVALLARO, A.: Privacy in Video Surveillance [In the Spotlight]. *Signal Processing Magazine, IEEE* (2007), Bd. 24(2): S. 168–166

[Cav09] CAVOUKIAN, A.; INFORMATION und COMMISSIONER/ONTARIO, Privacy: *Privacy by Design, Take the Challenge*, Information and Privacy Commissioner of Ontario (2009)

[Cha81] CHAUM, David L.: Untraceable electronic mail, return addresses, and digital pseudonyms. *Commun. ACM* (1981), Bd. 24: S. 84–90

[Cha07] CHATTOPADHYAY, A. und BOULT, T.E.: PrivacyCam: a Privacy Preserving Camera Using uCLinux on the Blackfin DSP, in: *Computer Vision and Pattern Recognition, 2007. CVPR '07. IEEE Conference on*, S. 1–8

[Che06] CHEUNG, Sen-Ching S.; ZHAO, Jian und VENKATESH, M.V.: Efficient Object-Based Video Inpainting, in: *Image Processing, 2006 IEEE International Conference on*, S. 705–708

[Che08] CHEUNG, S.-c.S.; PARUCHURI, J.K. und NGUYEN, T.P.: Managing privacy data in pervasive camera networks, in: *Image Processing, 2008. ICIP 2008. 15th IEEE International Conference on*, S. 1676–1679

[Chi08] CHINOMI, Kenta; NITTA, Naoko; ITO, Yoshimichi und BABAGUCHI, Noboru: PriSurv: privacy protected video surveillance system using adaptive visual abstraction, in: *Proceedings of the 14th international conference on Advances in multimedia modeling*, MMM'08, Springer-Verlag, Berlin, Heidelberg, S. 144–154

[Cho09] CHOW, Chi-Yin; MOKBEL, Mohamed F. und AREF, Walid G.: Casper*: Query processing for location services without compromising privacy. *ACM Trans. Database Syst.* (2009), Bd. 34(4): S. 24:1–24:48

[Cor08] CORNELIUS, Cory; KAPADIA, Apu; KOTZ, David; PEEBLES, Dan; SHIN, Minho und TRIANDOPOULOS, Nikos: Anonysense: privacy-aware people-centric sensing, in: *Proceedings of the 6th international conference on Mobile systems, applications, and services*, MobiSys '08, ACM, New York, NY, USA, S. 211–224

[Cou10] COUDERT, Fanny: When video cameras watch and screen: Privacy implications of pattern recognition technologies. *Computer Law and Security Report* (2010), Bd. 26(4): S. 377–384

[Cov06] COVER, Thomas M. und THOMAS, Joy A.: *Elements of Information Theory 2nd Edition*, Wiley-Interscience, New Jersey, 2 Aufl. (2006)

[Cra06] CRANOR, L.; DOBBS, B.; EGELMAN, S.; HOGBEN, G.; HUMPHREY, J.; ANDM. MARCHIORI, M. Langheinrich; PRESLER-MARSHALL, M.; REAGLE, J.; SCHUNTER, M.; STAMPLEY, D. A. und WENNING, R.: The Platform for Privacy Preferences 1.1 (P3P1.1) Specification (2006)

[Cup01] CUPPENS, Frédéric; CHOLVY, Laurence; SAUREL, Claire und CARRÈRE, Jérôme: Merging regulations: Analysis of a practical example. *Int. J. Intell. Syst.* (2001), Bd. 16(11): S. 1223–1243

[Dal86] DALENIUS, Tore: Finding a needle in a haystack - or identifying anonymous census record. *Journal of Official Statistics* (1986), Bd. 2(3): S. 329–336

[Deh04] DEHLING, Herold und HAUPT, Beate: *Einführung in die Wahrscheinlichkeitstheorie und Statistik*, Springer Verlag Berlin Heidelberg (2004)

[Den07] DENMAN, Simon; CHANDRAN, Vinod und SRIDHARAN, Sridha: Abandoned object detection using multi-layer motion detection, in:

Beata J. Wysocki und Tadeusz A. Wysocki (Herausgeber) *International Conference on Signal Processing and Communication Systems 2007*, DSP for Communication Systems, S. 439–448

[Dre04] DREIER, Horst: Grundgesetz-Kommentar Bd. I, 2. Auflage, Mohr Siebeck (2004)

[Dre10] DREIER, T. und SPIECKER GEN. DÖHMANN, I.S.: *Die systematische Aufnahme des Straßenbildes: Zur rechtlichen Zulässigkeit von Online-Diensten wie "Google Street View"*, Nomos Verlag (2010)

[Dua04] DUAN, Yitao und CANNY, John F.: Protecting User Data in Ubiquitous Computing: Towards Trustworthy Environments, in: *International Workshop on Privacy Enhancing Technologies (PET), LNCS*, Bd. 4, S. 167–185

[Duf06b] DUFAUX, F. und EBRAHIMI, T.: Scrambling for Video Surveillance with Privacy. *Computer Vision and Pattern Recognition Workshop, 2006. CVPRW '06. Conference on* (2006): S. 160–160

[Duf11] DUFAUX, Frederic: Video scrambling for privacy protection in video surveillance: recent results and validation framework. *Proc. SPIE 8063, Mobile Multimedia/Image Processing, Security, and Applications 2011, 806302* (2011): S. 806302–806302–14

[Dwo06] DWORK, Cynthia: Differential privacy, in: *Proceedings of the 33rd international conference on Automata, Languages and Programming - Volume Part II*, ICALP'06, Springer-Verlag, Berlin, Heidelberg, S. 1–12

[Eck08] ECKERT, C.: *IT-Sicherheit: Konzepte, Verfahren, Protokolle*, Oldenbourg (2008)

[Enz09] ENZWEILER, M. und GAVRILA, D.M.: Monocular Pedestrian Detection: Survey and Experiments. *Pattern Analysis and Machine Intelligence, IEEE Transactions on* (2009), Bd. 31(12): S. 2179–2195

[Erk09] ERKIN, Zekeriya; FRANZ, Martin; GUAJARDO, Jorge; KATZENBEISSER, Stefan; LAGENDIJK, Inald und TOFT, Tomas: Privacy-Preserving Face Recognition, in: Ian Goldberg und Mikhail J. Atallah (Herausgeber) *Privacy Enhancing Technologies, 9th International Symposium, PETS 2009, Seattle, WA, USA, August 5-7, 2009. Proceedings*, Bd. 5672 von *Lecture Notes in Computer Science*, Springer, S. 235–253

[Erl07] ERL, Thomas: *SOA Principles of Service Design (The Prentice Hall Service-Oriented Computing Series from Thomas Erl)*, Prentice Hall PTR, Upper Saddle River, NJ, USA (2007)

[Eur] EUROPÄISCHE KOMMISSION: Vorschlag für [eine] Verordnung des Europäischen Parlaments und des Rates zum Schutz natürlicher Personen bei der Verarbeitung personenbezogener Daten und zum freien Datenverkehr (Datenschutz-Grundverordnung), KOM (2012) 11 endgültig

[Eur04] EUROPEAN COMMISSION ARTICLE 29 WORKING PARTY: Opinion 4/2004 on the Processing of Personal Data by means of Video Surveillance, 11750/02/EN WP89 (2004)

[Eur10] EUROPEAN FORUM FOR URBAN SECURITY: Städte, Bürger und Videoüberwachung - Für eine demokratische und verantwortliche Nutzung von Videoüberwachung, Online, www.efus.eu (letzter Zugriff 19.02.2013) (2010)

[Eur12] EUROPEAN COMMISSION ARTICLE 29 WORKING PARTY: Opinion 08/2012 providing further input on the data protection reform discussions, 01574/12/EN WP199 (2012)

[Fel04] FELDMAN, Michal; LAI, Kevin; STOICA, Ion und CHUANG, John: Robust incentive techniques for peer-to-peer networks, in: *Proceedings of the 5th ACM conference on Electronic commerce*, EC '04, ACM, New York, NY, USA, S. 102–111

[Fet07] FETZER, Thomas und ZÖLLER, Mark A.: Verfassungswidrige Videoüberwachung - Der Beschluss des BVerfG zur geplanten Überwachung des Regensburger Karavan-Denkmal durch Videotechnik. *NVwZ* (2007): S. 775

[FH01] FISCHER-HÜBNER, Simone: *IT-security and privacy: design and use of privacy-enhancing security mechanisms*, Bd. 1958 von *LNCS*, Springer Berlin Heidelberg, Berlin (2001)

[Fid04] FIDALEO, Douglas A.; NGUYEN, Hoang-Anh und TRIVEDI, Mohan: The networked sensor tapestry (NeST): a privacy enhanced software architecture for interactive analysis of data in video-sensor networks, in: *Proceedings of the ACM 2nd international workshop on Video surveillance & sensor networks*, VSSN '04, ACM, New York, NY, USA, S. 46–53

[Fis10] FISCHER, Y. und BAUER, A.: Object-oriented sensor data fusion for wide maritime surveillance, in: *Waterside Security Conference (WSS), 2010 International*, S. 1–6

[Fis12] FISCHER, Yvonne und BEYERER, Jürgen: A Top-Down-View on Intelligent Surveillance Systems, in: *Proceedings of the Seventh International Conference on Systems*, Saint Gilles, Reunion, S. 43–48

[Fle08b] FLECK, S. und STRASSER, W.: Smart Camera Based Monitoring System and Its Application to Assisted Living. *Proceedings of the IEEE* (2008), Bd. 96(10): S. 1698–1714

[Fre00] FREED, N.: Behavior of and Requirements for Internet Firewalls, RFC 2979 (Informational) (2000)

[Fre10] FREUDIGER, Julien; NEU, Raoul und HUBAUX, Jean-Pierre: Private Sharing of User Location over Online Social Networks, in: *Proc. of 3rd Hot Topics in Privacy Enhancing Technologies (HotPETs)*

[Gam88] GAMBETTA, Diego: *Trust: Making and Breaking Cooperative Relations*, Kap. Can We Trust Trust?, Basil Blackwell (1988), S. 213–237

[Gar05] GARFINKEL, Simson L.; JUELS, Ari und PAPPU, Ravikanth: RFID Privacy: An Overview of Problems and Proposed Solutions. *IEEE Security & Privacy* (2005), Bd. 3(3): S. 34–43

[GB12] GEORG BORGES, Jörg Schwenk: *Sociality by Design: Digitalisierung von Anfang an sicher und sozial gestalten. In Daten- und Identitätsschutz in Cloud Computing, E-Government und E-Commerce,* Springer (2012)

[Gei07] GEISLER, J.; ECK, R.; REHFELD, N.; PEINSIPP-BYMA, E.; SCHÜTZ, C. und GEGGUS, S.: Fovea-tablett®: A new paradigm for the interaction with large screens, in: *Proceedings of the 2007 conference on Human interface: Part I,* Springer-Verlag, S. 278–287

[Gen09] GENTRY, Craig: *A fully homomorphic encryption scheme,* Dissertation, Stanford, CA, USA (2009)

[Geo07] GEORGII, Hans-Otto: *Stochastik - Einführung in die Wahrscheinlichkeitstheorie und Statistik,* Walter de Gruyter (2007)

[Gol04] GOLA, Peter und KLUG, Christoph: Videoüberwachung gemäß § 6b BDSG - Anmerkungen zu einer verunglückten Gesetzeslage. *RDV* (2004): S. 65 pp.

[Gol12] GOLA, Peter und SCHOMERUS, Rudolf: BDSG Bundesdatenschutzgesetz Kommentar, 11. Auflage, C.H. Beck (2012)

[Gra03] GRAS, Marianne: *Kriminalprävention durch Videoueberwachung. Gegenwart in Großbritannien - Zukunft in Deutschland?,* Nomos Verlagsgesellschaft (2003)

[Gru03] GRUTESER, Marco und GRUNWALD, Dirk: Anonymous Usage of Location-Based Services Through Spatial and Temporal Cloaking, in: *Proceedings of the 1st international conference on Mobile systems, applications and services,* MobiSys '03, ACM, New York, NY, USA, S. 31–42

[Gru04] GRUTESER, M. und LIU, Xuan: Protecting privacy, in continuous location-tracking applications. *Security Privacy, IEEE* (2004), Bd. 2(2): S. 28–34

[Gus09] GUSY, Christoph: Gewährleistung der Vertraulichkeit und Integrität informationstechnischer Systeme. *Datenschutz und Datensicherheit - DuD* (2009), Bd. 33(1): S. 33–41

[Hal97] HALL, D.L. und LLINAS, J.: An introduction to multisensor data fusion. *Proceedings of the IEEE* (1997), Bd. 85(1): S. 6 –23

[Hei10] HEIZMANN, Michael; GHETA, Ioana; PUENTE LEÓN, Fernando und BEYERER, Jürgen: Sensoreinsatzplanung und Informationsfusion zur Umgebungsexploration. *tm - Technisches Messen* (2010), Bd. 77(10): S. 558–567

[Hen04] HENNIG, J.E.; LADKIN, P.B. und SIEKER, B.: Privacy enhancing technology concepts for RFID technology scrutinised. *Research Report, RVS-RR-04-02, University of Bielefeld, Germany, Oct* (2004)

[Hil09] HILPERT, Thomas: Zulässigkeit der Videoüberwachung nach § 6b BDSG am Beispiel des ÖPNV. *RDV* (2009): S. 160–166

[Hob04] HOBSON, Paola; IZQUIERDO, Ebroul; KOMPATSIARIS, Ioannis und O'CONNOR, Noel E. (Herausgeber): *Knowledge-Based Media Analysis for Self-Adaptive and Agile Multi-Media, Proceedings of the European Workshop for the Integration of Knowledge, Semantics and Digital Media Technology, EWIMT 2004, November 25-26, 2004, London, UK*, QMUL (2004)

[Hoh05] HOH, Baik und GRUTESER, M.: Protecting Location Privacy Through Path Confusion, in: *Security and Privacy for Emerging Areas in Communications Networks, 2005. SecureComm 2005. First International Conference on*, S. 194–205

[Hor04] HORNUNG, Gerrit: Der Personenbezug biometrischer Daten. *Datenschutz und Datensicherheit - DuD* (2004), Bd. 28: S. 429–431

[Hor11a] HORNUNG, G. und DESOI, M.: 'Smart Cameras und automatische Verhaltensanalyse. *Kommunikation und Recht (K&R)* (2011): S. 153–158

[Hor11b] HORNUNG, Gerrit: Datenschutz durch Technik in Europa Die Reform der Richtlinie als Chance für ein modernes Datenschutzrecht. *Zeitschrift für Datenschutz – ZD* (2011): S. 51–56

[Hor12] HORNUNG, Gerrit: Eine Datenschutz-Grundverordnung für Europa? Licht und Schatten im Kommissionsentwurf vom 25.1.2012. *Zeitschrift für Datenschutz – ZD* (2012): S. 99–106

[Hum08] HUMER, Stephan: *Digitale Identitaeten*, CSW-Verlag, 1. Aufl. (2008)

[Ian04] IANNELLA, Renato: The Open Digital Rights Language: XML for Digital Rights Management. *Inf. Secur. Tech. Rep.* (2004), Bd. 9(3): S. 47–55

[Ijs10] IJSSELMUIDEN, Joris und STIEFELHAGEN, Rainer: Towards high-level human activity recognition through computer vision and temporal logic, in: *Proceedings of the 33rd annual German conference on Advances in artificial intelligence*, KI'10, Springer-Verlag, Berlin, Heidelberg, S. 426–435

[Ins] INSITUTE FOR APPLIED AUTONOMY: i-See, `http://www.appliedautonomy.com/isee.html`, letzter Zugriff am 18.12.2012

[Ism04] ISMAIL, Roslan: *Security of reputation systems*, Dissertation, Queensland University of Technology (2004)

[Jon99] JONKER, Catholijn M. und TREUR, Jan: Formal Analysis of Models for the Dynamics of Trust Based on Experiences, in: *Proceedings of the 9th European Workshop on Modelling Autonomous Agents in a Multi-Agent World: MultiAgent System Engineering*, MAAMAW '99, Springer-Verlag, London, UK, S. 221–231

[Jøs01] JØSANG, Audun: A logic for uncertain probabilities. *Int. J. Uncertain. Fuzziness Knowl.-Based Syst.* (2001), Bd. 9: S. 279–311

[Jøs05] JØSANG, Audun und POPE, Simon: Semantic constraints for trust transitivity, in: *Proceedings of the 2nd Asia-Pacific conference on Conceptual modelling - Volume 43,* APCCM '05, Australian Computer Society, Inc., Darlinghurst, Australia, Australia, S. 59–68

[Jøs07] JØSANG, Audun; ISMAIL, Roslan und BOYD, Colin: A survey of trust and reputation systems for online service provision. *Decis. Support Syst.* (2007), Bd. 43(2): S. 618–644

[Jøs02] JØSANG, Audun und ISMAIL, Roslan: The Beta Reputation System, in: *In Proceedings of the 15th Bled Electronic Commerce Conference,* Bd. 160, Bled Electronic Commerce, Bled, Slovenia, S. 324–337

[Kaa80] KAASE, Max; KRUPP, Hans-Jürgen; PFLANZ, Manfred und SCHEUCH, Erwin K. (Herausgeber): *Datenzugang und Datenschutz,* Bd. 3 von *Monographien Sozialwissenschaftliche Methode,* Athenäum (1980)

[Kam03] KAMVAR, Sepandar D.; SCHLOSSER, Mario T. und GARCIA-MOLINA, Hector: The Eigentrust algorithm for reputation management in P2P networks, in: *Proceedings of the 12th international conference on World Wide Web,* WWW '03, ACM, New York, NY, USA, S. 640–651

[Kar05] KARJOTH, Günter und MOSKOWITZ, Paul A.: Disabling RFID tags with visible confirmation: clipped tags are silenced, in: *Proceedings of the 2005 ACM workshop on Privacy in the electronic society,* WPES '05, ACM, New York, NY, USA, S. 27–30

[Kat10] KATO, H.; TAN, K.T. und CHAI, D.: *Barcodes for Mobile Devices,* Cambridge University Press (2010)

[Kel08] KELLY, Douglas J.; RAINES, Richard A.; GRIMAILA, Michael R.; BALDWIN, Rusty O. und MULLINS, Barry E.: A survey of state-of-the-art in anonymity metrics, in: *Proceedings of the 1st ACM workshop on*

Network data anonymization, NDA '08, ACM, New York, NY, USA, S. 31–40

[Kid05] KIDO, H.; YANAGISAWA, Y. und SATOH, T.: An anonymous communication technique using dummies for location-based services, in: *Pervasive Services, 2005. ICPS '05. Proceedings. International Conference on*, S. 88–97

[Kil09] KILIAN, Wolfgang und HEUSSEN, Benno: Computerrechts-Handbuch, C.H. Beck (2009)

[Kin03] KINATEDER, Michael und ROTHERMEL, Kurt: Architecture and algorithms for a distributed reputation system, in: *Proceedings of the 1st international conference on Trust management*, iTrust'03, Springer-Verlag, Berlin, Heidelberg, S. 1–16

[Kre11] KREMPEL, Erik: *Transparente Durchsetzung von Access Control Strategien zum Schutz der Privatsphäre in auftragsbasierten Überwachungssystemen*, Diplomarbeit, Karlsruher Insitut für Technologie (2011)

[Kwe10] KWECKA, Z.; BUCHANAN, W.J. und SPIERS, D.: Privacy-preserving data acquisition protocol, in: *Computational Technologies in Electrical and Electronics Engineering (SIBIRCON), 2010 IEEE Region 8 International Conference on*, IEEE, S. 131–136

[Lan02] LANGHEINRICH, Marc: A Privacy Awareness System for Ubiquitous Computing Environments, in: *Proceedings of the 4th international conference on Ubiquitous Computing*, UbiComp '02, Springer-Verlag, London, UK, S. 237–245

[Lan06] LANG, Markus: Videoüberwachung im öffentlichen Raum auf der Grundlage von Bundesrecht. *Die Polizei* (2006): S. 265 pp.

[Li07] LI, Ninghui; LI, Tiancheng und VENKATASUBRAMANIAN, S.: t-Closeness: Privacy Beyond k-Anonymity and l-Diversity, in: *Data*

Engineering, 2007. ICDE 2007. IEEE 23rd International Conference on, S. 106–115

[Lin06] LIN, C.Y.: *Öffentliche Videoüberwachung in den USA, Großbritannien und Deutschland: Ein Drei-Länder-Vergleich,* Dissertation, Universität Göttingen (2006)

[Luh00] LUHMANN, Niklas: Familiarity, Confidence, Trust: Problems and Alternatives. *D. Gambetta, editor, Trust: Making and Breaking of Cooperative Relations, Basil Blackwell, Oxford* (2000): S. 94–107

[Luo10] LUO, Ying; YE, Shuiming und CHEUNG, S.S.: Anonymous subject identification in privacy-aware video surveillance, in: *Multimedia and Expo (ICME), 2010 IEEE International Conference on,* S. 83–88

[Ma10] MA, Y. und QIAN, G.: *Intelligent Video Surveillance: Systems and Technology,* Taylor & Francis Group (2010)

[Mac07] MACHANAVAJJHALA, Ashwin; KIFER, Daniel; GEHRKE, Johannes und VENKITASUBRAMANIAM, Muthuramakrishnan: L-diversity: Privacy beyond k-anonymity. *ACM Trans. Knowl. Discov. Data* (2007), Bd. 1(1)

[Mar94] MARSH, Stephen Paul: *Formalising Trust as a Computational Concept,* Dissertation, University of Stirling (1994)

[Mar07] MARSHALL, Albert W.; OLKIN, Ingram; MARSHALL, Albert und OLKIN, Ingram: Gamma and Beta Functions, in: *Life Distributions,* Springer Series in Statistics, Springer New York (2007), S. 717–727

[Mas09] MASOUMZADEH, Amirreza; JOSHI, James und KARIMI, Hassan A.: LBS (k, T)-anonymity: a spatio-temporal approach to anonymity for location-based service users, in: *Proceedings of the 17th ACM SIGSPATIAL International Conference on Advances in Geographic Information Systems,* GIS '09, ACM, New York, NY, USA, S. 464–467

[Mcc02] MCCAHILL, M. und NORRIS, C.: Urbaneye Working Paper No. 6 - CCTV in London, Urbaneye Webseite (2002)

[Mcc03] MCCAHILL, M. und NORRIS, C.: *Estimating the Extent, Sophistication and Legality of CCTV in London*, Palgrave Macmillan, Basingstoke, Hampshire, England (2003)

[Mit07] MITCHELL, H. B.: *Multi-Sensor Data Fusion: An Introduction*, Springer Publishing Company, Incorporated, 1st Aufl. (2007)

[Mäk08] MÄKINEN, Erno und RAISAMO, Roope: An experimental comparison of gender classification methods. *Pattern Recogn. Lett.* (2008), Bd. 29(10): S. 1544–1556

[Mok06] MOKBEL, Mohamed F.; CHOW, Chi-Yin und AREF, Walid G.: The new Casper: query processing for location services without compromising privacy, in: *VLDB '06: Proceedings of the 32nd international conference on Very large data bases*, VLDB Endowment, S. 763–774

[Mon07] MONTANGERO, Carlo; REIFF-MARGANIEC, Stephan und SEMINI, Laura: Logic-based detection of conflicts in APPEL policies, Techn. Ber., Massachusetts Institute of Technology (2007)

[Mon09] MONCRIEFF, S.; VENKATESH, S. und WEST, G.A.W.: Dynamic Privacy in Public Surveillance. *Computer* (2009), Bd. 42(9): S. 22–28

[Mon11] MONARI, E.: *Dynamische Sensorselektion zur auftragsorientierten Objektverfolgung in Kameranetzwerken*, Karlsruher Schriften zur Anthropomatik, KIT Scientific Publishing (2011)

[Mos05a] MOSES, Tim: eXtensible Access Control Markup Language (XACML) Version 3.0, `http://docs.oasis-open.org/xacml/3.0/xacml-3.0-core-spec-cd-1-en.html`, letzter Zugriff am 19.02.2013 (2005)

[Mos05b] MOSES, Tim: Privacy policy profile of XACML v2.0, `http://docs.oasis-open.org/xacml/2.0/access_`

control-xacml-2.0-privacy_profile-spec-os.pdf, letzter Zugriff am 19.02.2013 (2005)

[Mui02a] MUI, L.; MOHTASHEMI, M. und HALBERSTADT, A.: A Computational Model of Trust and Reputation for E-businesses, Hawaii International Conference on System Sciences (2002)

[Mus04] MUSICKI, D. und EVANS, R.: Joint integrated probabilistic data association: JIPDA. *Aerospace and Electronic Systems, IEEE Transactions on* (2004), Bd. 40(3): S. 1093–1099

[Ner07] NERGIZ, Mehmet Ercan; ATZORI, Maurizio und CLIFTON, Chris: Hiding the presence of individuals from shared databases, in: *SIGMOD '07: Proceedings of the 2007 ACM SIGMOD international conference on Management of data*, ACM, New York, NY, USA, S. 665–676

[Ni09] NI, Qun; BERTINO, E.; LOBO, J. und CALO, S.B.: Privacy-Aware Role-Based Access Control. *Security Privacy, IEEE* (2009), Bd. 7(4): S. 35–43

[OEC03] OECD: *Privacy Online : OECD Guidance on Policy and Practice*, OECD Publishing, Paris (2003)

[Oh09] OH, Songhwai; RUSSELL, S. und SASTRY, S.: Markov Chain Monte Carlo Data Association for Multi-Target Tracking. *Automatic Control, IEEE Transactions on* (2009), Bd. 54(3): S. 481 497

[Oli03] OLIVIER, Martin S: A layered architecture for privacy-enhancing technologies, Bd. 31 von *South African Computer Journal*, S. 53–61

[Org02] ORGANIZATION FOR ECONOMIC COOPERATION AND DEVELOPMENT: *OECD guidelines on the protection of privacy and transborder flows of personal data*, OECD Publishing (2002)

[Pad00] PADOVAN, Boris: *Ein Vertrauens- und Reputationsmodell für Multi-Agenten Systeme*, Dissertation, Albert-Ludwigs-Universität Freiburg (2000)

[Pag99] PAGE, Lawrence; BRIN, Sergey; MOTWANI, Rajeev und WINOGRAD, Terry: The PageRank Citation Ranking: Bringing Order to the Web., Technical Report 1999-66, Stanford InfoLab (1999)

[Pfi90] PFITZMANN, Andreas: Diensteintegrierende Kommunikationsnetze mit teilnehmerüberprüfbarem Datenschutz, Bd. 234 von *Informatik-Fachberichte*, Springer-Verlag (1990), S. 343 pp.

[Pfi01] PFITZMANN, Andreas und KÖHNTOPP, Marit: Anonymity, Unobservability, and Pseudonymity - A Proposal for Terminology, in: Hannes Federrath (Herausgeber) *Workshop on Design Issues in Anonymity and Unobservability*, Bd. 2009 von *Lecture Notes in Computer Science*, Springer, S. 1–9

[Pre08] PRETSCHNER, A.; HILTY, M.; SCHUTZ, F.; SCHAEFER, C. und WALTER, T.: Usage Control Enforcement: Present and Future. *Security Privacy, IEEE* (2008), Bd. 6(4): S. 44–53

[Rah10] RAHMAN, S.M.M.; HOSSAIN, M.A.; MOUFTAH, H.; EL SADDIK, A. und OKAMOTO, E.: A real-time privacy-sensitive data hiding approach based on chaos cryptography, in: *Multimedia and Expo (ICME), 2010 IEEE International Conference on*, S. 72–77

[Raz07] RAZUM, Kathrin und OSTERWINTER, Ralf: *Duden - Deutsches Universalwörterbuch*, Library Information Portal, Brockhaus Duden Neue Medien, Mannheim, 6., überarb. und erw Aufl. (2007)

[Rec06] RECORDON, D. und REED, D.: OpenID 2.0: a platform for user-centric identity management, in: *Proceedings of the second ACM workshop on Digital identity management*, ACM, S. 11–16

[Rho09] RHODES, Matthew G.: Age estimation of faces: a review. *Applied Cognitive Psychology* (2009), Bd. 23(1): S. 1–12

[Roß00] ROSSNAGEL, Alexander und SCHOLZ, Philip: Datenschutz durch Anonymität und Pseudonymität - Rechtsfolgen der Verwendung anonymer und pseudonymer Daten. *Multimedia und Recht – MMR* (2000): S. 721–729

[Roß01] ROSSNAGEL, Alexander; PFITZMANN, Andreas und GARSTKA, Hansjürgen: *Modernisierung des Datenschutzrechts: Gutachten*, Bundesministerium des Innern, Referat Öffentlichkeitsarbeit, Berlin (2001)

[Roß03] ROSSNAGEL, Alexander: Handbuch Datenschutzrecht, C.H. Beck (2003)

[Roß11] ROSSNAGEL, Alexander; DESOI, Monika und HORNUNG, Gerrit: Gestufte Kontrolle bei Videoüberwachungsanlagen. *Datenschutz und Datensicherheit - DuD* (2011), Bd. 35: S. 694–701

[Rog01] ROGGAN, Frederik: Die Videoüberwachung von öffentlichen Plätzen. *Die Videoüberwachung von öffentlichen Plätzen - NVwZ* (2001): S. 134–141

[Ros09] ROST, Martin und PFITZMANN, Andreas: Datenschutz-Schutzziele - revisited. *Datenschutz und Datensicherheit - DuD* (2009), Bd. 33: S. 353–358

[Ros11] ROST, Martin und BOCK, Kirsten: Privacy By Design und die Neuen Schutzziele. *Datenschutz und Datensicherheit - DuD* (2011), Bd. 35: S. 30–35

[Sae04] SAELTZER, Gerhard: Sind diese Daten personenbezogen oder nicht? *DuD* (2004): S. 218–227

[Sam98] SAMARATI, Pierangela und SWEENEY, Latanya: Protecting Privacy when Disclosing Information: k-Anonymity and Its Enforcement through Generalization and Suppression, Techn. Ber., Computer Science Laboratory, SRI International (1998)

[Sam01] SAMARATI, Pierangela: Protecting Respondents' Identities in Microdata Release. *IEEE Transactions on Knowledge and Data Engineering* (2001), Bd. 13(6): S. 1010–1027

[San96] Sandhu, R.S.; Coyne, E.J.; Feinstein, H.L. und Youman, C.E.: Role-based access control models. *Computer* (1996), Bd. 29(2): S. 38–47

[Sch95] Schneier, Bruce: *E-mail security: how to keep your electronic messages private*, John Wiley & Sons, Inc., New York, NY, USA (1995)

[Sch01] Schlittgen, Rainer und Streitberg, Bernd H. J.: *Zeitreihenanalyse*, Oldenbourg Wissenschaftsverlag, 9 Aufl. (2001)

[Sch04a] Scharnbacher, Kurt: *Statistik im Betrieb: Lehrbuch mit praktischen Beispielen*, Gabler Verlag, 14 Aufl. (2004)

[Sch04b] Schlosser, Andreas: *Simulation von Reputationsberechnungsverfahren in globalen und lokalen Reputations-Systemen*, Diplomarbeit, Technische Universität Darmstadt (2004)

[Sch07] Schiff, J.; Meingast, M.; Mulligan, D.K.; Sastry, S. und Goldberg, K.: Respectful cameras: detecting visual markers in real-time to address privacy concerns. *Intelligent Robots and Systems, 2007. IROS 2007. IEEE/RSJ International Conference on* (2007): S. 971–978

[Sch09] Schwarze, Jürgen [Hrsg.]; Becker, Ulrich; Hatje, Armin und Schoo, Johann: EU-Kommentar (2009)

[Sen02] Sentz, Kari und Ferson, Scott: *Combination of evidence in Dempster-Shafer theory*, Dissertation, Thomas J. Watson School of Engineering and Applied Science Binghamton University (2002)

[Sen05] Senior, Andrew W.; Pankanti, Sharath; Hampapur, Arun; Brown, Lisa M. G.; li Tian, Ying; Ekin, Ahmet; Connell, Jonathan H.; Shu, Chiao-Fe und Lu, Max: Enabling Video Privacy through Computer Vision. *IEEE Security & Privacy* (2005), Bd. 3(3): S. 50–57

[Ser03] Serjantov, Andrei und Danezis, George: Towards an Information Theoretic Metric for Anonymity, in: *Privacy Enhancing Technologies*, Bd. 2482 von *Lecture Notes in Computer Science*, Springer, S. 41–53

[Sha76] SHAFER, Glenn: *A mathematical theory of evidence*, Princeton Univ. Press, Princeton, NJ (1976)

[Sim06] SIMITIS, Spiros (Herausgeber): *Bundesdatenschutzgesetz, 6. Auflage*, Nomos Verlagsgesellschaft, Baden-Baden (2006)

[Sim11] SIMITIS, Spiros (Herausgeber): *Bundesdatenschutzgesetz, 7. Auflage*, Nomos Verlagsgesellschaft, Baden-Baden (2011)

[Spi06] SPINDLER, Torsten; WARTMANN, Christoph; HOVESTADT, Ludger; ROTH, Daniel; VAN GOOL, Luc und STEFFEN, Andreas: Privacy in video surveilled areas, in: *Proceedings of the 2006 International Conference on Privacy, Security and Trust: Bridge the Gap Between PST Technologies and Business Services*, PST '06, ACM, New York, NY, USA, S. 29:1–29:10

[Spi10] SPIECKER GEN. DÖHMANN, Indra: Datenschutzrechtliche Fragen und Antworten in Bezug auf Panorama-Abbildungen im Internet. *CR* (2010): S. 311–318

[Ste99] STEINBERG, A.N.; BOWMAN, C.L. und WHITE, F.E.: Revisions to the JDL data fusion model, in: *Society of Photo-Optical Instrumentation Engineers (SPIE) Conference Series*, Bd. 3719, S. 430–441

[Ste04a] STEINMETZ, Ralf und WEHRLE, Klaus: Peer-to-Peer-Networking & -Computing. *Informatik-Spektrum* (2004), Bd. 27: S. 51–54

[Swe02a] SWEENEY, Latanya: Achieving k-anonymity privacy protection using generalization and suppression. *Int. J. Uncertain. Fuzziness Knowl.-Based Syst.* (2002), Bd. 10(5): S. 571–588

[Swe02b] SWEENEY, Latanya: k-Anonymity: A Model for Protecting Privacy. *International Journal of Uncertainty, Fuzziness and Knowledge-Based Systems* (2002), Bd. 10(5): S. 557–570

[Syu05] SYUKUR, Evi: Methods for Policy Conflict Detection and Resolution in Pervasive Computing Environments, in: *In Policy Management for Web workshop in conjunction with WWW2005 Conference,* ACM, S. 10–14

[Tan01] TANSURIYAVONG, Suriyon und HANAKI, Shin-ichi: Privacy protection by concealing persons in circumstantial video image, in: *Proceedings of the 2001 workshop on Perceptive user interfaces,* PUI '01, ACM, New York, NY, USA, S. 1–4

[Tin05] TINNEFELD, Marie-Theres; EHMANN, Eugen und GERLING, Rainer W.: *Einführung in das Datenschutzrecht: Datenschutz und Informationsfreiheit in europäischer Sicht,* Oldenbourg, München, 4., völlig neubearb. und erw. Aufl. (2005)

[Töp05] TÖPFER, Eric: Jeden Bahnhof erfassen, `http://www.heise.de/tp/r4/artikel/20/20832/1.html`, letzter Zugriff am 20.02.2013) (2005)

[Töp07] TÖPFER, Eric: Entgrenzte Raumkontrolle? Videoüberwachung im Neoliberalismus, in: Volker Eick et al. (Herausgeber) *Kontrollierte Urbanität. Zur Neoliberalisierung städtischer Sicherheitspolitik,* transcript, Bielefeld (2007), S. 193–226

[TP09] TRONCOSO-PASTORIZA, Juan R.; COMESAÑA, Pedro; PÉREZ-FREIRE, Luis und PÉREZ-GONZÁLEZ, Fernando: Videosurveillance and privacy: covering the two sides of the mirror with DRM, in: *Proceedings of the nineth ACM workshop on Digital rights management,* DRM '09, ACM, New York, NY, USA, S. 83–94

[Vah08] VAHLE, Jürgen: Big Brother is Watching You! *DVP* (2008): S. 444ff.

[vB03] VAN BLARKOM, G.W.; BORKING, J.J. und OLK, J.G.E.: *Handbook of Privacy and Privacy-Enhancing Technologies (The Case of Intelligent Software Agents),* College bescherming persoonsgegevens (2003)

[Vel06] VELASIN, S.A.; REMAGNINO, P.; VELASTIN, S.A. und REMAGNINO, P.: *Intelligent Distributed Video Surveillance Systems,* IEE professional applications of computing series, The Institution of Engineering and Technology (2006)

[Wan02] WANG, Xin; LAO, Guillermo; DEMARTINI, Thomas; REDDY, Hari; NGUYEN, Mai und VALENZUELA, Edgar: XrML – eXtensible rights Markup Language, in: *Proceedings of the 2002 ACM workshop on XML security*, XMLSEC '02, ACM, New York, NY, USA, S. 71–79

[Wan07] WANG, Yao und VASSILEVA, Julita: A Review on Trust and Reputation for Web Service Selection, in: *ICDCSW '07: Proceedings of the 27th International Conference on Distributed Computing Systems Workshops*, Bd. 0, IEEE Computer Society, Washington, DC, USA, S. 25 pp.

[War90] WARREN, Samuel und BRANDEIS, Louis: The Right to Privacy. *Harvard Law Review* (1890), Bd. 4(5): S. 193–220

[Was94] WASSERMAN, S. und FAUST, K.: *Social Network Analysis: Methods and Applications*, Structural Analysis in the Social Sciences, Cambridge University Press (1994)

[Wei00] WEICHERT, Thilo: Rechtsfragen der Videoüberwachung. *Datenschutz und. Datensicherheit – DuD* (2000): S. 662–669

[Wes01] WESTERINEN, A.; SCHNIZLEIN, J.; STRASSNER, J.; SCHERLING, M.; QUINN, B.; HERZOG, S.; HUYNH, A.; CARLSON, M.; PERRY, J. und WALDBUSSER, S.: Terminology for Policy-Based Management (2001)

[Wic04] WICKRAMASURIYA, Jehan; DATT, Mahesh; MEHROTRA, Sharad und VENKATASUBRAMANIAN, Nalini: Privacy protecting data collection in media spaces, in: *Proceedings of the 12th annual ACM international conference on Multimedia*, MULTIMEDIA '04, ACM, New York, NY, USA, S. 48–55

[Wil00] WILLIAMS, Katherine S. und JOHNSTONE, Craig: The politics of the selective gaze: Closed Circuit Television and the policing of public space. *Crime, Law and Social Change* (2000), Bd. 34: S. 183–210

[Win10a] WINKLER, T. und RINNER, B.: TrustCAM: Security and Privacy-Protection for an Embedded Smart Camera Based on Trusted Computing, in: *Advanced Video and Signal Based Surveillance (AVSS), 2010 Seventh IEEE International Conference on,* S. 593–600

[Win10b] WINKLER, Thomas und RINNER, Bernhard: User-Based Attestation for Trustworthy Visual Sensor Networks, in: *Sensor Networks, Ubiquitous, and Trustworthy Computing (SUTC), 2010 IEEE International Conference on,* S. 74–81

[Win12a] WINKLER, Thomas und RINNER, Bernhard: User-centric privacy awareness in video surveillance. *Multimedia Systems* (2012), Bd. 18: S. 99–121

[Win12b] WINKLER, Thomas und WINKLER, Bernhard: Security and Privacy Protection in Visual Sensor Networks: A Survey., Techn. Ber., Alpen-Adria-Universität Klagenfurt (2012)

[Woh07] WOHLFARTH, Jürgen: Rechtliche und tatsächliche Aspekte der Videoüberwachung im öffentlichen Raum. *LKRZ* (2007): S. 54–59

[Won09] WONG, Raymond Chi-Wing; FU, Ada Wai-Chee; WANG, Ke und PEI, Jian: Anonymization-based attacks in privacy-preserving data publishing. *ACM Transactions on Database Systems* (2009), Bd. 34(2): S. 8:1–8:46

[Xia06] XIAO, Xiaokui und TAO, Yufei: Anatomy: simple and effective privacy preservation, in: *VLDB '06: Proceedings of the 32nd international conference on very large data bases,* VLDB Endowment, S. 139–150

[Xia07] XIAO, Xiaokui und TAO, Yufei: M-invariance: towards privacy preserving re-publication of dynamic datasets, in: *Proceedings of the ACM SIGMOD International Conference on Management of Data,* ACM, S. 689–700

[Xia08] XIAO, Zhen; MENG, Xiaofeng und XU, Jianliang: Quality Aware Privacy Protection for Location-Based Services, in: *Advances in Databases: Concepts, Systems and Applications*, Bd. 4443 von *Lecture Notes in Computer Science*, Springer, S. 434–446

[Yab05] YABUTA, Kenichi; KITAZAWA, Hitoshi und TANAKA, Toshihisa: A new concept of security camera monitoring with privacy protection by masking moving objects, in: *Proceedings of the 6th Pacific-Rim conference on Advances in Multimedia Information Processing - Volume Part I*, PCM'05, Springer-Verlag, Berlin, Heidelberg, S. 831–842

[Yam04] YAMAMOTO, A.; ASAHARA, D.; ITAO, T.; TANAKA, S. und SUDA, T.: Distributed pagerank: a distributed reputation model for open peer-to-peer network, in: *Applications and the Internet Workshops, 2004. SAINT 2004 Workshops. 2004 International Symposium on*, S. 389 – 394

[Yav00] YAVATKAR, R.; PENDARAKIS, D. und GUERIN, R.: A Framework for Policy-based Admission Control (2000)

[Ye09] YE, Shuiming; LUO, Ying; ZHAO, Jian und CHEUNG, Sen-Ching S.: Anonymous biometric access control. *EURASIP J. Inf. Secur.* (2009), Bd. 2009: S. 2:1–2:17

[Yu00] YU, Bin und SINGH, Munindar P.: A Social Mechanism of Reputation Management in Electronic Communities, in: *Proceedings of the 4th International Workshop on Cooperative Information Agents IV, The Future of Information Agents in Cyberspace*, Springer-Verlag, London, UK, S. 154–165

[Yu02] YU, Bin und SINGH, Munindar P.: An evidential model of distributed reputation management, in: *Proceedings of the first international joint conference on Autonomous agents and multiagent systems: part 1*, AAMAS '02, ACM, New York, NY, USA, S. 294–301

[Yu04] YU, Bin; SINGH, M.P. und SYCARA, K.: Developing trust in large-scale peer-to-peer systems, in: *Multi-Agent Security and Survivability, 2004 IEEE First Symposium on,* S. 1–10

[Zha07] ZHANG, Qing; KOUDAS, Nick; SRIVASTAVA, Divesh und YU, Ting: Aggregate Query Answering on Anonymized Tables, in: *Proceedings of the 23rd International Conference on Data Engineering,* IEEE Computer Society, Los Alamitos, CA, USA, S. 116–125

[Zou06] ZOU, Cliff C.: PCB: Physically Changeable Bit for Preserving Privacy, in: *in Low-End RFID Tags. RFID White Paper Library, RFID Journal,* S. 8,pp., `http://www.cs.ucf.edu/~czou/research/PCB.pdf`, letzter Zugriff am 20.02.2013

[Zur07] ZURAWSKI, N.: *Surveillance Studies: Perspektiven eines Forschungsfeldes,* Verlag Barbara Budrich (2007)

Abbildungsverzeichnis

Tabellenverzeichnis

XACML Policies

Algorithmen

A

Vertrauen in Sensoren

> Alles Reden ist sinnlos,
> wenn das Vertrauen fehlt.
>
> *(Franz Kafka)*

Wie bereits in Abschnitt 2.1.2 dargestellt, kann ein intelligentes Überwachungssystem aus einer Vielzahl von Sensoren bestehen. Für Betreiber ist es attraktiv, sich die Infrastruktur zu teilen, da sich dadurch Kosten sparen lassen und ein größer Bereich abgedeckt werden kann. Neue Technologien, wie smarte Kameras und intelligente Überwachungssysteme, die serviceorientiert arbeiten, erleichtern zudem den Zugriff auf Sensoren bzw. deren Dienste. Der aktuelle Trend des Cloud Computings wird dies zudem verstärken.

Folglich ist davon auszugehen, dass Betreiber sich die Infrastruktur teilen bzw. Komponenten von Partnern bei Bedarf nutzen. Aktuell geschieht das in konventionellen Systemen in Großbritannien. Öffentliche Stellen, private Operatoren und die Polizei bilden hier ein Kooperationsnetz [Lin06]. Im

„Camerawatch" Netzwerk sind nach einem Bericht des EU Projekts Urbaneye [Mcc02] 400 Organisationen mit 373 Systemen und mehr als 1200 Kameras beteiligt.

Zwangsläufig stellt sich die Frage:

Wie kann das Vertrauen in Sensoren gewährleistet werden?

Die Vertrauensbeziehungen zwischen den Überwachungssystemen können als Graph modelliert werden. So sind existierende Ansätze zur Berechnung von Vertrauen in anderen Einsatzfeldern, wie beispielsweise für Peer-to-Peer Netzwerke (z. B. Gnutella) [Yu04, Fel04] oder elektronische Märkte (eBay, Amazon, etc.), anwendbar. Bekannt sind zudem Zentralitätsansätze, die ein „Zentralitätsmaß" (centrality measure) [Was94] verwenden, um Knoten in einem Graphen zu bewerten. Ein prominenter Vertreter dieser Klasse ist PageRank [Pag99], der die Basis für Googles Webseitenbewertung darstellt.

In intelligenten Überwachungsnetzwerken sind sowohl Betreiber als auch ihre Sensoren längerfristig aktiv, auch wenn die Ressourcen nur für bestimmte Aufträge dynamisch genutzt werden. Folglich bietet es sich an, Sensoren nach ihrem „guten Ruf", d. h. nach ihrer *Reputation* (siehe Duden [Raz07]) auszuwählen.

Zuerst zeigt Abschnitt A.2 die Struktur intelligenter Überwachungssysteme auf. Abschnitt A.3 legt die in der Literatur unterschiedlich verwendeten Begriffe für diese Arbeit fest. Intelligente Überwachungssysteme stellen spezielle Anforderungen, die bei der Modellbildung zu berücksichtigen sind. Diese werden in Abschnitt A.4 herausgearbeitet. Ein Überblick über relevante Ansätze zur Berechnung von Reputation gibt Abschnitt A.5. Die Tauglichkeit der existierenden Ansätze wird in Abschnitt A.6 untersucht. In den Abschnitten A.7 und A.8 wird ein Modell für Vertrauen in intelligenten Überwachungssystemen vorgestellt, Algorithmen zur Umsetzung in Abschnitt A.9. Abschnitt A.10 untersucht das Verhalten des Modells anhand typischer Bewertungen.

A.1. Nomenklatur der Vertrauensbgegriffe

Tabelle A.1 definiert die in diesem Kapitel verwendeten Symbole.

Symbol	Beschreibung
a	Ein Agent: eine Datenquelle (q) oder ein Reputationssystem (R), bei Aufzählungen mit Index j versehen
b	Bewertung, $b \in [0,1]$ im hier vorgeschlagenen Modell
$b_i(a)$	Bewertung für einen Agenten zum Zeitpunkt t_i
$e(R,a)$	Empfehlung eines Reputationssystems R über einen Agenten a
$g(R_j, R_{j+1})$	Manueller Gewichtungsfaktor von R_j für R_{j+1}, $g \geq 0$
$i(x,y)$	Interaktion zwischen Agent x und y, dabei fließt Information von x zu y.
id_{req}	Eindeutige ID einer Anfrage *req*
q	Eine Datenquelle: ein Überwachungssystem (U) oder ein Sensor (s)
r	Reputation, $r \in [0,1]$ im hier vorgeschlagenen Modell
$r_i(q)$	Reputation der Datenquelle q zum Zeitpunkt t_i
t_i	Zeitpunkt t_i
T	Periodenlänge; in der gleichen Einheit wie t_i
v	Vertrauen, $v \in [0,1]$ im hier vorgeschlagenen Modell
$v_i(a)$	Vertrauen in einen Agent a zum Zeitpunkt t_i
$v_i(a_x, a_y)$	Vertrauen in a_y aus Sicht von a_x zum Zeitpunkt t_i
$v_{\chi_{x:y}}(a)$	Vertrauen von x in y aus über die Empfehlungskette $\chi_{x:y}$
$V(a)$	Vertrauenswürdigkeit eines Agenten a
w	Die Anzahl der Weiterleitungen
Δt	$t_i - t_{i-1}$, $\Delta t \geq 0$
$\chi_{1:n}$	Kette der Agenten $(a_1, \ldots, a_n)$
η	Anzahl Zeitperioden, für die Aktualität des Vertrauens, $\eta > 0$
λ, σ	Alterungsfaktoren, mit $\lambda, \sigma \in [0,1[$
θ	Schwellenwert der Vertrauenswürdigkeit, $\theta \geq 0$

$\mathcal{R}_{\mathcal{N}}$	Die Menge der benachbarten Reputationssysteme
$\mathcal{S}_{\mathcal{N}}$	Die Menge der benachbarten Sensoren
$\mathcal{S}_{\mathcal{E}}$	Die Menge der eigenen Sensoren
$\mathcal{T}$	List von Empfehlungen
$\mathcal{U}_{\mathcal{E}}$	Menge der eigenen Überwachungssysteme
$\mathcal{U}_{\mathcal{N}}$	Die Menge der benachbarten Überwachungssysteme

Tabelle A.1.: Definition der Symbole

A.2. Struktur zur Vernetzung von intelligenten Überwachungssystemen

Bei der Betrachtung von Vertrauen werden Sensoren und Überwachungssysteme aus einer externen Perspektive gesehen.

A.2.1. Struktur ohne Reputationssystem

Die Topologie der einzelnen Komponenten bzw. Systeme ist in Abbildung A.1 dargestellt. Es sind die drei Betreiber *a*, *b* und *c* zu sehen, die unterschiedliche Sensoren betreiben und nutzen. Beispielhaft sind in der Abbildung Kameras (z. B. s_{a_4}), Mikrofone (z. B. s_{c_1}) und Lichtschranken (z. B. s_{b_6}) dargestellt. Dabei betreiben *a* und *b* jeweils zwei Überwachungssysteme, *c* betreibt nur ein System U_{c_1}. Die einzelnen Systeme sind äquivalent zu den in dieser Arbeit beschriebenen aufgebaut. Zu jedem System gehört eine Menge an Sensoren, z. B. gehören zu U_{a_1} die Sensoren s_{a_1}, s_{a_2} und s_{a_3}. Ein System kann Sensoren anderer Systeme einsetzten. So nutzt U_{a_2} die Kamera s_{a_3}. Es können auch Kameras von anderen Betreibern partnerschaftlich genutzt werden, z. B. wird Kamera s_{a_4} für einen Überwachungsauftrag in U_{b_2} verwendet. Neben Sensoren kann ein System auch den Informationsspeicher (z. B. eine Modellwelt, die in dieser Arbeit verwendet wird) eines anderen

Systems nutzen. Hier greift U_{a_1} auf Daten des Informationsspeichers von U_{b_1} zu.

Um Nachrichten zwischen Systemen austauschen zu können, wird davon ausgegangen, dass Betreiber, Systeme und Sensoren eindeutig identifizierbar sind.

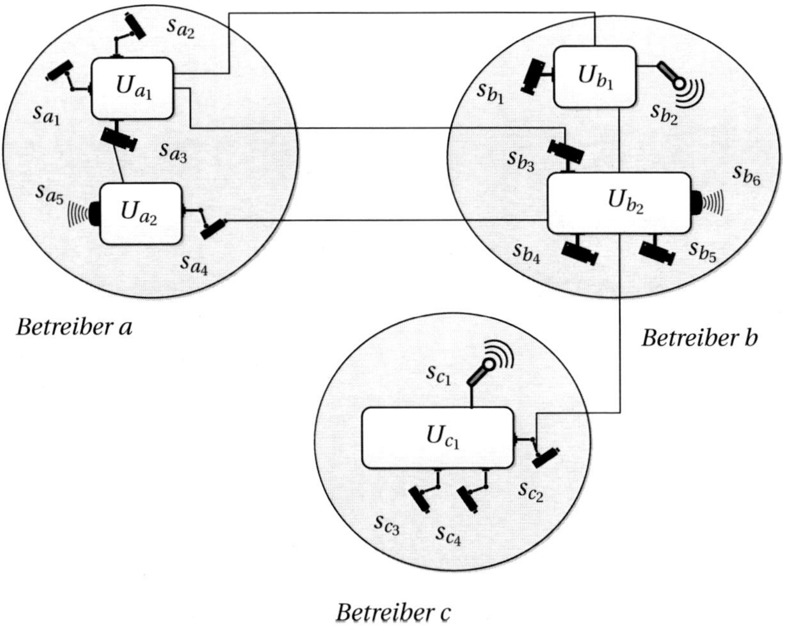

Abbildung A.1.: Vernetzung intelligenter Überwachungssysteme

A.2.2. Struktur mit mit Reputationssystemen

Ein Reputationssystem und die berechnete Reputation werden durch verschiedene Merkmale charakterisiert [Wan07, Sch04b]. Die Reputation kann personalisiert, d. h. aus Sicht eines Agenten bzw. einer Gruppe berechnet werden oder global. Bei einer globalen Berechnung werden alle Meinungen berücksichtigt und die Reputation ist anschließend öffentlich.

Die Betreiber intelligenter Überwachungssysteme sind unabhängig und verfolgen unterschiedliche Interessen. Auch wenn Infrastruktur geteilt wird, sind die übermittelten Informationen potentiell sensibel. Reputation ist nicht grundsätzlich öffentlich. Weiterhin hat jeder Betreiber eigene Anforderungen, die aus seinen Aufträgen resultieren, nach denen er das Vertrauen bestimmt.

Folglich werden Vertrauen und Reputation *personalisiert* berechnet. Jeder Betreiber k verwendet sein eigenes Reputationssystem R_k. Abbildung A.2 zeigt diese Situation.

Wie im oben beschriebenen Szenario ohne Reputationssysteme, betreibt jeder Partner eine Menge an eigenen Sensoren $\mathcal{S}_{\mathcal{E}}(k)$ und Überwachungssystemen $\mathcal{U}_{\mathcal{E}}(k)$. Er benutzt eine Menge von *benachbarten* Sensoren $\mathcal{S}_{\mathcal{N}}(k)$. Benachbart heißt, dass eine Partnerschaft zwischen den Betreibern vorliegt und der benachbarte Sensor $s \in \mathcal{S}_{\mathcal{N}}(k)$ aktuell von k in einem Auftrag genutzt wird oder in der Vergangenheit genutzt wurde. Analog gibt es eine Menge an benachbarten Überwachungssystemen $\mathcal{U}_{\mathcal{N}}(k)$, auf deren Modellwelt k zugreift und benachbarte Reputationssysteme $\mathcal{R}_{\mathcal{N}}(k)$.

Ein Reputationssystem hat dabei zwei Schnittstellen. Nach außen, d. h. von Reputationssystem zu Reputationssystem, tauschen sie untereinander Empfehlungen über Sensoren und Überwachungssysteme aus, stellen Anfragen über Sensoren und reichen diese weiter. Nach innen bieten sie einen Reputationsdienst an. Über diesen können Dienste des Betreibers Bewertungen über Sensoren, Überwachungssysteme und Empfehlungen anderer Reputationssysteme abgeben. Ebenso können interne Dienste Anfragen über die Vertrauenswürdigkeit anderer Systeme und Sensoren stellen.

Abbildung A.2 stellt die Struktur aus Abbildung A.1 unter dem Einsatz von Reputationssystemen dar. Zur besseren Übersicht, sind die Verbindungen zur Datenübertragung nur zwischen den U_k eingetragen (gestrichelte Linien). Es gelten die gleichen Beziehungen wie in Abbildung A.1. Hinzugekommen sind die drei Reputationssysteme R_a, R_b und R_c. Die $\mathcal{U}_{\mathcal{E}}(k)$ eines

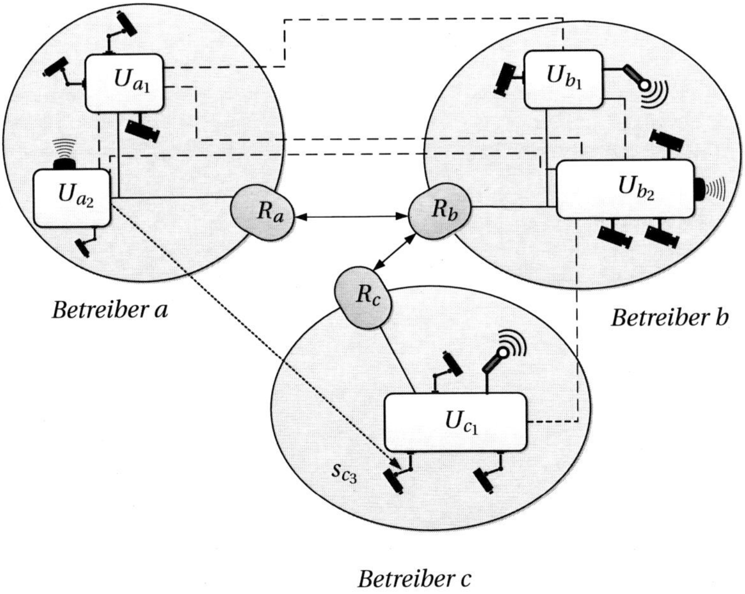

Abbildung A.2.: Topologie mit Reputationssystemen

Betreibers k können auf die interne Schnittstelle von R_k zugreifen. In der Abbildung tauschen R_a und R_b Daten aus, sowie R_b und R_c.

Durch den gestrichelten Pfeil ist in Abb. A.2 angedeutet, dass a bzw. U_{a_2} die Kamera s_{c_3} von c verwenden möchte. Bis zu diesem Zeitpunkt hat a noch keinen Kontakt mit c. Entsprechend kann U_{a_2} eine Vertrauensanfrage an R_a stellen, die von R_b beantwortet wird.

Zur Berechnung der Reputation stellt R_k Anfragen an die benachbarten Systeme $\mathcal{R}_{\mathcal{N}}(k)$. Basierend auf den Empfehlungen und eigenem Vertrauen wird die Reputation berechnet.

A.3. Begriffserklärungen

Die umgangssprachlichen und entsprechend nicht sauber definierten Begriffe *Vertrauen* und *Reputation* werden in der Literatur unterschiedlich verwendet [Kin03, Mui02a, Wan07]. Eine bekannte und weit verbreitete Definition von Vertrauen ist die von Gambetta (aus dem Englischen übersetzt) [Gam88]:

> Vertrauen (oder, symmetrisch dazu Misstrauen) ist ein bestimmtes Niveau an subjektiver Wahrscheinlichkeit, mit dem ein Agent einschätzt, ob ein anderer Agent oder ein Gruppe von Agenten eine bestimmte Aktion durchführen[...].

Andere Begriffe sind in der Literatur ebenfalls mit unterschiedlichen Bedeutungen belegt. Für diese Arbeit sind sie wie folgt definiert.

A.3.1. Agent, Datenquelle und Betreiber

In Arbeiten über Reputation wird oft der Begriff *Agent* verwendet. Im Kontext von sensordatenverarbeitenden Systemen, ist ein Agent a entweder ein Reputationssystem oder eine *Datenquelle* q. Letztere stellt Informationen bereit. Somit kann es sich entweder um einen Sensor handeln oder um ein Überwachungssystem, aus dessen zentralem Informationsspeicher Daten abgerufen werden können.

Ein *Betreiber* unterhält ein oder mehrere Überwachungssysteme und ein Reputationssystem. Wenn mehrere Betreiber sich gegenseitig Daten und Sensoren zur Verfügung stellen, agieren sie als *Partner* und sind *Teilnehmer* eines gemeinsamen Überwachungsverbunds. Die drei Begriffe werden im Folgenden synonym verwendet.

A.3.2. Begriffe zu Beziehungen zwischen Agenten

Definition 14 (Direkte Interaktion) Bei einer Interaktion können beliebige Daten ausgetauscht werden, die für die Erfüllung einer bestimmten Aufgabe

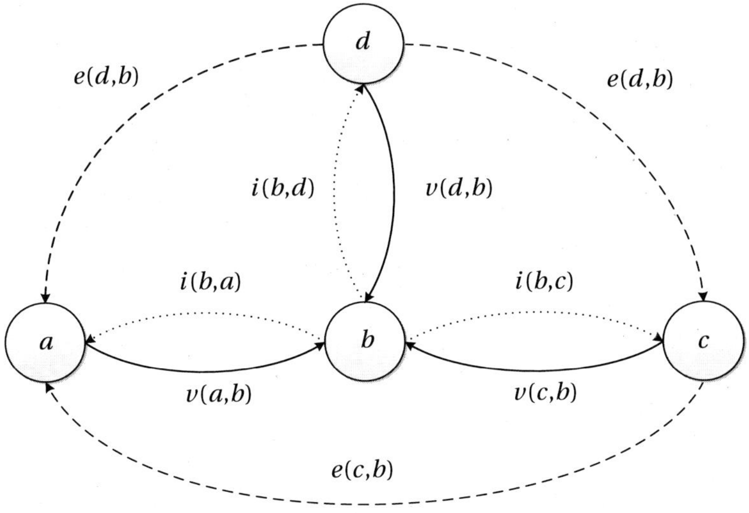

Abbildung A.3.: Zusammenhang zwischen Vertrauen und Reputation

benötigt werden. Daten werden dabei ohne Zwischenstationen übermittelt. Direkte Interaktion ist nicht zwangsläufig bidirektional. □

Vertrauen ist die subjektive Beurteilung der Qualität einer Datenquelle. In Abbildung A.3 ist der Zusammenhang der Definitionen dargestellt. Es sind vier Parteien (a,b,c,d) zu sehen. b ist eine Datenquelle, die sich in direkter Interaktion $i(b,a)$ mit a befindet. Ebenso interagiert b mit c und d, was entsprechend durch $i(b,c)$, bzw. $i(b,d)$ gekennzeichnet ist. Interaktion wird hier als das Bereitstellen von Daten betrachtet.

Definition 15 (Vertrauen) Vertrauen ist die subjektive Erwartung eines Agenten an die Zuverlässigkeit und Qualität der Daten eines anderen Agenten. Vertrauen wird aus direkter Interaktion gewonnen. □

Aus den Interaktionen resultiert entsprechend das Vertrauen. So ist das Vertrauen von a in b durch $v(a,b)$ dargestellt. Simultan ergibt sich das Vertrauen $v(c,b)$ und $v(d,b)$ der beiden anderen Partner.

Generell kann Vertrauen auch aus beobachteter Interaktion anderer Agenten gewonnen werden [Yu00]. Für Überwachungssysteme sind diese Annahmen nicht sinnvoll, da davon auszugehen ist, dass die übermittelten Daten entweder sensibel oder wertvoll sind. In beiden Fällen ist die Übermittlung bzw. der Inhalt der Daten vertraulich. Zudem können Daten von den Teilnehmern unterschiedlich verwendet werden. Somit ist ohne eigene Verarbeitung eine sinnvolle Beurteilung nicht garantiert.

Ebenso wie Vertrauen, wird *Reputation* in der Literatur unterschiedlich definiert. In [Mui02a] ist Reputation der Eindruck über die Absichten eines Agenten, basierend auf vergangenen Aktionen. Ähnlich wird sie in [AR00] als die Erwartung über das Verhalten eines Agenten, basierend auf Erfahrungen und Beobachtungen aus der Vergangenheit angegeben. In [Kin03] ist sie das durchschnittliche Vertrauen aller Partner in die Datenquelle. Für Wang [Wan07] ist Reputation die öffentliche Meinung über Zuverlässigkeit, Ehrlichkeit und Kompetenz. In [Buc07] wird Reputation für Ad-Hoc Netzwerke als aggregierte Summe von Beobachtungen definiert, die allen Knoten bekannt ist. Ausgehend von den genannten Arbeiten, wird Reputation im Folgenden definiert. Sie basiert auf Empfehlungen anderer.

Definition 16 (Empfehlung) Eine Empfehlung ist weitergegebenes, eigenes Vertrauen in eine Datenquelle. □

Eine Empfehlung wird von einem Reputationssystem gesendet, das in diesem Fall als *Empfehlender* agiert.

Definition 17 (Empfehlender) Ein Reputationssystem, das eine Empfehlung versendet, wird als Empfehlender bezeichnet. □

In Abbildung A.3 agieren c und d als Empfehlende für a über b. Weiterhin gibt d gibt eine Empfehlung $e(d,b)$ über b ab, c entsprechend $e(c,b)$.

Reputation beschreibt die Qualität einer Datenquelle basierend auf der Vergangenheit. Mit einer steigenden Zahl an Empfehlungen wird sie objektiver.

Definition 18 (Reputation) Reputation ist das kumulierte Vertrauen mehrerer Parteien in eine Datenquelle.[249] Es setzt sich zusammen aus den Empfehlungen Dritter und dem eigenen Vertrauen, falls dieses vorhanden ist. □

Die Reputation $r(a,b)$, die a von b berechnet, setzt sich zusammen aus den Empfehlungen $e(d,b)$ und $e(c,b)$ sowie dem eigenen Vertrauen $v(a,b)$ in b. Partner c berechnet die Reputation $r(c,b)$ nur mit der Empfehlung $e(d,b)$ und dem eigenen Vertrauen $v(c,b)$

Definition 19 (Vertrauenswürdigkeit) Eine Datenquelle ist vertrauenswürdig, wenn ihre Reputation einen Schwellenwert überschreitet. □

Abschließend ergibt sich daraus die Rolle eines Reputationssystems.

Definition 20 (Reputationssystem) Ein Reputationssystem verwaltet Vertrauen und Reputation und trifft Entscheidungen über die Vertrauenswürdigkeit von Datenquellen. Es nimmt Bewertungen über Agenten entgegen, berechnet Vertrauen. Es stellt dieses anderen Reputationssystemen in Form von Empfehlung zur Verfügung. □

A.4. Anforderungen an Reputationssysteme für die intelligente Überwachung

Intelligente Überwachungssysteme stellen spezielle Anforderungen an Reputationssysteme, die berücksichtigt werden müssen, um die Vertrauenswürdigkeit von Datenquellen zu berechnen. Im Folgenden werden zehn Anforderungen [Vag12a] spezifiziert, aus denen sich das im Abschnitt A.8 dargestellte Modell herleitet.

Jeder Betreiber von Überwachungssystemen hat unterschiedliche Aufgaben und Ziele für seine Systeme. Entsprechend muss er in der Lage sein,

249 Das Modell zur Berechnung von Reputation wird in Kapitel A.8 dargestellt.

seinen persönlichen Schwellenwert für die Vertrauenswürdigkeit einer Datenquelle selbst festzulegen. Entsprechend kann die Bewertung von Sensoren unterschiedlich ausfallen. Eine zentrale Berechnung und Verwaltung von Vertrauenswerten aller Betreiber ist nicht möglich.

Anforderung 1 *Jeder Betreiber muss die Vertrauenswürdigkeit einer Datenquelle nach seinen eigenen Anforderungen bestimmen können.*

Aus der Unabhängigkeit der Betreiber resultieren noch weitere Anforderungen. So soll ein Betreiber in der Lage sein, die Empfehlungen anderer Betreiber manuell zu gewichten. Die Gewichtungen können z. B. auf Erfahrungen in der Vergangenheit beruhen oder auf Geschäftsverhältnissen in der realen Welt.

Anforderung 2 *Ein Betreiber muss in der Lage sein, die Empfehlungen anderer zu gewichten.*

Das Weiterreichen von Empfehlungsanfragen erlaubt es Betreibern über den Partnerkreis hinaus, von Vertrauenswerten zu profitieren. Dies ist insbesondere dann sinnvoll, wenn es eine große Anzahl an (privaten) Betreibern gibt, die sich untereinander nicht alle gegenseitig kennen. In Großbritannien sind der Polizei bereits jetzt nicht alle Betreiber der genutzten Kameras bekannt [Lin06].

Wie in anderen „Webs of Trust“, z. B. Pretty good Privacy (PGP, [Cal07]), muss es aber möglich sein, die Transitivitätstiefe, d. h. die Länge der Vertrauenskette, individuell festzulegen.

Anforderung 3 *Ein Betreiber muss festlegen können, wie oft eine Anfrage weitergeleitet werden darf.*

Wenn Vertrauensketten aufgebaut werden, um Empfehlungen anderer Parteien zu berücksichtigen, darf nur direktes Vertrauen weitergegeben werden [Jøs05]. Sobald indirekte Erfahrungen weitergeben werden, kann Erfahrung mehrfach in die Berechnung von Reputation einfließen und zu unerwünschten Ergebnissen führen. „Fluss-Modelle“, wie z. B. PageRank [Pag99] können dies durch Normalisierung verhindern [Jøs07]. Wenn Sensoren für eine bestimmte Aufgabe kombiniert werden, lässt sich kein regulärer Fluss festlegen, und ein zentrales Modell ist somit nicht geeignet.

Anforderung 4 *Indirektes Vertrauen darf nicht in Empfehlungen einfließen.*

Sensordaten können aus unterschiedlichen Gründen verwendet werden. Entsprechend muss das Modell allgemein genug sein, um Vertrauen in verschiedenen Kontexten berechnen zu können. Neben verschiedenen Aufgabenbereichen, soll auch das Vertrauen in Empfehlende berechnet werden können.

Anforderung 5 *Das Modell muss so allgemein sein, dass Reputation und Vertrauen in unterschiedlichen Kontexten berechenbar ist.*

Einige Vertrauensmodelle erlauben nur eine binäre Bewertung von Daten (gut, schlecht). Für Überwachungssysteme ist dies i. A. nicht ausreichend und mehrere Abstufungen werden benötigt, um Daten moderat bewerten zu können. Da die Beurteilung der Qualität in vielen Fällen schwierig ist, ist eine Skala mit einer adäquaten Anzahl diskreter Werte, wie z. B. Schulnoten von „sehr gut" bis „ungenügend", ausreichend. Eine kontinuierliche Skala kann ebenfalls gewählt werden.

Anforderung 6 *Die Qualität der Daten muss durch die Bewertungsskala hinreichend genau beschrieben werden.*

In intelligenten Überwachungssystemen werden die Daten der einzelnen Sensoren in einem zentralen Datenspeicher gehalten. Betreiber können Informationen nicht nur direkt über Sensoren austauschen, sondern auch über die Speicher. Aus externer Sicht bestimmt sich die Qualität eines Überwachungssystems aus der des zugehörigen Speichers, bzw. der darin gespeicherten Daten. Um die Güte zu steigern, werden Daten im Informationsspeicher fusioniert. Mehr über Informationsfusion ist in [Hal97, Hei10, Fis12] zu finden. Da ein direkter Zusammenhang zwischen den Sensoren und dem Speicher besteht, muss das Vertrauen in den Informationsspeicher aktualisiert werden, wenn sich das Vertrauen in einen Sensor ändert. Dies ist nur möglich, wenn eine Bewertung der Informationen im Speicher eindeutig auf einen Sensor zurückverfolgt werden kann.

Anforderung 7 *Vertrauen muss für Sensoren und Überwachungssysteme berechenbar sei. Dabei besteht ein Zusammenhang zwischen beiden.*

Mit jeder Interaktion kann sich das Vertrauen ändern. Entsprechend muss es mit jeder Bewertung aktualisierbar sein. Es kann schnell fluktuieren, z. B. infolge einer Fehlfunktion oder eines Wetterwechsels. Solche Veränderungen und somit zukünftiges Verhalten sind schwer vorherzusagen. Vertrauen basiert auf alten Erfahrungen und muss entsprechend altern. Bei der Berechnung eines neuen Vertrauenswerts, muss das alte Vertrauen gemäß seines Alters gewichtet werden.

Anforderung 8 *Vertrauen ist schwer prädizierbar und muss schnell an Veränderungen adaptiert werden. Alte Vertrauenswerte verlieren an Bedeutung.*

Bewertungen werden auf einer vorgegeben Skala durchgeführt und nicht nur als „gut" oder „schlecht" klassifiziert (siehe Anforderung 6). Es ist möglich, dass durchgehend minimal positive Bewertungen abgegeben werden. Der Vertrauenswert muss dann gegen den Wert konvergieren, der das leicht positive Vertrauen darstellt und nicht gegen den maximalen Vertrauenswert. Dasselbe gilt entsprechend für negative Bewertungen. Eine Vorbedingung dafür ist, dass der maximale und minimale Vertrauenswert a priori bekannt sind. Daraus ergeben sich die letzten beiden Anforderungen.

Anforderung 9 *Es existieren ein maximaler und minimaler Vertrauenswert. Beide sind bekannt und konstant über die Zeit.*

Anforderung 10 *Das Vertrauen darf nicht gegen den maximalen, bzw. minimalen Wert konvergieren, wenn keine gänzlich positiven bzw. negativen Bewertungen abgegeben werden.*

A.5. Existierende Ansätze zur Berechnung von Vertrauen

Im Folgenden werden bekannte Vertrauensmodelle vorgestellt, deren Eignung für die Überwachung untersucht wird. Es wurden nur Modelle berücksichtigt, die eine dezentrale Berechnung des Vertrauens durch die Betreiber zulassen. So finden z. B. Zentralitätsansätze [Kam03, Yam04] keine Berücksichtigung. Dabei werden neben modellspezifischer Notation die Symbole aus Abschnitt A.1 verwendet.

Marsh (1994)

Das Modell von Marsh [Mar94] findet in der Praxis kaum Verwendung [Pad00], stellt aber als eines der ersten Modelle die Grundlage für weitere Modelle dar. Vertrauen wird im Intervall [-1,1[dargestellt. Vertrauen ist 1, kein Vertrauen ist 0 und Misstrauen wird durch -1 dargestellt. Orientiert an [Luh00] repräsentiert 1 das blinde Vertrauen, das nicht durch Bewertungen erreicht werden kann. Marsh bezeichnet das Vertrauen von Agenten a_x in Agenten a_y mit $v_{a_x}(a_y)$. Ist dies von einer Situation α abhängig, wird dies durch $v_{a_x}(a_y,\alpha)$ ausgedrückt. Dabei sind „cooperatives" positive Bewertungen und „defects" negative. Der Wert $\mathcal{B}$ ist ein Parameter, der den Vorteil durch die Kooperation ausdrückt. Entsprechend ist $\mathcal{C}$ abhängig von den Kosten, die bei Nichtkooperation entstehen. Beide werden nicht genauer definiert. Es gilt:

$$
\begin{aligned}
\mathit{Cooperates}(a_y,\alpha)^t &\Rightarrow v_{a_x}(a_y)^{t+1} := v_{a_x}(a_y)^t + \mathcal{B} \text{ mit } \mathcal{B} > 0 \\
\mathit{Defects}(a_y,\alpha)^t &\Rightarrow v_{a_x}(a_y)^{t+1} := v_{a_x}(a_y)^t - \mathcal{C} \text{ mit } \mathcal{C} > 0,
\end{aligned}
$$

wobei t der Zeitpunkt der Bewertung ist. Es werden zwei Schwellenwerte s_u und s_o verwendet mit $-1 \leq s_u < s_o < 1$. Wenn $v_{a_x} < s_u$, ist davon auszugehen, dass sich a_x nicht kooperativ verhält (nicht vertrauenswürdig ist), umgekehrt bei $s_o < v_{a_x}$. Der Bereich zwischen s_u und s_o ist nicht definiert.

Yu und Shing (2000)

Das Modell von Yu und Shing [Yu00] basiert auf der Arbeit von Marsh. Das Vertrauen wird aus eigenen Beobachtungen und Aussagen von Dritten berechnet. Vertrauen soll im Modell schwierig aufzubauen, aber leicht abbaubar sein. Dabei können positive $\alpha \in [0,1]$ oder negative $\beta \in [-1,0]$ Bewertungen abgeben werden. Das Vertrauen eines Agenten a_i in a_j zum Zeitpunkt $t+1$ ist dabei vom Vertrauen $v_i(j)^t \in]-1,1[$ zum Zeitpunkt t abhängig. Bei positiven Bewertungen nimmt es zu oder bleibt unverändert, bei negativen verhält es sich umgekehrt. Es wird empfohlen, $|\alpha| < |\beta|$ zu wählen. Die Vertrauensaktualisierung ist in Tabelle A.2 dargestellt.

$v_i(j)^t$	Kooperation bei j	Nicht Kooperation bei j
>0	$v_i(j)^t + \alpha(1 - v_i(j)^t)$	$\frac{(v_i(j)^t + \beta)}{1 - min(\|v_i(j)^t\|, \|\beta\|)}$
<0	$\frac{(v_i(j)^t + \alpha)}{1 - min(\|v_i(j)^t\|, \|\alpha\|)}$	$v_i(j)^t + \beta(1 + v_i(j)^t)$
$=0$	α	β

Tabelle A.2.: Yu et al. 2000, Vertrauensaktualisierungsfunktionen

Durch zwei Schwellenwerte $s_u, s_o \in [-1,1]$ wird wie bei Marsh definiert, ob ein Agent vertrauenswürdig ist oder nicht, bzw. ob keine Aussage getroffen werden kann.

Weiterhin ist in [Yu00] dargestellt, wie eine Empfehlungskette $\chi = (a_0, ..., a_n)$ von einem anfragendem Agenten a_0 bis zum Agenten a_n, dessen Reputation abgefragt wird, aufgebaut werden kann. Auch eine Methode zur Kombination von Aussagen unterschiedlicher Agenten wird vorgestellt. Yu et al. stellen zudem *Gerüchte* (gossip) vor, die Mitteilungen ohne vorherige Anfragen darstellen.

Yu und Shing (2002)

Das zweite Modell in [Yu02] baut ebenfalls auf Marsh auf und berücksichtigt Aussagen Dritter. Sie wählen diesmal einen anderen Ansatz und verwenden die Dempster-Shafter-Theorie (DS) [Sha76] als Grundlage für das Modell.

Ausführliche Erläuterungen zu DS sind in [Sen02] und [Bei08] zu finden. Der Ergebnisraum wird in DS als Wahrnehmungsrahmen Ω bezeichnet, der alle möglichen Ereignisse enthält, die sich gegenseitig ausschließen. Statt einem Wahrscheinlichkeitsmaß wird ein Basismaß über Ω angegeben. Eine Funktion $m : \mathcal{P}(\Omega) \rightarrow [0,1]$, die die folgenden beiden Bedingungen erfüllt:

$$m(\emptyset) = 0 \quad \text{und} \quad \sum_{A \subseteq \Omega} m(A) = 1$$

wobei die Größe $m(A)$ das Maß an Glauben ist, das der Menge A zugewiesen wird. Jede Teilmenge $A \subseteq \Omega$ ist ein fokales Element von m, wenn $m(A) > 0$ ist. Das Basismaß ist im Allgemeinen nicht additiv und die einzelnen Elemente des Wahrnehmungsrahmens schließen sich gegenseitig aus. Anhand des Basismaßes m über dem Wahrnehmungsrahmen Ω wird anschließend die Glaubensfunktion $Bel(A)$ wie folgt definiert:

$$Bel : \mathcal{P}(\Omega) \rightarrow [0,1] \quad \text{und} \quad Bel(A) = \sum_{B \subseteq A} m(B).$$

$Bel(A)$ ist das totale Maß an Glauben, das mit Sicherheit der Menge A zugewiesen wird [Bei08].

In der Arbeit wird lokaler Glauben τ und totaler Glauben π verwendet. τ berechnet sich aus eigenen Erfahrungen und π aus Empfehlungen dritter. Wenn kein lokaler Glauben vorhanden ist, wird totaler Glauben verwendet. Die untere Grenze des Glaubens ist s_u, und die obere Grenze des Unglaubens wird mit s_o angeben, wobei $0 \leq s_u \leq s_o \leq 1$ ist.

In dem Modell ist eine diskrete Bewertung mit den Werten $\mathcal{W} = \{0{,}0; 0{,}1; ...; 1{,}0\}$ vorgesehen. Anhand $\mathcal{W}$ wird durch m einer Aussage ein Glaubensmaß zugeordnet. Die Aussage, dass ein Agent „glaubwürdig“ ist, wird hierbei mit V bezeichnet, „unglaubwürdig“ mit $\neg V$. So ist $\Omega = \{V, \neg V\}$. Jedem Element in $\mathcal{P}(\Omega)$ wird durch m ein Glaubensmaß zugeordnet.

Dafür wird der Anteil der Bewertungen in jeweiligen Grenzen $0 - s_u$, $s_u - s_o$ und $s_o - 1$ zusammenaddiert. Das Glaubensmaß wird für lokales Vertrauen $m(\{V\}) = \sum_{x_k = s_o}^{1} f(x_k)$, Misstrauen $m(\{\neg V\}) = \sum_{0}^{x_k = s_u} f(x_k)$ und den unsicheren Bereich $m(\{V,\neg V\}) = \sum_{x_k=s_u}^{x_k=s_o} f(x_k)$ berechnet, wobei $f(x_k)$ die relative Häufigkeit der Bewertung $x_k \in \mathcal{W}$ ist.

In [Yu02] wird ebenfalls gezeigt, wie Aussagen von mehreren Zeugen über Dempsters Kombinationsregeln zusammengeführt werden können. Zur Berechnung von Reputation werden Nachbarn nach Empfehlungen gefragt. Diese antworten oder leiten die Anfrage weiter. Die Reputation $r \in [-1,1]$ ist die Differenz zwischen dem totalen Glauben und Unglauben.

Jøsang und Ismail (2002)

Jøsang und Ismails Arbeit [Jøs02] basiert auf Wahrscheinlichkeitstheorie und verwendet die Beta-Verteilung, die als Wahrscheinlichkeitsdichte definiert ist. Durch die Dichte wird die Verteilung der Wahrscheinlichkeit für die positive Kooperation mit einem Agenten dargestellt.

Die Dichtefunktion $f(p|\alpha,\beta) \in \mathbb{R}^+$ hat die Parameter $\alpha, \beta > 0$. Die Beta-Verteilung ist durch die Dichtefunktion f definiert:

$$f(p|\alpha,\beta) = \frac{1}{B(\alpha,\beta)} p^{\alpha-1}(1-p)^{\beta-1},$$

wobei $p \in [0,1]$ die Wahrscheinlichkeit ist und die Beta-Funktion $B(\alpha,\beta)$ durch

$$B(\alpha,\beta) = \int_0^1 u^{\alpha-1}(1-u)^{\beta-1} du$$

definiert [Cov06][Mar07] ist. Bei Gleichverteilung in [0,1], wenn noch keine Ereignisse aufgetreten sind, sind $\alpha,\beta = 1$. Um von der a priori zur posteriori Verteilung zu kommen, werden in α und β die Anzahl der positiven Ergebnisse $r = |r_1,\dots,r_n| \geq 0$ und negativen Ergebnisse $s = |s_1,\dots,s_n| \geq 0$ aufaddiert. Für eine symmetrische Verteilung um 0,5 ergibt sich $\alpha = r+1$ und $\beta = s+1$. In der Arbeit wird nur der Erwartungswert E für die Zufallsvariable $X = p$ der Beta-Verteilung [Geo07]:

$$E(p) = \frac{\alpha}{\alpha+\beta}$$

verwendet, da dieser für Nutzer besser verständlich ist. Er liefert für $\alpha = \beta$ den neutralen Wert 0,5, der auf [-1,1] transformiert wird. Für die Zufallsvariable $X = p$ gilt Linearität und Normierung [Deh04], sodass die Reputation durch

$$Rep(r,s) = (E(\varphi(p|r,s)) - 0.5) \cdot 2 = \frac{r-s}{r+s+2}$$

basierend auf r und s berechnet werden kann. Die r_i bzw. s_i können mit Alterungsfaktoren λ^i versehen werden.

Die Unsicherheit einer Aussage kann durch eine Meinung beschrieben werden. Die Meinung ω eines Agenten a_X über eine Aussage eines Agenten a_Y ist ein Tupel $w_Y^X = (b_Y^X, d_Y^X, u_Y^X)$ [Jøs01]. Dabei ist b_Y^X die Wahrscheinlichkeit, dass die Aussage von a_Y wahr ist, d_Y^X dass diese falsch ist und u_Y^X ist die Unsicherheit über die Aussage von a_Y.

Die Meinung $w_T^{X:Y}$ von a_X über a_T durch eine Empfehlung von a_Y wird durch die Kombination der Meinungen von a_X über a_Y und von a_Y über a_T gebildet. Anstelle (r,s) anzugeben, kann Feedback auch in Form eines einzelnen Wertes $v \in [-1,1]$ angegeben werden, aus dem anschließend r und s berechnet werden. Aus v ergeben sich $r = w \cdot (1+v)/2$ und $s = w \cdot (1-v)/2$. Dabei wird ein Normalisierungsfaktor w verwendet, sodass $w = r + s$ gilt.

Jonker und Treur (1999)

Jonker und Treur befassen sich in [Jon99] primär mit Algorithmen zur Vertrauensaktualisierung. Hier wird ein symmetrisches und ein asymmetrisches Modell vorgestellt. In beiden Fällen handelt es sich um Verfahren, die auf exponentieller Glättung [Sch04a] basieren. Dabei wird ein neuer Schätzwert S_{i+1} aus dem alten Wert S_i und einem eingegangen Erfahrungswert E_i berechnet. Allgemein führt das zur Formel

$$S_{i+1} := (1-\alpha) \cdot S_i + \alpha \cdot E_i,$$

wobei $\alpha \in [0,1]$ der Glättungsfaktor ist. Vorteile des Verfahren sind seine Einfachheit, geringer Speicherplatz und vor allem die Verwendbarkeit für Zeitreihen, die keinen eindeutigen Trend zulassen [Sch01].

Bei der asymmetrischen Aktualisierungsfunktion werden zwei Gewichtungsparameter λ_1 und λ_2 verwendet um positive Gewichtungen stärker zu gewichten. Der Faktor $\alpha = \frac{1}{2} \cdot ((1-b_i) \cdot \lambda_1 + (1+b_i) \cdot \lambda_2)$ ändert sich durch eingehende Bewertungen. Für das Vertrauen v und eingehende Bewertungen b_i gilt: $v, b_i \in [-1,1]$. Damit ergibt sich

$$v_i := \frac{1}{2} \cdot ((1-b_i) \cdot \lambda_1 + (1+b_i) \cdot \lambda_2) \cdot v_{i-1} + (1 - \frac{1}{2} \cdot ((1-b_i) \cdot \lambda_1 + (1+b_i) \cdot \lambda_2)) \cdot b_i$$

für die Berechnung des Vertrauens v_i. Im Fall einer symmetrischen Aktualisierungsfunktion wird ebenfalls das existierende Vertrauen v_{i-1} und die aktuelle Bewertung b_i zur Berechnung verwendet. Es existiert aber nur ein Alterungsfaktor $\lambda \in [0,1]$, der als Glättungsfaktor fungiert. Analog zur asymmetrischen Funktion wird das Vertrauen v_i durch

$$v_i := \lambda \cdot v_{i-1} + (1-\lambda) \cdot b_i$$

berechnet.

Kinateder und Rothermel (2003)

In [Kin03] übertragen Kinateder und Rothermel Vertrauensaspekte aus der realen Welt in die digitale. Vertrauen wird ebenfalls aus dem vorherigen Wert und der aktuellen Bewertung berechnet. Es wird eigene Erfahrung und Erfahrung von Dritten verwendet. Vertrauen wird dezentral bei jedem Agenten gespeichert. Es wird in unterschiedlichen Kategorien berechnet, die in einem Graph repräsentiert werden. Ähnliche Kategorien beeinflussen sich. So hat z. B. die Kategorie „Entwicklung in Java“ Auswirkung auf „Entwicklung in C#“ und auf „Webserver Anwendungen“. Die ersten beiden beeinflussen sich allerdings stärker.

Das Verfahren basiert ebenfalls auf exponentieller Glättung mit binären Bewertungen $b_i \in \{0,1\}$. Das Verfahren funktioniert allerdings auch für $b_i \in [0,1]$. Das Vertrauen v ist ebenfalls in $[0,1]$, genauso ist $c \in [0,1]$. Dabei ist c die Einschätzung über eine eigene Empfehlung. Als Gewicht für den Pfad von der Kategorie des Anfragenden zum Abgefragten wird der Distanzfaktor $d \in [0,1]$ verwendet. Zudem kann für jede Kategorie ein Alterungsfaktor $\lambda \in]0,1[$ definiert werden. Alle Parameter werden im Glättungsfaktor verwendet. Das Vertrauen v_i wird folglich durch

$$v_i := (1 - (\lambda \cdot c \cdot d)) \cdot v_{i-1} + (\lambda \cdot c \cdot d) \cdot E$$

berechnet.

Yu, Shing und Sycara (2004)

In [Yu04] wird ein Model für Peer-to-Peer Netzwerke [Ste04a] vorgestellt. Dabei sind die Bewertungen $h \in [0,1]$. Vertrauen wird für die Zuverlässigkeit, d. h. Datenqualität und Qualität der Bewertungen berechnet. $H_{ij} = \{h_{ij}^1, h_{ij}^2, \ldots, h_{ij}^n\}$ mit $h_{ij}^k \in [0,1]$ ist die Historie der letzten Bewertungen vom Agenten a_i über a_j, wobei n durch die maximale Länge der Historie N begrenzt ist. Reputation setzt sich aus eigenem Vertrauen und Empfehlungen Dritter zusammen.

Dabei kann das Vertrauen von a_i in a_j auf zwei Arten berechnet werden. Entweder über den Mittelwert $v(a_i,a_j) = \sum_{k=1}^{n} h_{ij}/n$, wobei $v(a_i,a_j) = 0$, falls $n = 0$. Alternativ durch exponentielle Glättung

$$v(a_i,a_j) = \lambda[h_{ij}^n + \ldots + (1-\lambda)^n h_{ij}^1],$$

wobei $v(a_i, a_j) = 1$, wenn $n = 0$. In beiden Fällen ist $v(a_i, a_j) \in [0,1]$ und der Glättungsfaktor $\lambda \in]0,1[$. Die Mittelwertbildung für Vertrauen ist jedoch instabil gegenüber Angriffen.

Zur Berechnung der Reputation wird zuerst eine Prognose

$$P = \sum_{k=1}^{l} g_k \cdot \frac{v(w_k, a_j)}{l}$$

erstellt, wobei $P = 0{,}5$ falls $l = 0$, $k \in \{1, \ldots, l\}$ und l die Anzahl der empfehlenden Dritten w_k ist. Die Empfehlungen werden mit $g_k \in [0,1]$ gewichtet.

Das Gewicht g_k wird mit 1 initialisiert und folgend ist $g_k := g_k \cdot \theta$, wobei

$$\theta = 1 - (1-\beta) \cdot |v(w_k, a_j) - h| \in]0,1]$$

mit der Konstanten $\beta \in]0,1[$. Die Reputation

$$r(a_i, a_j) = c \cdot v(a_i, a_j) + (1-c) \cdot P$$

setzt sich dann aus dem eigenen Vertrauen und der Prognose zusammen. Wobei $c = \frac{n}{N}$, d. h. wenn $n = N$, basiert die Reputation nur auf eigenem Vertrauen und nicht auf Empfehlungen.

A.6. Evaluierung existierender Ansätze

Im Folgenden werden die beschrieben Ansätze anhand von, für die Überwachung typischen Testreihen evaluiert. Es werden 15 Testreihen verwendet. Die Datensätze werden später auch zur Evaluierung des hier vorgestellten Modelle genutzt.

A.6.1. Testreihen

Es werden zwei Typen von Testreihen (A und B) verwendet. In Typ A werden die Bewertungen $b_i \in [0,1]$ abgegeben, in Typ B sind die $b_i \in [-1,1]$ Beide Serien stellen die gleichen Fälle dar. Die Reihen 1 und 2 stellen durchgehende Maximalmal- und Minimalbewertung dar, in Testreihe 3 werden erst zehn bestmögliche und dann zehn schlechtestmögliche Bewertungen abgegeben. Letzteres kann durch den Ausfall eines Sensors verursacht werden. In Testreihe 4 werden durchgängig schlechte Bewertungen abgegeben, dann kurzzeitig bessere, die dann wieder auf einen schlechten Wert absinken. Das passende Gegenstück, mit primär positiven Werten ist Reihe 6. Reihe 5 besteht, bis auf den elften Wert nur aus sehr guten Bewertungen. Der elfte Wert ist somit ein typischer Ausreißer. Testreihe 7 ist eine weniger ausgeprägte Form von Reihe 3, in der erst zehn positive und dann zehn negative Bewertungen gemacht werden. Abschließend stellt 8 einen gemischten Verlauf dar. Die Testreihen sind in den Tabellen A.3 und A.4 abgebildet.

	A1	A2	A3	A4	A5	A6	A7	A8
1	0	1	1	0,2	0,9	0,9	0,7	0,8
2	0	1	1	0,2	0,9	0,9	0,7	0,3
3	0	1	1	0,2	0,9	0,9	0,7	0,5
4	0	1	1	0,2	0,9	0,9	0,7	0,8
5	0	1	1	0,2	0,9	0,9	0,7	0,5
6	0	1	1	0,2	0,9	0,9	0,7	0,8
7	0	1	1	0,2	0,9	0,9	0,7	0,3
8	0	1	1	0,2	0,9	0,9	0,7	0,8
9	0	1	1	0,2	0,9	0,9	0,7	0,7
10	0	1	1	0,2	0,9	0,9	0,7	0,6
11	0	1	0	0,9	0,2	0,2	0,3	0,5
12	0	1	0	0,9	0,9	0,2	0,3	0,9
13	0	1	0	0,4	0,9	0,7	0,3	0,4
14	0	1	0	0,3	0,9	0,8	0,3	0,5
15	0	1	0	0,2	0,9	0,9	0,3	0,3
16	0	1	0	0,2	0,9	0,9	0,3	0,4
17	0	1	0	0,2	0,9	0,9	0,3	0,1
18	0	1	0	0,2	0,9	0,9	0,3	0,8
19	0	1	0	0,2	0,9	0,9	0,3	0,5
20	0	1	0	0,2	0,9	0,9	0,3	0,6

Tabelle A.3.: Typ A Testreihen für die Evaluierung

A.6.2. Auswertung der Testreihen

Im Modell von Yu aus dem Jahr 2000 wird die Vertrauensaktualisierungsfunktion aus Tabelle A.2 verwendet. Für das Modell von Yu von 2002 wird zuerst das Maß an Glauben $m(\{V\})$ und Unglauben $m(\{\neg V\})$ berechnet und daraus die Reputation $R = m(\{V\}) - m(\neg\{V\})$. Für das Modell von Jøsang et

	B1	B2	B3	B4	B5	B6	B7	A8
1	0	1	1	-0,6		0,8	0,4	0,6
2	0	1	1	-0,6		0,8	0,4	-0,4
3	0	1	1	-0,6		0,8	0,4	0
4	0	1	1	-0,6		0,8	0,4	0,6
5	0	1	1	-0,6		0,8	0,4	0
6	0	1	1	-0,6		0,8	0,4	0,6
7	0	1	1	-0,6		0,8	0,4	-0,4
8	0	1	1	-0,6		0,8	0,4	0,6
9	0	1	1	-0,6		0,8	0,4	0,4
10	0	1	1	-0,6		0,8	0,4	0,2
11	0	1	-1	0,8		-0,6	-0,4	0
12	0	1	-1	0,8		-0,6	-0,4	0,8
13	0	1	-1	-0,2		0,4	-0,4	-0,2
14	0	1	-1	-0,4		0,6	-0,4	0
15	0	1	-1	-0,6		0,8	-0,4	-0,4
16	0	1	-1	-0,6		0,8	-0,4	-0,2
17	0	1	-1	-0,6		0,8	-0,4	-0,8
18	0	1	-1	-0,6		0,8	-0,4	0,6
19	0	1	-1	-0,6		0,8	-0,4	0
20	0	1	-1	-0,6		0,8	-0,4	0,2

Tabelle A.4.: Typ B Testreihen für die Evaluierung

al. werden aus dem Feedback $v \in [-1,1]$ die Bewertungen s und r und anschließend das Reputationsrating $Rep(r,s) = \frac{r-s}{r+s+2}$ berechnet. Das Modell von Jonker wurde sowohl mit der symmetrischen als auch der asymmetrischen Funktion getestet. Die Modelle von Kinateder et al. und Yu 2004 verhalten sich wie die asymmetrische Glättungsfunktion von Jonker, nur umgekehrt, d. h. der Einfluss neuer Bewertungen steigt mit dem Glättungsfaktor. Entsprechend werden sie an dieser Stelle nicht dargestellt.

Dabei wurden in allen visualisierten Modellen Bewertungen die B Testreihen verwendet, nur Yu 2002 verwendet Reihen vom Typ A. Das Vertrauen wird in [-1,1] abgebildet, außer in Yu 2000, das]-1,1[verwendet.

Dabei werden in den folgenden Abbildungen der Testreihen die Parameter und Farben aus Abbildung A.4 verwendet. Die einzige Ausnahme stellt Testreihe 3 dar. Hier wird die gleiche farbliche Codierung verwendet, aber die Parameter werden in Abbildung A.7 und A.8 variiert.

—— Jøsang und Ismail ($\lambda = 1$)
—— Yu et al. 2000
—— Yu et al. 2002 ($s_u = 0{,}3$, $s_o = 0{,}5$)
—— Jonker und Treur (asym., $\lambda_1 = 0{,}3$, $\lambda_2 = 0{,}3$)

Abbildung A.4.: Legende zu den abgebildeten Modellen und Parametern

Testreihe 1 und 2

In Abbildung A.5 ist das Verhalten bei bestmöglichen bzw. negativsten Bewertungen dargestellt. Es ist zu erkennen, dass die Modelle von Yu (2000 und 2002) nach der ersten Beobachtung den maximalen bzw. minimalen Wert erreichen und dieser sich nicht mehr ändert. Die Modelle von Jonker und Jøsang erreichen 1 bzw. -1 langsamer. Im Modell von Jonker können Parameter angepasst werden, um einen langsameren Anstieg des Vertrauens zu erreichen.

Testreihe 3

Abbildung A.6 zeigt, dass im Modell von Yu 2000 das Vertrauen direkt von 1 auf -1 wechselt. Beim Modell von Jonker findet der Abfall etwas langsamer statt und kann noch über Parameter geändert werden. Es ist zu erkennen, dass der Vertrauensabfall bei Jøsang und Yu 2002 deutlich langsamer vollzogen wird.

Abbildung A.7 stellt den Unterschied zwischen der symmetrischen und asymmetrischen Funktion von Jonker und Treu dar. Da λ_2 hoch gewählt ist, baut sich das Vertrauen wesentlich schneller ab, als es sich aufbaut. Zudem

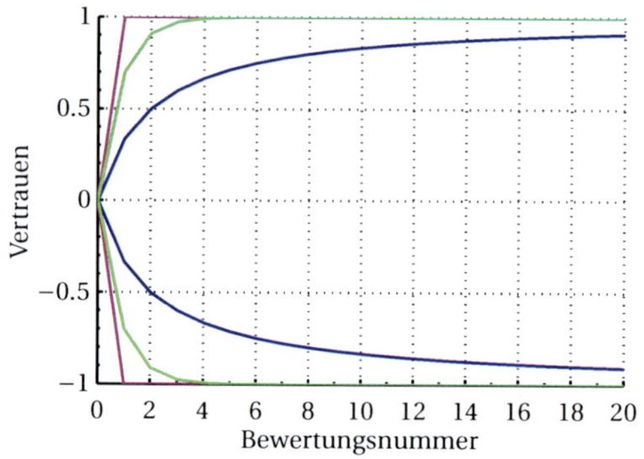

Abbildung A.5.: Testreihen 1 und 2

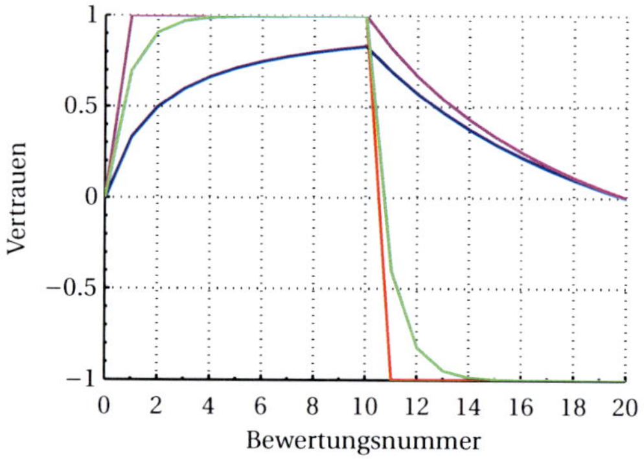

Abbildung A.6.: Testreihe 3

ist zu erkennen, dass im Modell von Jøsang ($\lambda = 1$) das Vertrauen ähnlich schnell sinkt wie im symmetrischen Modell von Jonker.

Im Modell von Jøsang wird durch den Alterungsfaktor zeitgleich ein Schwellenwert für das maximale und minimale Vertrauen gegeben. Dies ist in Abbildung A.8 zu sehen. Somit ist es mit diesem Modell nicht möglich, bei einem kleinen Alterungsfaktor den maximalen Vertrauenswert zu erreichen. Es ist ebenfalls dargestellt, wie beim asymmetrischen Modell von Jonker die

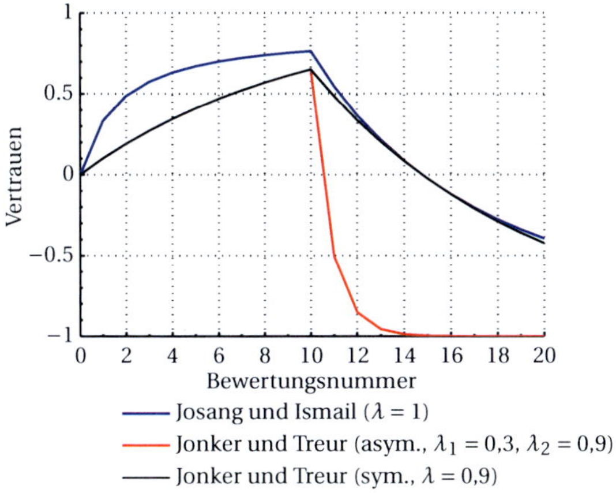

Abbildung A.7.: Testreihe 3 mit variierten Parametern (1)

negativen Bewertungen weniger intensiv eingehen.

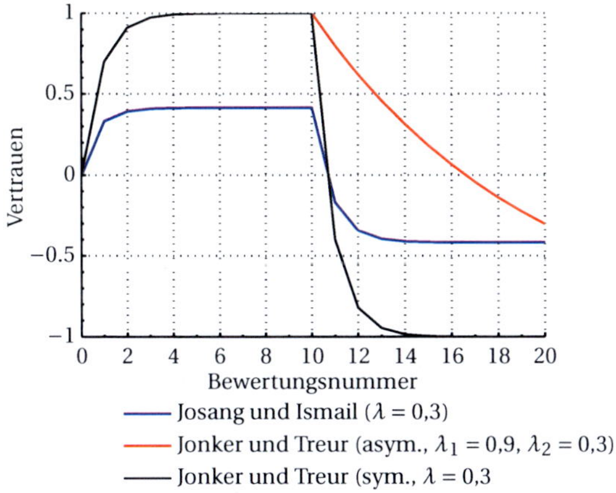

Abbildung A.8.: Testreihe 3 mit variierten Parametern (2)

Testreihen 4,5 und 6

in den Abbildungen A.9 und A.10 sind Serien mit Ausreißern dargestellt. In Abb. A.9 sind negative Bewertungen und Ausreißer nach oben dargestellt. A.10 zeigt das umgekehrte Szenario. Das Modell von Yu 2000 reagiert nur minimal auf die Ausreißer, während das Model von Jonker stark darauf anspricht. Das Modell von Yu 2002 zeigt im Vergleich dazu eine geringere Reaktion. Bei Yu 2002 und bei Jøsang nimmt das Vertrauen anschließend wieder zu, bzw. ab. Das Modell von Jonker kann durch veränderte Parameter so angepasst werden, dass geringere Sprünge entstehen. Im Gegenzug nimmt das Vertrauen ebenso langsamer ab/zu.

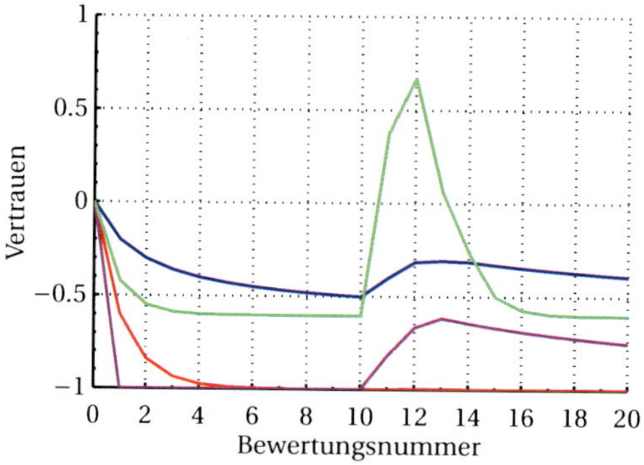

Abbildung A.9.: Testreihe 4

Testreihe 7

In Abbildung A.11 ist die träge Reaktion auf Änderungen des Modells von Yu 2000 zu sehen. Sein Modell von 2002 erreicht schnell den maximalen Wert und fällt ebenso schnell ab. Es ist auch zu erkennen, dass beide einen Vertrauenswert von 1 erreichen. Das Model von Jøsang steigt und fällt, ebenso wie in den vorausgegangenen Reihen, wesentlich langsamer. Das Modell von Jonker erreicht relativ schnell die Werte der abgegebenen Bewertung, wobei die Parameter wieder angepasst werden können.

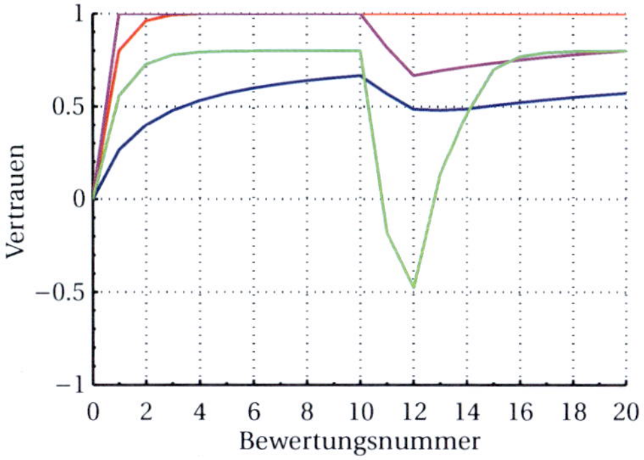

Abbildung A.10.: Testreihe 6

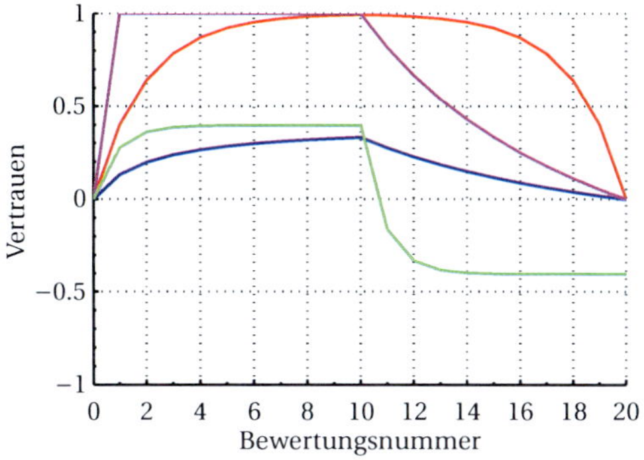

Abbildung A.11.: Testreihe 7

Testreihe 8

Abschließend ist eine Reihe mit abwechselnden Werten in Abbildung A.12 dargestellt. Es ist deutlich zu sehen, dass sich das Model von Yu 2000 von den anderen unterscheidet, da sich der Wert der Reputation durchgehend dem Wert 1 annähert, solange positive Bewertungen abgeben werden. Es ist gut zu sehen, wie das Model von Yu 2002 erst auf 1 steigt und sich anschließend stabilisiert. Das Vertrauen steigt hier mit jeder Bewertung in $[s_o,1]$. Es ist zudem zu erkennen, dass sich das Modell von Jøsang sehr stabil verhält. Im Gegensatz dazu wird deutlich, welchen Schwankungen das Modell von Jonker bei den verwendenden λ-Werten unterliegt.

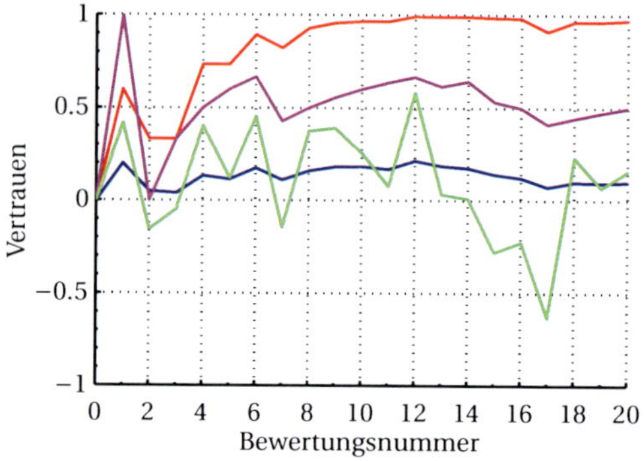

Abbildung A.12.: Testreihe 8

Ergebnisse der Testreihen

Das Modell von Yu 2000 ist nicht für die Verwendung in intelligenten Überwachungssystemen geeignet. Wie in den Testreihen zu sehen ist, nähert sich das Vertrauen dem Wert 1, wenn die Bewertungen b_i ausschließlich aus $]0,1]$ kommen. Bei negativen Bewertungen wird äquivalent immer -1 erreicht. Das verletzt Anforderung 10.

Das Modell von Yu 2002 lässt nur diskrete Bewertungswerte zu und diese können nicht einzeln gewichtet werden, bzw. altern. Das verletzt Anforderung 8. Das Vertrauen resultiert aus den $b_i \in [s_o,1]$. Die relative Häufigkeit der Bewertungen wird akkumuliert. Die eigentliche Qualität von Sensordaten kann durch die erhaltene Reputation nicht dargestellt werden.

Mit dem Modell von Jøsang kann die Qualität von Sensordaten repräsentiert werden, d. h. der Wert nähert sich den abgegeben Bewertungen an. Das Verfahren ist aber problematisch, sobald ein Alterungsfaktor verwendet wird. Durch ihn wird der Abstand zwischen dem minimalem und maximalem Vertrauenswert verringert. Wenn der Alterungsfaktor (einem Partner) nicht bekannt ist, wird Anforderung 9 verletzt. Noch kritischer ist, dass durch das berechnete Vertrauen nicht die wahrgenommen Qualität des Vertrauens erkennbar ist, auch wenn dies keine Anforderung verletzt.

In allen Modellen ist es möglichm Bewertungen und Vertrauen in einem adäquaten Intervall abzubilden, d. h. Anforderung 6 ist durchweg erfüllt. Allerdings spiegeln die Vertrauenswerte nicht unbedingt die Qualität der Daten wider, zu denen die Bewertungen abgegeben wurden, d. h. ein Partner, der diesen Wert erhält, kann nicht anhand eines eigenen Schwellenwertes entschieden, ob die dazugehörige Datenquelle vertrauenswürdig ist.

In Modellen, die auf exponentieller Glättung basieren, kann die Qualität der Daten direkt wiedergegeben werden. Der Alterungsfaktor bestimmt nur, wie stark sich neue Bewertungen auf das existierende Vertrauen auswirken. Im Gegenzug haben die Modelle den Nachteil, dass durch eine starke Glättung Ausreißer eliminiert werden, die Entwicklung des Vertrauens aber zeitgleich sehr träge ist. Trotzdem können die Modelle von Jøsang, Jonker, Kinateder und Yu 2004 generell zur Vertrauensberechnung verwendet werden. Der Glättungsfaktor kann dabei beliebig angepasst und durch mehrere Faktoren (siehe Abschnitt A.5) oder auch eine Funktion substituiert werden.

Im Rahmen dieser Arbeit wird das Modell von Yu 2004 ausgewählt und für den Einsatz in intelligenten Überwachungssystemen erweitert. Die restlichen Modelle bleiben zukünftigen Arbeiten vorbehalten. Im Folgenden wird eine Funktion zur Berechnung des Vertrauens vorgeschlagen. Nach der in Abschnitt A.4 gegeben Definition wird Reputation aus eigenem Vertrauen und den Empfehlungen Dritter berechnet, ähnlich zur Prognose in Yu 2004, welche die Aussagen Dritter zusammenfasst und mit eigener Erfahrung kombiniert. Im Gegensatz zu Yu 2004 werden im unten vorgestellten Modell Empfehlung von Dritten nie komplett von eigener Erfahrung verdrängt.

A.7. Modell für ein Reputationssystem

In der Überwachung bieten Reputationssysteme zwei Dienste an: einen *Reputationsdienst* und einen *Empfehlungsdienst*. Der Reputationsdienst ist nur organisationsintern verfügbar. Er bietet Schnittstellen an, um Bewertungen über externe Datenquellen abzugeben und Vertrauen, Reputation sowie Vertrauenswürdigkeit abzufragen. Nach außen agiert das Reputationssystem als Empfehlungsdienst. Es fragt bei andern Systemen ab, beantwortet Anfragen oder leitet diese weiter.

Das hier verwendete Modell von Reputationssystemen berücksichtigt keine Anforderungen an die Sicherheit. Allgemeine Sicherheitsziele für Informationssysteme werden in [Ble05b] und [Eck08] gegeben. Ismail betrachtet in [Ism04] speziell die Sicherheit von Reputationssystemen.

Jede Organisation hat eigene Anforderungen und muss in der Lage sein, Reputation selbst zu bestimmen und zu verwalten (Anforderungen 1, 2 und 3). Die Informationshaltung erfolgt entsprechend dezentral, um den Betreibern Konfigurationsfreiheit zu gewährleisten. Das Reputationssystem speichert die Vertrauens- und Reputationswerte. Alle werden hinreichend genau auf einer Skala von 0-1 angegeben (Anforderung 6). Viele andere Arbeiten nutzen ebenfalls das Intervall [0,1] als Wertebereich. In dieser Arbeit werden alle Werte für Bewertungen, Vertrauen und Reputation ebenfalls im Intervall [0,1] angegeben. Eine neutrale Bewertung wird durch den Wert „0,5" repräsentiert.

Zudem liegt beim Reputationssystem eine Liste aller organisationsinternen Datenquellen und weiterer Konfigurationsparameter, die zur Berechnung benötigt werden, vor. Für jeden Kontext k_i, in dem ein Überwachungssystem eine Aufgabe durchführt, bzw. für das Vertrauen berechnet wird, wird ein Schwellenwert θ_{k_i} gesetzt, der spezifiziert, ab wann ein Agent vertrauenswürdig ist. Weiterhin wird die Transitivitätstiefe w_{k_i} gespeichert. Das in Abschnitt A.8 vorgestellte Vertrauensmodell erlaubt es, Vertrauen in verschiedenen Kontexten zu berechnen. Entsprechend können für jeden Kontext θ_{k_i} und w_{k_i} festgelegt werden. Im Folgenden wird nur der Kontext Datenqualität betrachtet, entsprechend werden nur ein θ und ein w verwendet. Zudem wird die Qualität der Empfehlungen bewertet, um das Vertrauen in Reputationssysteme bestimmen zu können.

Ein Betreiber k gibt für benachbarte Agenten $a \in \{\mathcal{R}_{\mathcal{N}}(k) \cup \mathcal{U}_{\mathcal{N}}(k) \cup \mathcal{S}_{\mathcal{N}}(k)\}$ Bewertungen b ab und berechnet Vertrauen v. Die Reputation r wird nur für eine Datenquelle $q \in \{\mathcal{U}_{\mathcal{N}}(k) \cup \mathcal{S}_{\mathcal{N}}(k)\}$ berechnet. Das Vertrauen in ein nicht benachbartes Reputationssystem wird über eine Vertrauenskette gebildet (siehe Abschnitt A.8.5).

Eine Aufgabe des Empfehlungsdienstes ist es, eine Empfehlungsanfrage *req* zu beantworten oder weiterzuleiten. Dabei enthält eine Anfrage eine Empfehlungskette $\chi_{0:n} = (R_0, R_1, \ldots, R_n)$. Bei jeder Weiterleitung der Anfrage wird die eindeutige Identität R_i des weiterleitenden Systems hinzugefügt. R_0 ist dabei das anfragende System. Weiterhin mitgesendet wird die Anzahl der zulässigen Weiterleitungen w. Aus n und w kann das empfangende System R_{n+1} bestimmen, ob die Anfrage noch weitergeleitet werden kann. Eine ursprüngliche Anfrage von R_0 nach q_z hat dabei die Form

$$req(id_{req}, R_0, q_z, \chi_{0:0}, w), \tag{A.1}$$

wobei id_{req} ein eindeutiger Bezeichner für die Anfrage ist, der als Referenz in der Antwort benötigt wird. Wird die Anfrage weitergeleitet, verlängert sich χ. Falls R_{n+1} die Anfrage beantworten kann, schickt es eine Antwort *res* an R_n zurück. Diese beinhaltet eine Empfehlung von R_{n+1} über die Datenquelle q_z, die das Ziel der ursprünglichen Anfrage ist zum Zeitpunkt t_i, d. h. $e_i(R_{n+1}, q_z)$. Sonst sendet R_{n+1} die Anfrage mit erweiterter Kette an die Nachbarn $\mathcal{R}_{\mathcal{N}_{(n+1)}} \setminus \{R | R \in \chi_{0:n}\}$ weiter, d. h. an alle Nachbarn, welche die Anfrage noch nicht erhalten haben.

Damit R_0 die Reputation $r_i(q_z)$ über die Kette $\chi_{0:n}$ berechnen kann, benötigt es für alle R_j mit $j \in \{1, \ldots, n-1\}$ das Vertrauen $v(R_j, R_{j+1})$ in die nächsten Reputationssysteme in der Kette und eine letzte Empfehlung $e(R_n, q_z)$ über q_z. Die Liste aller Empfehlungen wird mit $\mathcal{T}$ bezeichnet. Allgemein besteht eine Antwort

$$res(id_{req}, \mathcal{T}, \chi_{j+1:n_e}) \tag{A.2}$$

an R_j aus dem Bezeichner der Anfrage id_{req}, den bis dahin gesammelten Empfehlungen $\mathcal{T}$ und der der Kette $\chi_{j+1:n_e}$. $\mathcal{T}$ enthält die Empfehlung $e_i(R_{n_e}, q_z)$ der empfehlenden Systeme und alle Vertrauenswerte in die jeweiligen R_j zurück bis R_{n+1}. Die Antworten werden zurück bis an R_0 gereicht und χ sowie $\mathcal{T}$ erweitert.

Die Berechnung der Reputation wird in Abschnitt A.8.5 genauer beschrieben, ein Algorithmus zur Umsetzung in A.9. Im Algorithmus werden immer die Ketten bzw. Empfehlungen mit den höchsten Werten verwendet, wenn R_j mehrere Wege zum empfehlenden Reputationssystem R_{n_e} zur Auswahl hat. Andere pessimistischere Auswahlkriterien sind ebenfalls möglich.

A.8. Vertrauensmodell

Resultierend aus den Anforderungen in Abschnitt A.4 und den vorgestellten Ansätzen zur Berechnung von Vertrauen, ergibt sich für sensordatenverarbeitende Systeme das folgende Vertrauensmodell. Es besteht aus einer Funktion zur Aktualisierung von Vertrauen in Agenten. Es wird durch Bewertungen nach direkter Interaktion aktualisiert. Die Bewertungen werden ebenfalls verwendet, um Empfehlende zu beurteilen und haben Auswirkungen auf das Vertrauen in das gesamte Überwachungssystem bzw. den Datenspeicher. Fußend auf den Vertrauenswerten wird die Reputation berechnet, aus der die Vertrauenswürdigkeit abgeleitet wird. Abschließend besitzt das Modell eine Funktion zur Berechnung des Vertrauens bei Inaktivität.

A.8.1. Vertrauensaktualiserungsfunktion

Vertrauen basiert auf der Bewertung direkter Interaktion. Es wird anderen Reputationssystemen in Form von Empfehlungen zur Verfügung gestellt. Aus den Vertrauenswerten wird Reputation berechnet.

In Abschnitt A.4 wurden die Anforderungen an die Vertrauensaktualiserungsfunktion dargestellt. Anforderung 5 verlangt, dass ein Modell zur Berechnung von Vertrauen und Reputation so allgemein gehalten ist, dass es in verschiedenen Kontexten anwendbar ist. Da das Vertrauen anderen Reputationssystemen als Empfehlung zur Verfügung gestellt wird, darf es nur auf direkter Erfahrung beruhen (Anforderung 4). Die unten vorgeschlagene Funktion erfüllt diese Bedingungen.

Das Verhalten eines Sensors ist schwer vorhersehbar und kann sich schnell ändern. Entsprechend verlangt Anforderung 8 eine Funktion für die Berechnung und Aktualisierung von Vertrauen, welche die Unvorhersehbarkeit berücksichtigt. Zudem muss das alte Vertrauen und dessen Alter bei der Berechnung eines neuen Werts berücksichtigt werden. Die Gewichtung des bisherigen Vertrauens hängt dabei vom zeitlichen Abstand zwischen der letzten Bewertung und der aktuellen ab.

Wie die Evaluierungsergebnisse gezeigt haben, bietet es sich an ein Modell zu verwenden, das auf exponentieller Glättung beruht. Das Gewicht der aktuellen Bewertung wird dabei durch einen Alterungsfaktor α bestimmt. Das Vertrauen $v_i(a) \in [0,1]$ in einen Agenten a, d. h. einen Sensor, ein Überwachungs- oder ein Reputationssystem zum Zeitpunkt t_i, wird durch

$$v_i(a) := \alpha \cdot v_{i-1}(a) + (1-\alpha) \cdot b_i(a) \tag{A.3}$$

beschrieben. Die aktuelle Bewertung $b_i(a) \in [0,1]$ für a wird mit $1-\alpha$ gewichtet und das alte Vertrauen vom Zeitpunkt t_{i-1} mit α. Wenn die Daten mit konstanter Qualität gesendet werden, resultiert daraus bei zeitabhängiger Gewichtung keine Abwertung des Vertrauens in den Agenten.

Für Sensoren existieren mannigfaltige Gründe für eine Verhaltensänderung, von einem Wetterumschwung bis hin zu einem technischen Defekt. Folglich kann man kein allgemeines mathematisches Modell festlegen, um die Verhaltensänderung eines Sensors zu beschreiben. In dieser Arbeit wird davon ausgegangen, dass alte Vertrauenswerte mit einem hohen Risiko behaftet sind. Aus diesem Grund wird es exponentiell abgewertet. Um die Gewichtung des alten Vertrauens in Abhängigkeit vom zeitlichen Abstand zwischen zwei Bewertungen zu betrachten, d. h. abhängig vom Alter der letzten Interaktion, wird für den Glättungsfaktor α die Funktion

$$\alpha = e^{-\frac{\Delta t}{T} \cdot \lambda} \cdot \sigma \tag{A.4}$$

verwendet. Sie berücksichtigt exponentiell die zeitliche Differenz $\Delta t \geq 0$, d. h.

die Zeit zwischen der aktuellen Bewertung $b_i(a)$ und der letzten Bewertung $b_{i-1}(a)$.

Der Betreiber legt dabei die Parameter nach seinen eigenen Bedürfnissen fest. Die Periodenlänge T beschreibt in welchen Zeitabständen eine Änderung des Glättungsfaktors stattfinden soll. Der Betreiber legt ebenfalls den Alterungsfaktor $\lambda \in [0,1]$ fest. Wie in Gleichung A.4 zu sehen ist, stehen beide in Abhängigkeit zu einander. Die beiden Faktoren wurden getrennt, um die Gewichtung intuitiver zu gestalten. Alterung soll einen Bezug zu einer Periode der Länge T haben, innerhalb derer eine Bewertung erwartet wird. Ein weiterer Alterungsfaktor zur Gewichtung des alten Vertrauens ist $\sigma \in [0,1[$.

Neben der Annahme, dass altes Vertrauen risikobehaftet ist, kann zudem angenommen werden, dass neue Bewertungen, die innerhalb der gleichen Periode eingehen, gleich gewichtet werden. Dafür wird der Wert $\frac{\Delta t}{T}$ abgerundet, so das $\alpha = e^{-\lfloor \frac{\Delta t}{T} \rfloor \cdot \lambda} \cdot \sigma$ ist. Wenn $\lfloor \frac{\Delta t}{T} \rfloor$ den Wert 0 annimmt, hängt die Alterung nur noch von σ ab. Wenn Bewertungen in derselben Periode abgegeben werden, führen kleine Werte für σ zu einer hohen Gewichtung der neuen Bewertung. Durch λ kann der Einfluss der Anzahl der vergangenen Perioden seit der letzten Bewertung $\frac{\Delta t}{T}$ gewichtet werden. Mit kleinem λ steigt $e^{-\frac{\Delta t}{T} \cdot \lambda}$. Die Auswirkungen der unterschiedlichen Parameter von $\alpha = e^{-\frac{\Delta t}{T} \cdot \lambda} \cdot \sigma$ werden im Folgenden dargestellt.

Die Abbildungen A.13 - A.16 stellen den Einfluss der Parameter dar. In Abbildung A.13 ist zu sehen, wie α bei kleinen T schneller abfällt. Bei starker Interaktion, wenn viele Bewertungen erwartet werden, kann ein kleines T gewählt werden. Der Term $1-\alpha$ ist dann entsprechend groß und neue Bewertungen werden stark gewichtet. Umgekehrt nimmt α mit großen T langsamer ab.

Abbildung A.14 stellt im Zusammenhang dazu den Einfluss von λ dar. Mit einem kleineren λ fällt α langsamer bei gleichem T. Abbildung A.15 zeigt den Verlauf der Funktion bei konstanten T und σ in Abhängigkeit von λ.

Abschließend zeigt Abblidung A.16 die Auswirkung des Parameters σ, der den Startwert Wert von α festlegt. Durch die Wahl von σ lässt sich die

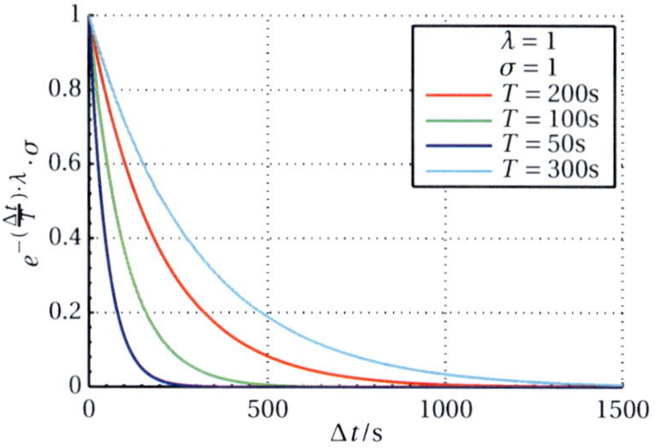

Abbildung A.13.: Glättungsfaktor: Unterschiedliche T bei konstanten λ und σ Werten

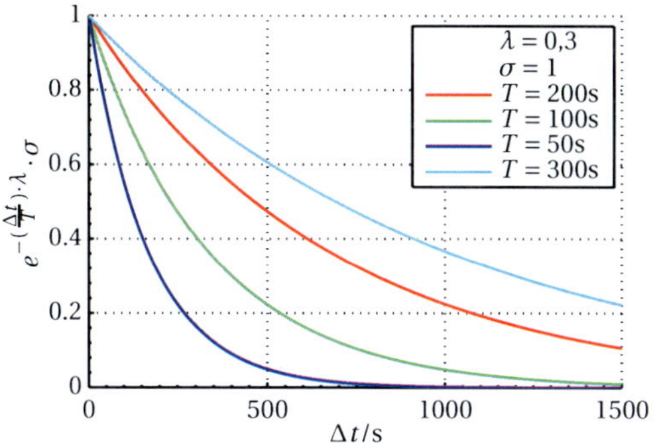

Abbildung A.14.: Geringeres λ bei sonst äquivalenten Werten aus A.13

maximale Gewichtung des alten Vertrauens und zeitgleich die Mindestgewichtung des neuen Vertrauens festlegen. Alle Funktionswerte werden um den Faktor σ verringert.

Das Ersetzen von α in Gleichung A.3 führt dann zur Gleichung

$$v_i(a) := e^{-\frac{\Delta t}{T}\cdot\lambda}\cdot\sigma\cdot v_{i-1}(a) + (1 - e^{-\frac{\Delta t}{T}\cdot\lambda}\cdot\sigma)\cdot b_i(a) \tag{A.5}$$

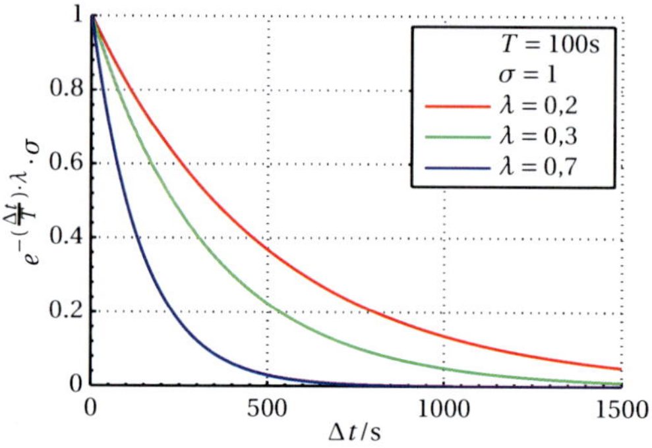

Abbildung A.15.: Unterschiedliche λ bei konstantem T und σ

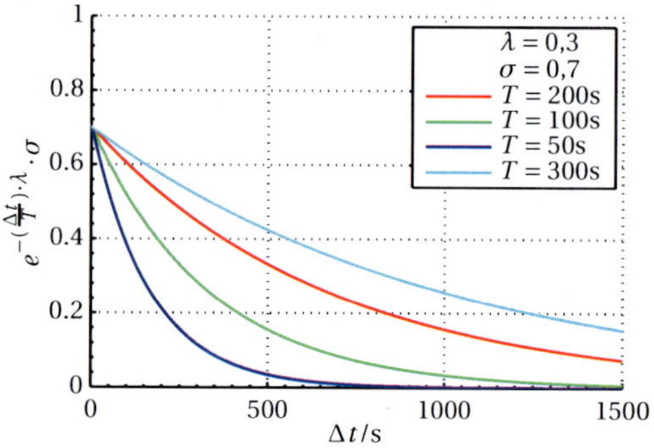

Abbildung A.16.: Verringertes σ mit konstantem λ bei variierten T

zur Berechnung von $v_i(a)$. Die Vertrauensaktualisierungsfunktion wird in Abschnitt A.10 mit Testdaten evaluiert, die typische Bewertungsverläufe darstellen. Nach der Wahl von T, λ und σ sind der maximale und minimale Vertrauenswert bekannt. Anforderung 9 ist somit erfüllt. Zudem konvergieren beide bei gänzlich positiven oder negativen Bewertungen gegen diese. Somit ist Anforderung 10 ebenfalls erfüllt. Dies zeigt z. B. A.22 in Abschnitt A.10.

Wie oben beschrieben, kann es gewünscht sein, alle Bewertungen, die während der gleichen Periode eingehen, gleich zu gewichten und das Vertrauen stufenweise zu altern. Dafür kann $\frac{\Delta t}{T}$ abgerundet werden,

$$v_i(a) := e^{-\lfloor \frac{\Delta t}{T} \rfloor \cdot \lambda} \cdot \sigma \cdot v_{i-1}(a) + (1 - e^{-\lfloor \frac{\Delta t}{T} \rfloor \cdot \lambda} \cdot \sigma) \cdot b_i(a) \tag{A.6}$$

so dass es nur ganzzahlige Werte annimmt. Der Verlauf von $\alpha' = e^{-\lfloor \frac{\Delta t}{T} \rfloor \cdot \lambda} \cdot \sigma$ ist in den Abbildungen A.17 und A.18 dargestellt. Abbildung A.17 stellt unterschiedlich lange T mit korrespondierendem λ da. Man sieht, dass die gleiche Funktion bei gleicher Steigung doppelt so viele Stufen hat. In Abbildung A.18 mit $\sigma = 0{,}7$ ist T ist in beiden Funktionen gleich, aber die beiden λ-Werte sind unterschiedlich.

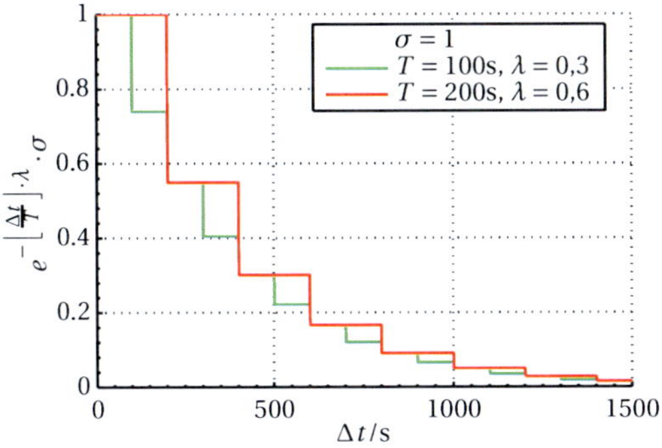

Abbildung A.17.: Verlauf des Glättungsfaktors α für stufenweise Alterung: Unterschiedliche T mit passenden λ bei $\sigma = 1$

A.8.2. Bewertung eines Überwachungssystems

Anforderung 5 verlangt, dass Vertrauen in verschiedenen Kontexten berechenbar ist. Anforderung 7 wird hier noch konkreter und verlangt dies für Überwachungssysteme und Sensoren. Ein Überwachungssystem besteht aus l Sensoren, die Daten generieren und zentral speichern. Auch wenn sich nach der Fusion von Daten nicht sagen lässt, welcher Sensor gute Informa-

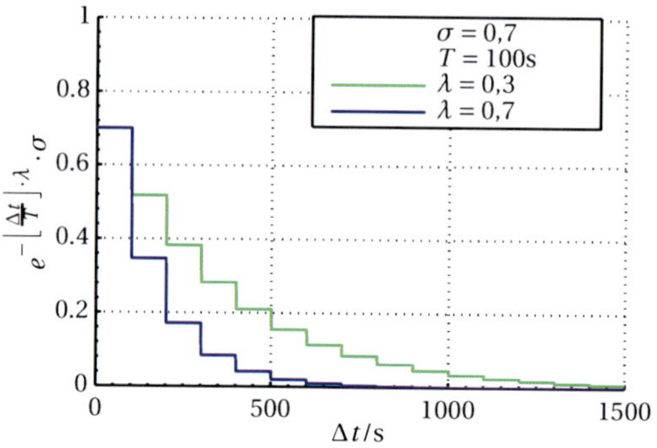

Abbildung A.18.: Verlauf des Glättungsfaktors α für stufenweise Alterung: Unterschiedliche λ bei konstantem $\sigma = 0{,}7$ und $T = 100$ s

tionen geliefert hat, basiert die Qualität der gespeicherten Daten auf der Qualität der l Sensoren. Generell steigt und fällt die gesamte Qualität des Systems mit der Qualität der Sensoren.

Wenn zum Zeitpunkt t_i eine Bewertung $b_i(s) \in [0,1]$ über einen Sensor s abgegeben wird, wird daraus eine Bewertung

$$b_i(U) = \frac{l-1}{l} \cdot v_{i-1}(U) + \frac{1}{l} \cdot b_i(s) \tag{A.7}$$

für das zugehörige Überwachungssystem U abgeleitet. Das Vertrauen in U zum Zeitpunkt t_{i-1} wird mit $v_{i-1}(U)$ angegeben. Da $b_i(s)$ nur einen Sensor betrifft, wird es mit $\frac{1}{l}$ gewichtet und $v_{i-1}(U)$ entsprechend mit $\frac{l-1}{l}$.

Die Vertrauensaktualisierungsfunktion aus Gleichung A.5 wird auch für die Berechnung von Vertrauen in Überwachungssysteme genutzt. Dabei werden die oben dargestellten indirekten Bewertungen verwendet oder direkte Bewertungen, d. h. Bewertungen für Daten aus dem Informationsspeicher.

A.8.3. Bewertung eines Reputationssystems

Neben der Berechnung von Vertrauen für Sensoren und Überwachungssysteme, soll auch das Vertrauen in Reputationssysteme berechenbar sein (Anforderung 5). Das Vertrauen in ein Reputationssystem basiert auf der Qualität der Empfehlungen. Eine Bewertung $b_i(R) \in [0,1]$

$$b_i(R) = 1 - |(b_i(q) - e(R,q))| \tag{A.8}$$

für ein Reputationssystem R zum Zeitpunkt t_i wird aus der Empfehlung $e(R,q) \in [0,1]$ des Systems über die Datenquelle q berechnet. Diese wird verglichen mit der Bewertung $b_i(q) \in [0,1]$, die aus der Interaktion mit q resultiert. Analog zu den anderen Fällen wird das Vertrauen in das Reputationssystem durch Gleichung A.5 bzw. A.6 bestimmt.

A.8.4. Aktualisierung von Vertrauen bei Inaktivität

Vertrauen ändert sich durch Bewertungen. Es muss sich aber auch ohne eingehende Bewertungen verändern (Anforderung 8). Das Verhalten einer Datenquelle kann sich schnell ändern (z. B. durch einen Wetterumschwung). Mit zunehmendem Alter eines Wertes steigt die Wahrscheinlichkeit, dass eine Änderung der Umstände stattgefunden hat und Datenquelle nicht mehr die gleiche Qualität besitzt. Um dies auszurücken, soll das Vertrauen in eine Datenquelle über die Zeit abnehmen, wenn keine Interaktion stattfindet. Die Alterung von Vertrauen ist schwer vorherzusagen. Je nachdem, ob eine optimistische oder pessimistische Grundeinstellung vorliegt, können unterschiedliche Vertrauensfunktionen gewählt werden. Hier sei angenommen, dass eine neutrale Funktion das Vertrauen linear abnehmen lässt, so dass es nach einer gewissen Zeit auf Null absinkt. Sobald ein Wert $\eta \in \mathbb{N}$ Perioden zurückliegt, soll er nicht mehr berücksichtigt werden. Das Vertrauen $v_i(a)$

zum Zeitpunkt t_i in einen Agenten a wird mit Hilfe von

$$v_i(a) = \begin{cases} v_{i-1}(a) \cdot \left(1 - \frac{\Delta t}{T} \cdot \frac{1}{\eta}\right), & \text{für } \frac{\Delta t}{T} < \eta \\ 0, & \text{sonst} \end{cases} \tag{A.9}$$

berechnet. Die Alterungsfunktion $f_1 = 1 - \frac{\Delta t}{T} \cdot \frac{1}{\eta}$ ist beispielhaft in Abbildung A.19 dargestellt. Dabei wurde $T = 5\,\text{s}$ und $\eta = 5$ gewählt. Entsprechend ist ab $\Delta t = 25\,\text{s}$ das Vertrauen auf Null abgesunken. Es kann auch hier sinnvoll sein, das Vertrauen über einen gewissen Zeitraum konstant zu belassen und es stufenweise altern zu lassen. Das führt zu in $f_2 = 1 - \left\lfloor \frac{\Delta t}{T} \right\rfloor \cdot \frac{1}{\eta}$. Es gilt: $f_{1/2} = 0$ für $\frac{\Delta t}{T} \geq \eta$.

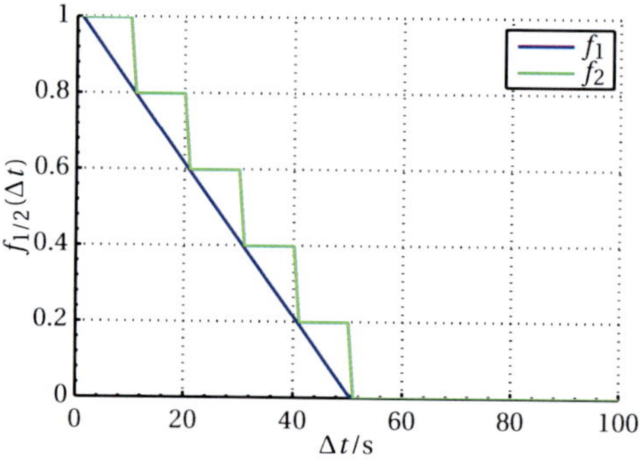

Abbildung A.19.: Alterungsfunktion für Vertrauen bei Inaktivität

A.8.5. Berechnung der Reputation

Die Berechnung von Reputation basiert auf eigenem Vertrauen und Empfehlungen von Dritten. Indirektes Vertrauen wird nicht verwendet (Anforderung 4). Die Reputation ergibt sich als arithmetisches Mittel der Empfehlungen.

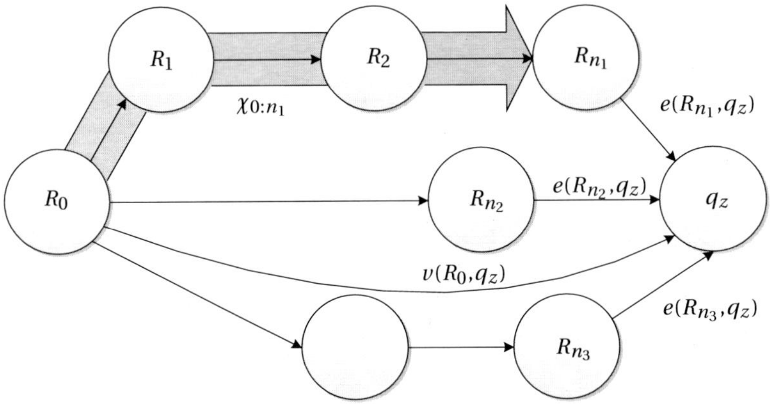

Abbildung A.20.: Berechnung der Reputation

Die Reputation einer Datenquelle q_z zum Zeitpunkt t_i wird durch

$$r_i(q_z) := \sum_{i=0}^{m} \left(e(R_{n_i}, q_z) \cdot \frac{v_{\chi_{0:n_i}}}{\sum_{j=0}^{N} v_{\chi_{0:n_j}}} \right) \tag{A.10}$$

berechnet.

Alle Reputationssysteme der m Nachbarn $R_{n_i} \in \mathcal{R}_\mathcal{N} = \{R_{n_1}, \ldots, R_{n_m}\}$ von q_z geben eine Empfehlung $e(R_{n_i}, q_z) \in [0,1]$ über q_z ab. Diese wird gewichtet mit dem Vertrauen $v_{\chi_{0:n_i}}$ in das Reputationssystem von n_i, das über die Kette $\chi_{0:n_i} = (R_0, \ldots, R_k)$ berechnet wird. Zur Erinnerung: R_0 bezeichnet das ursprünglich anfragende System und $R_k = R_{n_i}$. Das eigene Vertrauen in q_z geht über $e(R_{n_0}, q_z)$ ein und wird vom Betreiber durch $v_{\chi_{0:0}}$ gewichtet, wobei $R_{n_0} = R_0$.

Abbildung A.20 stellt dies schematisch dar. R_0 berechnet die Reputation von q_z, welche drei Nachbarn hat, die jeweils eine Empfehlung abgeben. Die Pfeile zeigen, wie die Anfragen weitergegeben werden und sich Vertrauensketten aufbauen, bzw. wie R_{n_i} ihre Empfehlungen abgeben. Der breite graue Pfeil deutet die Kette $\chi_{0:n_1}$ an. Die Empfehlung von Nachbarn des anfragenden Systems, werden mit dem direkten Vertrauen von R_0 gewichtet, in Abbildung A.20 ist das R_{n_2}.

Das Vertrauen $v_{\chi_{0:n_j}}$ in einen Nachbarn von q_z wird durch das Produkt

$$v_{\chi_{0:n_j}} := \prod_{k=0}^{j-1} v(R_k,R_{k+1}) \cdot g(R_k,R_{k+1}) \quad \text{bzw.,} \tag{A.11}$$

$$v_{\chi_{0:0}} := g(R_0,R_0) \tag{A.12}$$

berechnet, wobei $v(R_k,R_{k+1})$ das Vertrauen von R_k in R_{k+1} angibt. Durch $g(R_k,R_{k+1}) \geq 1$ wird das Vertrauen gewichtet (Anforderung 2). Nur das Vertrauen in die (direkten) Nachbarn von R_0 wird mit $g(R_0,R_1) \geq 1$ gewichtet, für alle anderen ist $g(R_k,R_{k+1}) = 1$ mit $k \in \{1,\ldots,j-1\}$. Durch g ist es möglich, Beziehungen aus der realen Welt zu übertragen, z. B. eine langjährige erfolgreiche Partnerschaft, auf Grund derer das Vertrauen eines Betreibers k in Empfehlungen von Partner p gewichtet werden. Die Länge der Vertrauenskette wird durch Anzahl der möglichen Weiterleitungen einer Empfehlungsanfrage w beschränkt (Anforderung 3).

A.8.6. Berechnung der Vertrauenswürdigkeit

Anforderung 1 fordert, dass jeder Betreiber die Vertrauenswürdigkeit von Agenten selbst bestimmten kann, was zu einem dezentralen Datenmodell führt. Im letzten Schritt wird die Vertrauenswürdigkeit $V(q)$ einer Datenquelle q anhand des Schwellenwerts $\theta \in [0,1]$ durch

$$V(q) = \begin{cases} \text{vertrauenswürdig,} & \text{für } r(q) \geq \theta \\ \text{nicht vertrauenswürdig,} & \text{sonst.} \end{cases} \tag{A.13}$$

berechnet.

A.9. Algorithmen zur Umsetzung

Nachdem in Abschnitt A.8 das Vertrauensmodell dargestellt wurde, zeigt dieser Abschnitt mögliche Algorithmen zur Umsetzung der wichtigsten Schritte in Pseudocode auf. Andere ggf. effizientere Umsetzungen sind möglich. Dies sind Algorithmen zur Vertrauensaktualisierung von Sensoren, Überwachungs- und Reputationssystemen und zur Abfrage von Vertrauen, Empfehlungen und Reputation.

Der Algorithmus zur Abfrage von Empfehlungen an ein Reputationssystem wird im Alogrithmus 5 skizziert. R_i leitet eine Anfrage

$$req(id_{req}, R_i, q, \chi_{0:i}, w),$$

die ursprünglich von R_0 über eine Datenquelle q gestellt wurde, an R_{i+1} weitergeleitet. Diese beinhaltet einen eindeutigen Bezeichner id_{req}, die aktuelle Kette $\chi_{0:i}$ und die maximal erlaubte Anzahl der Weiterleitungen w.

R_{i+1} erstellt die Antwort

$$res(id_{req}, \mathcal{T}, \chi_{i+1:n_e})$$

und sendet diese an R_i zurück. Wenn ein Vertrauenswert für q vorliegt, kann R_{i+1} direkt antworten. Ist dies nicht der Fall, leitet R_{i+1} die Anfrage an seine Nachbarn weiter und wartet auf die Antworten. Wie in Zeile 13 zu sehen ist, wählt R_{i+1} immer den Pfad mit dem höchsten Vertrauen zum empfehlenden System R_{n_e}. Dieser wird in *res* eingefügt, d. h. die Vertrauenskette $\chi_{i+1:n_e}$ wird um die eigene Identität erweitert und die Liste $\mathcal{T}$ um die Empfehlung $e(R_{i+1}, R_n)$ in den Nachbarn R_n bzw. in q mit $e(R_{i+1}, q)$. Immer wenn ein R_{i+1} nicht antworten kann, sendet es eine leere Antwort an R_i zurück.

Die Empfehlungen von Nachbarn werden lokal festgehalten, um sie später bewerten zu können. Transitive Berechnungen werden verworfen. Wie in Abschnitt A.8 beschrieben, wird das Vertrauen in einen Sensor s bei einer Bewertung aktualisiert, und es findet anschließend eine Aktualisierung des zugehörigen Überwachungssystems U statt. Algorithmus 6 deutet einen sol-

Algorithmus 5 Verarbeitung einer Empfehlungsanfrage

Eingabe: Anfrage $req(id_{req}, R_i, q, \chi_{0:i}, w)$
Ausgabe: Antwort $res(id_{req}, \mathcal{T}, \chi_{i+1:n_e})$

if Vertrauen über q vorhanden **then** ▷ beantworte die Abfrage
    $\mathcal{T} \leftarrow e(R_{i+1}, q)$
    $\chi_{i+1:n_e} \leftarrow R_{i+1}$ ▷ $R_i = R_{n_e}$, da R_{i+1} die Empfehlung versendet
    return $res(id_{req}, \mathcal{T}, \chi_{i+1:n_e})$
else ▷ Anfrage weiterleiten
    if $|\chi_{0:i+1}| < w$ **then** ▷ Max. Transitivitätstiefe noch nicht erreicht
        Erstelle die Liste aller Nachbarn N
        $\chi_{0:i} \leftarrow R_{i+1}$ ▷ Füge eigene Identität hinzu
        for all $n_i \in N$ **do**
            if $R_{n_i} \notin \chi$ **then**
                Sende $req(id_{req}, R_{i+1}, q, \chi_{0:i+1}, w)$ an R_{n_i}
                Warte auf *res* von R_{n_i}
                if $res.v_{\chi_{n_i:n_e}} > v_{\chi_{n_{i-1}:n_e}}$ **then** ▷ Bessere Vertrauenskette gefunden
                    Aktualisiere $res.\chi_{i+1:n_e}$
                end if
            end if
        end for
        if *res* ist nicht leer **then** ▷ Anfrage kann beantwortet werden
            `rufeVertrauenAb`(R_n) ▷ R_n ist der empfehlende Nachbar
            $\mathcal{T} \leftarrow v(R_{i+1}, R_n)$
            return $res(id_{req}, \mathcal{T}, \chi_{i+1:n_e})$
        else
            return leere Antwort ▷ keine Antwort erstellbar
        end if
    else
        return leere Antwort ▷ Max. Tiefe erreicht
    end if
end if

chen Zusammenhang an. Trivial ergibt sich dazu die direkte Aktualisierung von U bei einer eingehenden Bewertung (siehe Algorithmus 7).

Algorithmus 6 Aktualisierung des Vertrauens in einen Sensor

Eingabe: $b_i(s)$ ▷ Neue Bewertung

```
Rufe v_{i-1}(s) und v_{i-1}(U) aus Datenbank ab
v_i(s) ← Berechne mit b_i(s) und v_{i-1}(s)
v_i(U) ← Berechne mit b_i(s) und v_{i-1}(U)
Speichere v_i(s) und v_i(U)in der Datenbank
aktualisiereVertrauenInEmpfehlenden(b_i(s))
```

Algorithmus 7 Aktualisierung des Vertrauens in ein System

Eingabe: $b_i(U)$ ▷ Neue Bewertung

```
Rufe v_{i-1}(U)
v_i(U) ← Berechne mit b_i(U) und v_{i-1}(U)
Speichere v_i(U)in der Datenbank
aktualisiereVertrauenInEmpfehlenden(b_i(U))
```

Alogrithmus 8 beschreibt die Aktualisierung des Vertrauens in ein Reputationssystem nach einer abgegebenen Empfehlung über eine Datenquelle. Nur benachbarte Systeme werden aktualisiert. Empfehlungen werden gespeichert bis das empfehlende System bewertet wurde.

Algorithmus 8 Aktualisierung des Vertrauens in einen Empfehlenden

Eingabe: $b_i(q)$ ▷ Bewertung von Quelle q

```
Erstelle Liste aller Empfehlungen E_q = {e_1(R_1,q),...,e_n(R_n,q)}
for all e_j ∈ E_q do
    Rufe v_{i-1}(R_j) aus Datenbank ab
    b_i(R_j) ← Berechne mit b_i(q) und e_j(R_j,q)
    v_i(R_j) ← Berechne mit b_i(R_j) und v_{i-1}(R_j)
    Lösche e_j(R_j,q) und speichere v_i(R_j)
end for
```

Wenn ein Reputationssystem Vertrauen abruft, ist die Alterung zu berücksichtigen. Erst danach erhält man den aktuellen Vertrauenswert.

Algorithmus 9 Rufe Vertrauen Ab

Eingabe: a
Ausgabe: $v_i(a)$
1: $v_{i-1}(a) \leftarrow$ Vertrauen über a aus Datenbank abrufen
2: $v_i(a) \leftarrow$ aktualisiere $v_{i-1}(a)$ anhand der η vergangen Perioden
3: **return** $v_i(a)$

A.10. Evaluierung anhand von Testfällen

Im Folgenden wird das vorgestellte Modell anhand von charakteristischen Testfällen evaluiert. Es wurden dabei die gleichen Testdaten verwendet, mit denen die Vertrauensmodelle in Abschnitt A.6 untersucht wurden. Insgesamt wurden sieben Testreihen mit jeweils 20 Testwerten verwendet, die in Tabelle A.3 aufgelistet sind. Die Testreihe A1 wird nicht verwendet, da das Vertrauen im hier vorgestellten Modell konstant auf 0 bleibt.

A.10.1. Evaluation durch die Testreihen

Basis für die Evaluierung ist die Funktion A.5 zur Berechnung des Vertrauens. Zu den Testreihen wird der Verlauf des Vertrauens für unterschiedliche Werte von λ, σ und $\lfloor \frac{\Delta t}{T} \rfloor$ erläutert. In jeder Grafik ist zudem die Testreihe, d. h. die jeweils eingehende Bewertung ($\sigma = 0$) dargestellt. Auf der Abszisse sind die Nummern der Bewertung, auf der Ordinate das Vertrauen aufgetragen. Solange noch keine Bewertungen eingegangen ist, hat das Vertrauen den Wert 0.

Die Testreihen machen deutlich, wie durch σ der Glättungsfaktor α gewichtet wird. Durch λ kann der zeitveränderliche Faktor $\lfloor \frac{\Delta t}{T} \rfloor$ gestaucht werden. Die Kombination von σ und λ reguliert die Gewichtung des alten Vertrauens gegenüber der neuen eingehenden Bewertung. Die Auswirkung des Glättungsfaktors $\alpha = e^{-\lfloor \frac{\Delta t}{T} \rfloor \cdot \lambda} \cdot \sigma$ wurde bereits in Abschnitt A.8.1 erläutert. In diesem Abschnitt wird $\alpha = 1$ oder $\alpha = 0$ gewählt.

Testreihen A2 und A3

Anhand der zwei Testreihen soll der Verlauf der Vertrauensfunktion bei maximal positiven bzw. negativen Bewertungen untersucht werden. So zeigt Grafik A.21 den stetigen Anstieg des Vertrauens bei durchgehenden maximalen Bewertungen und beispielhaften Werten für die Parameter. Die Bewertungen werden dabei immer in der nächsten Periode abgegeben, d. h. $\lfloor \frac{\Delta t}{T} \rfloor = 1$. Es ist zu erkennen das bei $\lambda = 0{,}1$ und $\sigma = 0{,}99$ das maximale Vertrauen von 1 nach zwanzig Bewertungen noch nicht erreicht ist. Bei $\lambda = 0{,}3$ wird dieser Wert nach 18 Bewertungen erreicht. Durch eine weitere Verringerung von σ wird das maximale Vertrauen bereits nach sechs Bewertungen erreicht.

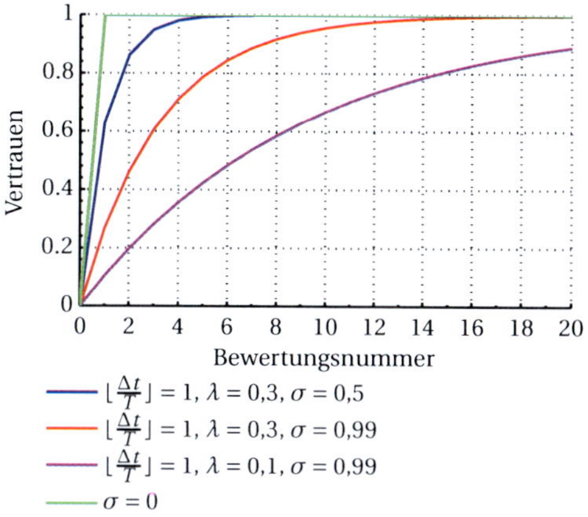

Abbildung A.21.: Datensatz A2

In Abbildung A.22 gehen erst zehn maximale Bewertungen ein und anschließend noch 10 minimale. Solche Bewertungen können z. B. bei einem Defekt eines Sensors auftreten. Hier wird bei identischen Parametern wie in Abbildung A.21 aufgezeigt, wie die Funktion abfällt.

Anhand der beiden Abbildungen A.21 und A.22 zu den Testreihen A2 und A3 wird deutlich das Anforderung 9 und 10 erfüllt sind.

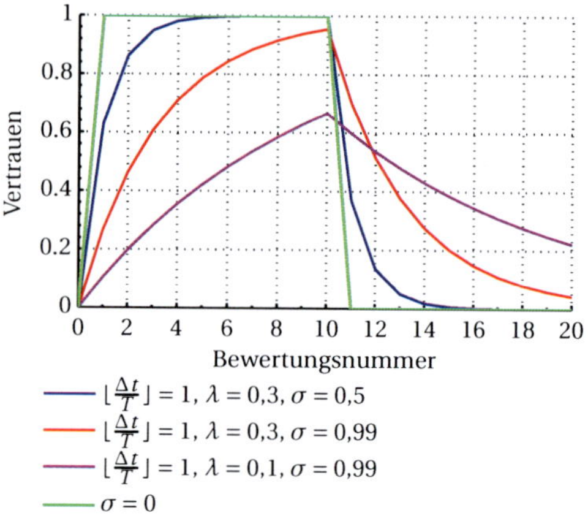

Abbildung A.22.: Datensatz A3

Testreihen A5 und A6

Die beiden Testreihen zeigen auf, wie unterschiedliche Werte von $\lfloor\frac{\Delta t}{T}\rfloor$ das Verhalten beeinflussen und wie die Funktion auf Ausreißer bzw. abweichende Bewertungen reagiert. Die Reihe A5 hat dabei einen Ausreißer in der elften Bewertung. Reihe A6 hat im Vergleich dazu zwei schlechte Bewertungen, gefolgt von zwei weniger positiven. Bis zum Schluss werden dann Bewertungen mit dem Wert 0,9 abgegeben. Abbildung A.23 zeigt das Verhalten von Reihe A6 bei variierenden λ Werten. Man kann erkennen wie das Vertrauen unterschiedlich stark einbricht, bzw. mit welcher Geschwindigkeit es ansteigt.

Im Vergleich dazu stellt Abbildung A.24 die Auswirkung von unterschiedlichen $\lfloor\frac{\Delta t}{T}\rfloor$ dar. Alle Bewertungen gehen innerhalb der nächsten Periode ein, d. h. $\lfloor\frac{\Delta t}{T}\rfloor = 1$, außer die jeweils elfte Bewertung ($\lfloor\frac{\Delta t}{T}\rfloor = 3$ bzw. $\lfloor\frac{\Delta t}{T}\rfloor = 10$). Durch den Zeitabstand wird die neue Bewertung entsprechend stärker gewichtet.

In Abbildung A.25 ist die Auswirkung eines einzelnen Ausreißers zu sehen. Dabei werden zweimal die gleichen Parameter wie in Abbildung A.24 ver-

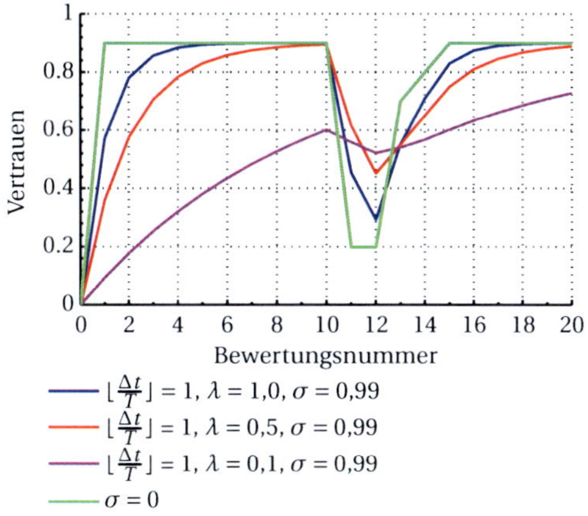

Abbildung A.23.: Datensatz A6 (1)

wendet. Zum Vergleich ist eine Funktion zu sehen, bei der die Bewertungen immer in der nächsten Periode eingehen (bei $\lambda = 0{,}3$). Das Vertrauen bricht hier stärker ein, steigt aber auch schneller.

Testreihen A7 und A8

Die beiden Testreihen A7 und A8 verdeutlichen zum einen die Wirkung von λ und σ, zum anderen sollen sie aufzeigen, welchen Einfluss Bewertungen innerhalb der nächsten Periode, d. h. bei $\lfloor \frac{\Delta t}{T} \rfloor = 1$ (Abbildungen A.26, A.27, A.29, A.30) und innerhalb der gleichen Periode $\lfloor \frac{\Delta t}{T} \rfloor = 0$ (Abbildung A.28, A.31) haben. Testreihe A7 besteht dabei aus zehn leicht positiven (0,7) sowie 10 leicht negativen (0,3) Bewertungen. Die Reihe A8 besteht aus gemischten Bewertungen.

Bei den beiden Testreihen der Abbildung A.28 und A.31, in denen der Faktor $\lfloor \frac{\Delta t}{T} \rfloor = 0$ ist, ist zu erkennen, dass diese einen geringeren Einfluss haben als in anderen Testreihen mit $\lfloor \frac{\Delta t}{T} \rfloor = 1$. Dies ist gut an den blau dargestellten Vertrauensverläufen in A.27 und A.28 bzw. A.30 und A.28 zu erkennen. Dabei wurde $\sigma = 0{,}99$ gesetzt. Ist $\lfloor \frac{\Delta t}{T} \rfloor = 0$, dann werden die

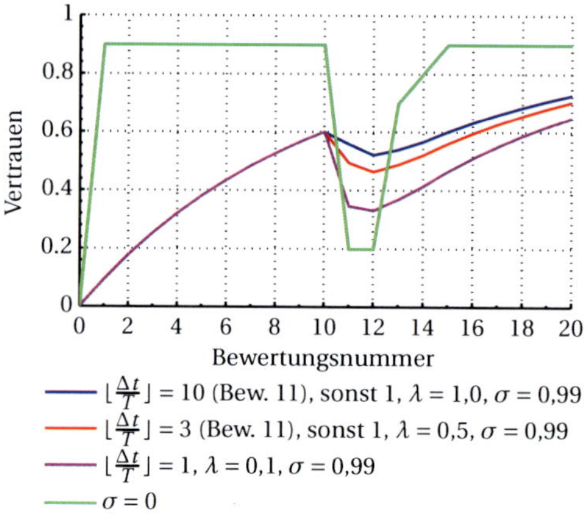

Abbildung A.24.: Datensatz A6 (2)

Bewertungen mit $1 - \sigma = 0{,}1$ gewichtet, wie es in Abb. A.28 und A.31 zu sehen ist. Vertrauen wird hier wesentlich langsamer aufgebaut. In Abb. A.28 wird mit $\sigma = 0{,}85$ durch 10 Bewertungen nicht der maximal erreichbare Vertrauenswert von 0,7 erreicht. Bei $\sigma = 0{,}5$ ist zu erkennen, dass nach zehn Bewertungen das Vertrauen noch weiter ansteigt, da das Vertrauen noch nicht 0,3 erreicht hat.

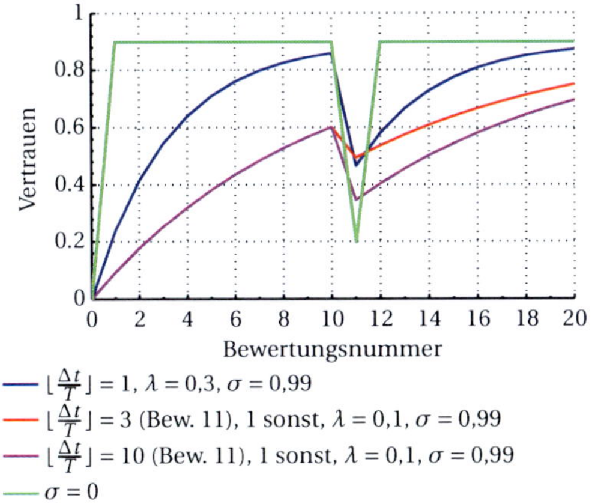

Abbildung A.25.: Datensatz A5

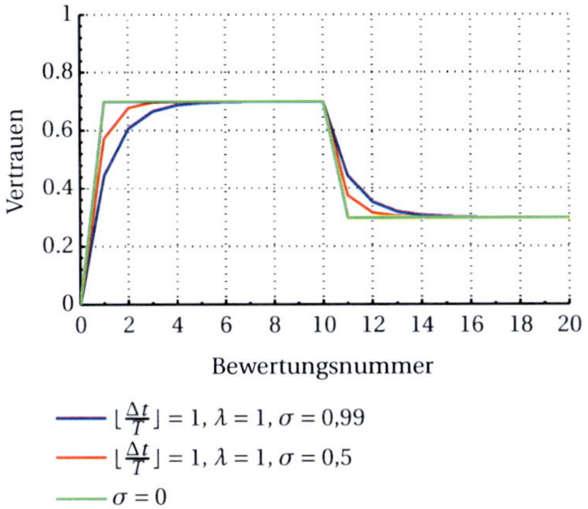

Abbildung A.26.: Datensatz A7 (1)

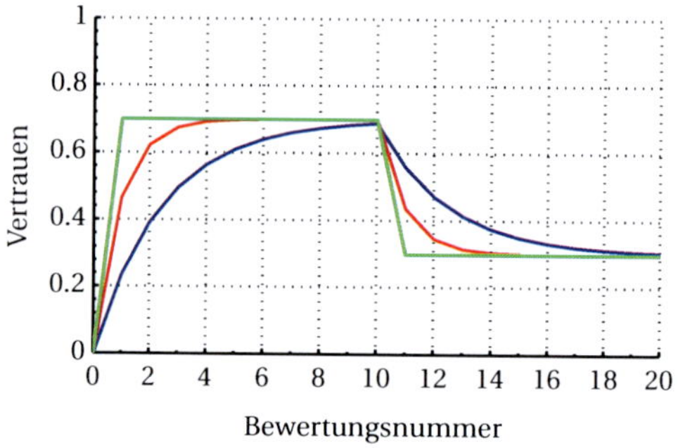

$\lfloor \frac{\Delta t}{T} \rfloor = 1, \lambda = 0{,}4, \sigma = 0{,}99$
$\lfloor \frac{\Delta t}{T} \rfloor = 1, \lambda = 0{,}4, \sigma = 0{,}5$
$\sigma = 0$

Abbildung A.27.: Datensatz A7 (2)

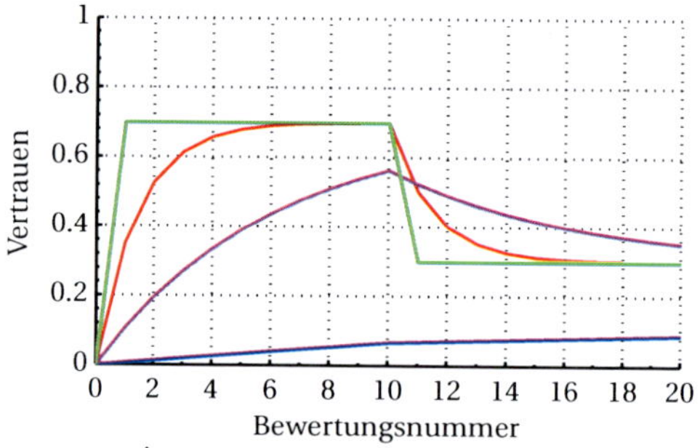

$\lfloor \frac{\Delta t}{T} \rfloor = 0,\ \lambda = 0{,}4,\ \sigma = 0{,}9$
$\lfloor \frac{\Delta t}{T} \rfloor = 0,\ \lambda = 0{,}4,\ \sigma = 0{,}85$
$\lfloor \frac{\Delta t}{T} \rfloor = 0,\ \lambda = 0{,}4,\ \sigma = 0{,}5$
$\sigma = 0$

Abbildung A.28.: Datensatz A7 (3)

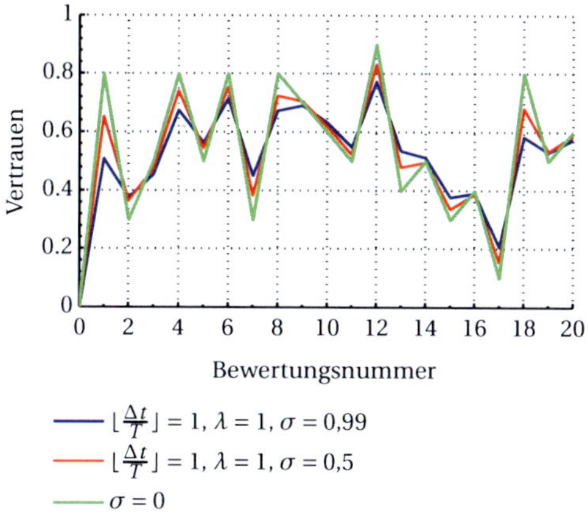

Abbildung A.29.: Datensatz A8 (1)

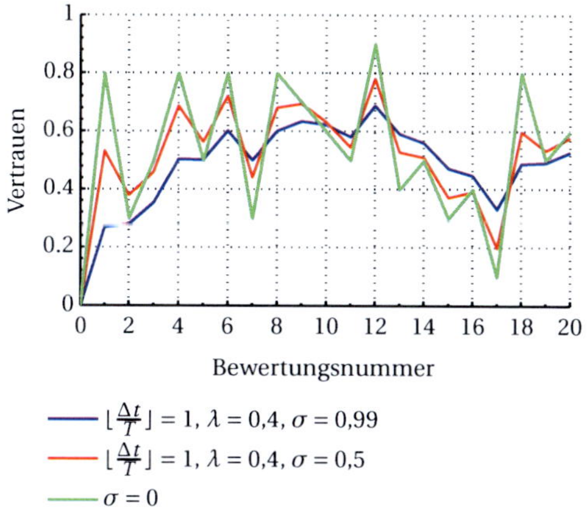

Abbildung A.30.: Datensatz A8 (2)

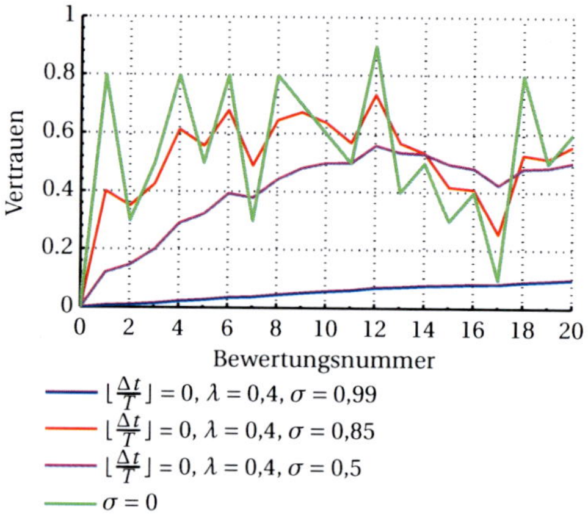

Abbildung A.31.: Datensatz A8 (3)

A.11. Fazit und Ausblick

In verteilten intelligenten Überwachungssystemen ist es notwendig das Vertrauen zu bilden und Reputation von Datenquellen berechnen zu können.

A.11.1. Fazit

In dieser Arbeit wurden existierende Ansätze auf ihre Tauglichkeit in solchen Systemen untersucht. Kein Modell war ohne Anpassungen verwendbar. Basierend auf zehn Anforderungen für intelligente Überwachung und der gegebenen Vernetzungsstruktur, wurde ein Reputationssystem, insbesondere ein Vertrauensmodell entworfen. Das Modell kann Daten in verschiedenen Kontexten handhaben und ist für unterschiedliche Überwachungsaufträge einsetzbar. Neben der Beurteilung der Qualität von Sensordaten können auch Empfehlungen beurteilt werden. Das vorgestellte Modell ermöglicht es Betreibern von Überwachungssystemen Sensoren und Daten zu teilen, auch mit Partnern, die ihnen vorher nicht bekannt waren.

Bewertungen stellen die Grundlage des Vertrauensmodells dar. Basierend auf diesen werden weitere Berechnungen durchgeführt. Jede Organisation betreibt ein Reputationssystem. Darin registrierte Überwachungssysteme können Bewertungen für Datenquellen oder andere Reputationssysteme abgeben. Reputationssysteme können untereinander Vertrauenswerte als Empfehlungen weitergeben. Reputation wird aus eigener Erfahrung (Vertrauen) und aus Empfehlungen gebildet, um einen möglichst objektiven Wert zu erhalten.

Das Modell ermöglicht eine variable und zeitabhängige Gewichtung von Bewertungen, die für Datenquellen und Empfehlungen getrennt vorgenommen werden kann.

Es wurden Algorithmen vorgestellt, nach denen Bewertungen und Berechnungen durchgeführt werden können. Ebenso wurde ein exemplarischer Algorithmus zur Suche von Empfehlungen aufgezeigt. Das Modell und die Algorithmen wurden prototypisch in einer Service-Orientierten Architektur umgesetzt [Vag11c], sodass es in eine heterogene Umgebung integrierbar und erweiterbar ist.

Ein vom Reputationssystem unabhängiges Problem stellt die Bewertung der Sensordaten dar. Dies wird aktuell von keinem System, auch nicht vom in der Arbeit vorgestellten geleistet. Eine Evaluierung unter echten Bedingungen ist somit nicht möglich. Der Einsatz von echten Daten aus in der Praxis eingesetzten Systemen ist aufgrund von Datenschutzanforderungen nicht möglich. In dieser Arbeit wurden die existierenden Ansätze und das vorgestellte Modell mit den gleichen Testreihen evaluiert, die typische Verläufe darstellen.

A.11.2. Zukünftige Forschungsthemen

Das in dieser Arbeit vorgestellte Modell zur Vertrauens- und Reputationsbildung in intelligenten Überwachungssystemen erfüllt die notwendigen Anforderungen. Es bleiben aber weiterhin Fragen offen, die in dieser Arbeit nicht mehr geklärt werden können. Neben der Evaluation mit „echten" Daten, die bisher mit keinem Reputationssystem durchgeführt wurde, kann das Vertrauensmodell erweitert werden, um die Leistungsfähigkeit zu steigern. So kann das Modell zur Bewertung von Empfehlungen um weitere Parameter ergänzt werden, sodass z. B. die zeitliche Differenz der Empfehlungen und vorangegangene Empfehlungen berücksichtigt werden. Generell kann die Behandlung von Ausreißern, bzw. von Werten, die Ausreißer vermuten lassen, verbessert werden. Weitere Untersuchungen sind notwendig, um anhand von fusionierten Daten, das Vertrauen in die ursprünglichen Quellen zu ermitteln.

B

Detailierte Bewertung der PETs

Die folgenden Tabellen geben einen Überblick über die Bewertung der PETs. Die 10 Fragen des Bewertungskatalogs sind jeweils in den Spalten aufgetragen (F1-F10). In der letzten Spalte befindet sich die Gesamtpunktzahl (G).

Im Gegensatz zur Zusammenfassung im Kapitel 5, sind hier unter den Persönlichen PETs (Tabelle B.1) fünf Verfahren für den Einsatz von RFID detailliert aufgelistet: Blocker Tags [Gar05], Clippend Tags [Kar05], Kill-Command [Gar05], Physically Changeable Bits [Zou06] und Tag Pseudonyme. Beim zuletzt genannten Ansatz werden auf dem Chip verschiedene IDs gespeichert und bei Leseanfragen stets eine andere ausgegeben. Unter die Kategorie Werkzeuge fallen: Access Control und Kryptosysteme.

In Tabelle B.2 sind alle webbasierten Technologien, die auch in Kapitel 5 genannt wurden, aufgeführt.

Tabelle B.3 zeigt alle Informationsvermittler. Im Gegensatz zu Kapitel 5 werden die bekanntesten Anonymisierungsmetriken einzeln dargestellt: k-Anyonymity [Swe02b], l-Diversity [Mac07], t-Closeness [Li07] und Differential Privacy [Dwo06].

Technologie	F1	F2	F3	F4	F5	F6	F7	F8	F9	F10	G
Interaktion	3	1	0	2	1	3	2	0	0	3	15
Vier-Augen-Prinzip	0	1	0	0	1	1	0	1	0	0	4
Kartenmaterial	0	0	0	0	0	0	0	1	2	3	6
Nutzungskontrolle	3	1	0	2	1	3	2	0	2	3	17
OTR Messaging	3	1	2	0	1	1	0	1	2	3	14
PP Ubic. Comp.	1	1	2	0	1	1	1	0	2	3	12
Verpixelung	2	0	0	2	0	0	0	1	2	3	10
Verpix. & Auth.	2	0	0	2	0	2	0	1	2	3	12
TrustCam	2	0	0	2	0	2	0	1	2	3	12
RFID: Blocker Tags	3	0	0	0	0	1	0	1	2	1	8
RFID: Clipped Tags	3	0	0	0	0	3	0	1	2	1	10
RFID: Kill Command	3	0	0	0	0	0	0	1	2	1	7
RFID: Changeble Bit	3	0	0	0	0	3	0	1	2	1	10
RFID: Pseudonyme	3	0	2	2	1	0	0	1	2	1	12
Access Control	1	1	2	0	1	1	1	1	2	1	11
Kryptosysteme	0	1	2	2	1	0	0	1	2	1	10

Tabelle B.1.: Komplette Bewertung für persönliche PETs

Technologie	F1	F2	F3	F4	F5	F6	F7	F8	F9	F10	G
Remailer	1	1	2	2	1	3	0	0	0	3	13
Richtlinien	3	1	0	0	1	3	2	0	2	3	15
Mix Kaskaden	1	1	2	1	1	1	0	0	2	1	10
P3P	3	0	0	0	1	1	2	0	2	3	12
Priv. Position	3	1	0	2	1	1	0	1	2	3	14
OpenID	1	1	0	0	1	3	2	1	2	3	14

Tabelle B.2.: Komplette Bewertung für webbasierte Technologien

Technologie	F1	F2	F3	F4	F5	F6	F7	F8	F9	F10	G
k-Anonymity	2	0	0	2	0	0	0	1	0	3	8
l-Diversity	2	0	0	2	0	0	0	1	2	3	10
t-Closeness	2	0	0	2	0	0	0	1	2	3	10
Diff. Privacy	2	0	0	2	0	0	0	1	2	3	10
Path Confustion	3	1	0	2	1	0	0	1	2	3	13
Aufklärung	3	0	0	0	1	0	0	0	2	1	7
PP Data Acquistion	1	1	0	0	1	3	0	1	2	3	12
PP Face Recognition	1	1	0	2	1	3	0	0	2	3	13

Tabelle B.3.: Komplette Bewertung für Informationsvermittler

Abschließend stellt Tabelle B.4 alle netzwerkbasierten Technologien detailliert dar. Es besteht kein Unterschied zur Auflistung in Kapitel 5.

Technologie	F1	F2	F3	F4	F5	F6	F7	F8	F9	F10	G
Firewalls	0	0	0	0	1	3	0	1	2	1	8
Auftragsbezug	3	1	2	2	1	1	0	0	2	3	15
Privacy Buffer	0	0	1	2	1	1	0	0	2	3	10
PP Video Console	0	1	2	2	1	1	0	0	2	3	12
SmartSurv	3	0	2	2	0	0	0	0	2	3	12
PAWS	3	0	0	2	1	1	2	0	2	3	14

Tabelle B.4.: Komplette Bewertung der netzwerkbasierten Technologien

C

Datenschutzrichtlinien

Im Folgenden werden die in Kapitel 6 verwendeten Policies dargestellt. In Auflistung C.1 und C.2 sind Regel 1 sowie Regel 2 aus Abschnitt 6.3.2 von vollständigem XACML aufgelistet.

```
<?xml version="1.0" encoding="UTF-8"?>
<Policy xmlns="urn:oasis:names:tc:xacml:2.0:policy:schema:os"
PolicyId="NEST:example:Rule1"
RuleCombiningAlgId="">
  <Target>
    <Resources>
      <Resource>
        <ResourceMatch MatchId="urn:oasis:names:tc:xacml:1.0:function:string-equal">
          <AttributeValue DataType="http://www.w3.org/2001/XMLSchema#string">
      Name
    </AttributeValue>
          <ResourceAttributeDesignator AttributeId="urn:NEST:example:objectAttribute"
    DataType="http://www.w3.org/2001/XMLSchema#string" />
        </ResourceMatch>
      </Resource>
    </Resources>
    <Actions>
      <Action>
        <ActionMatch MatchId="urn:oasis:names:tc:xacml:1.0:function:string-equal">
          <AttributeValue DataType="http://www.w3.org/2001/XMLSchema#string">
      write
```

```
      </AttributeValue>
           <ActionAttributeDesignator AttributeId="urn:NEST:example:Action"
      DataType="http://www.w3.org/2001/XMLSchema#string" />
         </ActionMatch>
       </Action>
     </Actions>
   </Target>
   <Rule Effect="Deny"
   RuleId="NEST:example:Rule1:Deny" />
   <Obligations>
     <Obligation FulfillOn="Deny"
     ObligationId="urn:NEST:example:LogEvent" />
   </Obligations>
</Policy>
```

Listing C.1: Regel 1 in XACML

```
<?xml version="1.0" encoding="UTF-8"?>
<Policy xmlns="urn:oasis:names:tc:xacml:2.0:policy:schema:os"
PolicyId="NEST:example:Rule2"
RuleCombiningAlgId="">
  <Target>
    <Resources>
      <Resource>
        <ResourceMatch MatchId="urn:oasis:names:tc:xacml:1.0:function:string-equal">
          <AttributeValue DataType="http://www.w3.org/2001/XMLSchema#string">
       13
     </AttributeValue>
          <ResourceAttributeDesignator AttributeId="urn:NEST:example:objectID"
     DataType="http://www.w3.org/2001/XMLSchema#string" />
        </ResourceMatch>
        <ResourceMatch MatchId="urn:oasis:names:tc:xacml:1.0:function:string-equal">
          <AttributeValue DataType="http://www.w3.org/2001/XMLSchema#string">
       Position
     </AttributeValue>
          <ResourceAttributeDesignator AttributeId="urn:NEST:example:objectAttribute"
     DataType="http://www.w3.org/2001/XMLSchema#string" />
        </ResourceMatch>
      </Resource>
      <Resource>
        <ResourceMatch MatchId="urn:oasis:names:tc:xacml:1.0:function:string-equal">
          <AttributeValue DataType="http://www.w3.org/2001/XMLSchema#string">
       13
     </AttributeValue>
          <ResourceAttributeDesignator AttributeId="urn:NEST:example:objectID"
     DataType="http://www.w3.org/2001/XMLSchema#string" />
```

```
          </ResourceMatch>
          <ResourceMatch MatchId="urn:oasis:names:tc:xacml:1.0:function:string-equal">
            <AttributeValue DataType="http://www.w3.org/2001/XMLSchema#string">
         Name
       </AttributeValue>
            <ResourceAttributeDesignator AttributeId="urn:NEST:example:objectAttribute"
       DataType="http://www.w3.org/2001/XMLSchema#string" />
          </ResourceMatch>
        </Resource>
      </Resources>
      <Subjects>
        <Subject>
          <SubjectMatch MatchId="urn:oasis:names:tc:xacml:1.0:function:string-equal">
            <AttributeValue DataType="http://www.w3.org/2001/XMLSchema#string">
         Dienst1
       </AttributeValue>
            <SubjectAttributeDesignator AttributeId="urn:NEST:example:Service"
       DataType="http://www.w3.org/2001/XMLSchema#string" />
          </SubjectMatch>
        </Subject>
      </Subjects>
      <Actions>
        <Action>
          <ActionMatch MatchId="urn:oasis:names:tc:xacml:1.0:function:string-equal">
            <AttributeValue DataType="http://www.w3.org/2001/XMLSchema#string">
         read
       </AttributeValue>
            <ActionAttributeDesignator AttributeId="urn:NEST:example:Action"
       DataType="http://www.w3.org/2001/XMLSchema#string" />
          </ActionMatch>
        </Action>
      </Actions>
    </Target>
    <Rule Effect="Deny"
    RuleId="NEST:example:Rule2:Deny">
      <Condition>
        <Apply FunctionId="urn:oasis:names:tc:xacml:1.0:function:and">
          <Apply FunctionId="urn:oasis:names:tc:xacml:1.0:function:time-greater-than">
            <AttributeValue DataType="http://www.w3.org/2001/XMLSchema#time">
         08:00+01:00
       </AttributeValue>
            <Apply FunctionId="urn:oasis:names:tc:xacml:1.0:function:time-one-and-only">
              <EnvironmentAttributeDesignator
         AttributeId="urn:oasis:names:tc:xacml:1.0:environment:current-time"
         DataType="http://www.w3.org/2001/XMLSchema#time" />
            </Apply>
          </Apply>
          <Apply FunctionId="urn:oasis:names:tc:xacml:1.0:function:time-less-than">
            <AttributeValue DataType="http://www.w3.org/2001/XMLSchema#time">
```

```
          20:00+01:00
        </AttributeValue>
             <Apply FunctionId="urn:oasis:names:tc:xacml:1.0:function:time-one-and-only">
               <EnvironmentAttributeDesignator
          AttributeId="urn:oasis:names:tc:xacml:1.0:environment:current-date"
          DataType="http://www.w3.org/2001/XMLSchema#time" />
             </Apply>
           </Apply>
         </Apply>
       </Condition>
     </Rule>
   </Policy>
```

Listing C.2: Regel 2 in XACML

```
<?xml version="1.0" encoding="UTF-8"?>
<Policy xmlns="urn:oasis:names:tc:xacml:2.0:policy:schema:os"
PolicyId="policy:BuddyFinderDefault:Hans:3D PositionDefault:*:Permit:30:True:K=<3>"
RuleCombiningAlgId="urn:oasis:names:tc:xacml:1.0:rule-combining-algorithm:deny-overrides">
  <Target>
    <Resources>
      <Resource>
        <ResourceMatch MatchId="urn:oasis:names:tc:xacml:1.0:function:string-equal">
         <AttributeValue DataType="http://www.w3.org/2001/XMLSchema#string">
         3D PositionDefault</AttributeValue>
          <ResourceAttributeDesignator AttributeId="urn:NEST:objectAttribute"
        DataType="http://www.w3.org/2001/XMLSchema#string" />
        </ResourceMatch>
      <ResourceMatch MatchId="urn:oasis:names:tc:xacml:1.0:function:string-equal">
         <AttributeValue DataType="http://www.w3.org/2001/XMLSchema#string">
         Hans</AttributeValue>
          <ResourceAttributeDesignator AttributeId="urn:NEST:objectID"
        DataType="http://www.w3.org/2001/XMLSchema#string" />
        </ResourceMatch>
      </Resource>
    </Resources>
   <Subjects>
      <Subject>
        <SubjectMatch MatchId="urn:oasis:names:tc:xacml:1.0:function:string-equal">
          <AttributeValue DataType="http://www.w3.org/2001/XMLSchema#string">
       Herbert
     </AttributeValue>
          <SubjectAttributeDesignator AttributeId="urn:NEST:example:Service"
     DataType="http://www.w3.org/2001/XMLSchema#string" />
        </SubjectMatch>
      </Subject>
```

```
    </Subjects>
   <Actions>
      <Action>
        <ActionMatch MatchId="urn:oasis:names:tc:xacml:1.0:function:string-equal">
          <AttributeValue DataType="http://www.w3.org/2001/XMLSchema#string">
       write
     </AttributeValue>
          <ActionAttributeDesignator AttributeId="urn:NEST:example:Action"
     DataType="http://www.w3.org/2001/XMLSchema#string" />
        </ActionMatch>
      </Action>
    </Actions>
   </Target>
  <Rule Effect="Permit"
  RuleId="rule:BuddyFinderDefault:Hans:3D PositionDefault:*:Permit:30:True:K=<3>"/>
  <CombinerParameters>
    <CombinerParameter ParameterName="weight">
      <AttributeValue DataType="http://www.w3.org/2001/XMLSchema#integer">
     30</AttributeValue>
    </CombinerParameter>
   <CombinerParameter ParameterName="OptOut">
      <AttributeValue DataType="http://www.w3.org/2001/XMLSchema#integer">
     True</AttributeValue>
    </CombinerParameter>
  </CombinerParameters>
    <Obligations>
    <Obligation FulfillOn="Permit" ObligationId="log:permit">
      <AttributeAssignment AttributeId="org:obligation:log"
     DataType="http://www.w3.org/2001/XMLSchema#string">k:<3></AttributeAssignment>
    </Obligation>
  </Obligations>
</Policy>
```

Listing C.3: Buddy Finder Positionszugriff für Nutzer Hans

Karlsruher Schriftenreihe zur Anthropomatik (ISSN 1863-6489)

Herausgeber: Prof. Dr.-Ing. Jürgen Beyerer

Die Bände sind unter www.ksp.kit.edu als PDF frei verfügbar oder als Druckausgabe bestellbar.

Band 1 Jürgen Geisler
Leistung des Menschen am Bildschirmarbeitsplatz. 2006
ISBN 3-86644-070-7

Band 2 Elisabeth Peinsipp-Byma
Leistungserhöhung durch Assistenz in interaktiven Systemen zur Szenenanalyse. 2007
ISBN 978-3-86644-149-1

Band 3 Jürgen Geisler, Jürgen Beyerer (Hrsg.)
Mensch-Maschine-Systeme. 2010
ISBN 978-3-86644-457-7

Band 4 Jürgen Beyerer, Marco Huber (Hrsg.)
Proceedings of the 2009 Joint Workshop of Fraunhofer IOSB and Institute for Anthropomatics, Vision and Fusion Laboratory. 2010
ISBN 978-3-86644-469-0

Band 5 Thomas Usländer
Service-oriented design of environmental information systems. 2010
ISBN 978-3-86644-499-7

Band 6 Giulio Milighetti
Multisensorielle diskret-kontinuierliche Überwachung und Regelung humanoider Roboter. 2010
ISBN 978-3-86644-568-0

Band 7 Jürgen Beyerer, Marco Huber (Hrsg.)
Proceedings of the 2010 Joint Workshop of Fraunhofer IOSB and Institute for Anthropomatics, Vision and Fusion Laboratory. 2011
ISBN 978-3-86644-609-0

Band 8 Eduardo Monari
Dynamische Sensorselektion zur auftragsorientierten Objektverfolgung in Kameranetzwerken. 2011
ISBN 978-3-86644-729-5

Band 9 Thomas Bader
Multimodale Interaktion in Multi-Display-Umgebungen. 2011
ISBN 3-86644-760-8

Band 10 Christian Frese
Planung kooperativer Fahrmanöver für kognitive Automobile. 2012
ISBN 978-3-86644-798-1

Band 11 Jürgen Beyerer, Alexey Pak (Hrsg.)
Proceedings of the 2011 Joint Workshop of Fraunhofer IOSB and Institute for Anthropomatics, Vision and Fusion Laboratory. 2012
ISBN 978-3-86644-855-1

Band 12 Miriam Schleipen
Adaptivität und Interoperabilität von Manufacturing Execution Systemen (MES). 2013
ISBN 978-3-86644-955-8

Band 13 Jürgen Beyerer, Alexey Pak (Hrsg.)
Proceedings of the 2012 Joint Workshop of Fraunhofer IOSB and Institute for Anthropomatics, Vision and Fusion Laboratory. 2013
ISBN 978-3-86644-988-6

Band 14 Hauke-Hendrik Vagts
Privatheit und Datenschutz in der intelligenten Überwachung: Ein datenschutzgewährendes System, entworfen nach dem „Privacy by Design" Prinzip. 2013
ISBN 978-3-7315-0041-4